L'éthique humanitaire au prisme de Nietzsche

Problématiques africaines

Collection dirigée par Lucien Ayissi

Il s'agit de promouvoir la pensée relative au devenir éthique et politique de l'Afrique dans un monde dont on proclame de plus en plus la fin de l'histoire et de la géographie. L'enjeu principal de cette pensée à promouvoir est la réappropriation conceptuelle, par les intellectuels africains (philosophes, politistes, et les autres hommes et femmes de culture), d'un débat qui est souvent initié et mené ailleurs par d'autres, mais dont les conclusions trouvent dans le continent africain, le champ d'application ou d'expérimentation. La pensée à promouvoir doit notamment s'articuler, dans la perspective de la justice et de la paix, autour des questions liées au vivre-ensemble et aux modalités éthiques et politiques de la gestion de la différence dans un espace politique où la précarité fait souvent le lit de la conflictualité.

La collection « Problématiques africaines » a également l'ambition d'être un important espace scientifique susceptible de rendre de plus en plus présente l'Afrique dans les débats mondiaux relatifs à l'éthique et à la politique.

Déjà parus

Pascal MANI, *Le vade-mecum du chef de terre. Les formalités administratives au Cameroun. Tome 2,* 2016.

Léonelle Flore NGUINTA HEUGANG DIEKOUAM, *La protection de l'environnement en période de conflit armé*, 2015.

Étienne SEGNOU, *Le nationalisme camerounais dans les programmes et manuels d'histoire*, 2015.

Gianna PALLANTE, *Essai d'interprétation du vivre ensemble. Du dialogue interculturel*, volume 2, 2014.

Gianna PALLANTE, *Essai d'interprétation des phénomènes culturels. Du dialogue interculturel, volume1*, 2014.

Henri Brice AFANE, *Agents publics, pouvoirs et terroirs en Afrique*, 2014.

Pascal MANI, *Le vade-mecum du chef de terre. How to succeed in the prefectural career*, 2013.

Roland Rodrigue MOUTOUMBOU NDJOUNGUI

L'éthique humanitaire au prisme de Nietzsche

Pitié et souffrance

Préface de Michel Kouam

L'Harmattan

5-7, rue de l'École-Polytechnique, 75005 Paris
http://www.editions-harmattan.fr
ISBN : 978-2-343-11266-4
EAN : 9782343112664

PREFACE

Nietzsche : Déroutant et séduisant. Au-delà des caricatures

Par ce titre paradoxal, il est question de sculpter autrement l'image du philosophe allemand dans une double considération (penseur déroutant et séduisant). C'est ce que me suggère la lecture du livre de Roland Rodrigue Moutoumbou-Ndjoungui (R.R.M.N).

Je lui sais gré de m'avoir offert l'occasion de relire le philosophe de la « mort de Dieu ». Sans conteste, Nietzsche continue à fasciner les anciennes et jeunes générations à l'heure de la postmodernité. Et, on peut s'étonner et se demander : que peut vraiment apporter Nietzsche pour plus de dignité dans l'action humanitaire ?

La relecture de certaines de ses œuvres démontre, à souhait, la sensibilité humaniste qui justifie le titre de l'ouvrage : « Autour de la pitié et de la souffrance ». Par conséquent, tenter de sculpter de belles lignes, ou mieux de belles pages du nietzschéisme relève d'un projet de renversement et de déconstruction de certaines images négatives, très souvent, collées aux idées de celui qui constitue la pierre angulaire de ce livre.

Au sujet de l'auteur de *Gai savoir,* ces images non élogieuses introduisent la préface du livre de Choulet-Nancy sur Nietzsche, *L'Art et la vie* (1996). En substance, voici ce que nous y lisons :

> *« La lecture de Nietzsche est déroutante : l'œuvre est un kaléidoscope et l'on peut être sûr d'y trouver un motif tantôt d'adhésion doctrinaire, d'enthousiasme juvénile, tantôt de haine farouche ou d'incompréhension durable.... Lire Nietzsche est une épreuve, dans tous les sens du mot. Parce que s'y mêlent à la fois provocations, traits d'humour, ironie perfide ... »*

Les images nihilistes et caricatures négatives abondent. Le langage impersonnel du « on » ne manque pas de qualificatifs cyniques pour décourager le lecteur de Nietzsche. Pourtant, il mérite notre sympathie et notre attention. De ce constat, une cure d'« exorcisme » épistémologique s'impose, non pas seulement à l'endroit du philosophe, mais aussi de nous autres, de ceux qui le crucifient sans ménagement. C'est du moins ce que l'on peut penser en lisant la sculpture de Nietzsche par R. R. M. N.

Par-delà le cadre spatiotemporel, Nietzsche reste, malgré tout, si proche de nous dans ses analyses portant sur la souffrance et la pitié. Humain ? un peu « trop humain » ! « Trop » au sens où la pitié, loin d'être une passion d'inertie, s'accommode à la vie pour dynamiser l'action humanitaire. En parcourant l'œuvre entre vos mains, je tiens à souligner deux lignes de force susceptibles de guider son lecteur. Une question fondamentale peut aussi bien guider notre lecture : qu'est-ce que vivre ? Vivre pleinement ? À travers l'ouvrage, la réponse nietzschéenne est contenue dans la philosophie du surhomme.

Premièrement, le souci définitionnel : « *la pitié comme passion positive, est une émotion qui crée spontanément cet amour d'autrui ... donne sens et la motivation de l'acte altruiste* ... ». Mr. Moutoumbou-Ndjoungui prend le risque de faire une herméneutique anti-nietzschéenne de la pitié en partant de la figure du bon Samaritain de l'Évangile de Luc.

(On pourrait ajouter celle de l'aveugle de Jéricho qui crie à Jésus : « Aie pitié de moi »). Mais, fort heureusement, il prend la précaution de relever les ambiguïtés et le soupçon liés au concept de l'altruisme, de la pitié et de la souffrance (p.38-41).

Deuxièmement, le Nietzsche à la fois stoïcien et épicurien démontre fort justement que *la morale du surhomme* porte sur la question philosophique du salut ou de la félicité, avec ou sans Dieu : *« Ah, combien peu de choses savez-vous de la félicité de l'homme ! Car bonheur et malheur sont frères jumeaux qui ou bien grandissent ensemble ou bien demeurent petits ensemble »* (*Le Gai savoir* § 338).

Nietzsche, comme Schopenhauer (*Monde comme volonté et comme représentation*), sans tomber dans une philosophie de l'avilissement de l'homme dû à ses *affects* tels que la souffrance, la pitié, la joie, montre clairement leur caractère nécessaire et permanent dans toute vie. Tout en restant fidèle à sa critique de la pitié et du misérabilisme chrétien, l'image du héros Zarathoustra est omniprésente dans l'œuvre.

Comment vivre et mieux vivre avec ces états affectifs quasi dégradants ? Comment retrouver le sens de la vie ?

Ce livre me semble apporter quelques pistes de solutions par la valorisation et la promotion du « surhomme nietzschéen ». En quoi et comment le Surhomme donne sens à la question humanitaire dans un projet d'une vie accomplie ? La morale qu'induit le surhomme procède évidemment par la critique bien menée par R. R. M. N. dans ce qu'il désigne, vers la fin du livre par « anti-humanisme » pouvant s'identifier au pseudo-humanisme : si l'humanisme de l'aide humanitaire viole l'intimité et le secret de l'« *humanitude* » (selon le mot d'A. Jacquard) au nom de l'amour et de la pitié, l'anti-humanisme nietzschéen qui est un sur-humanisme travaille à faire de l'autre un ami.

En définitive, le *surhomme est un ami*. Il travaille, par-delà la souffrance et la pitié, à la promotion d'un ami, il cherche à voir un homme dans la posture debout et non vautré dans la souffrance et la misère. Le livre se ferme, avec raison, par une note positive et élogieuse de l'amitié depuis les Grecs. C'est le lieu de la donation par excellence. « Je ne vous appellerai plus serviteur, mais amis. » Ces paroles de l'Évangile, tout comme les réflexions de Platon sur l'*Amitié* montrent que, l'Amitié est de toutes les vertus la plus noble, celle de l'ouverture et de la donation de soi.

Et, précisément chez Nietzsche, le surhomme est celui qui saura être pour un ami en détresse, fatigué, épuisé ou malvenu ; « être pour sa souffrance un lieu de repos, de quelque manière pourtant une couche dure, un lit de camp » (p.244).

Retrouver le vrai sens de l'humain et de la vie, c'est, en fin de compte, être ami de l'humanité comme l'a pensé A. de Saint-Exupéry dans *Terre des Hommes* : « être homme, c'est précisément être responsable, être fier d'une victoire que les camarades ont remportée, avoir honte devant un mal qui semblait ne pas dépendre de nous. »

Revenant à l'œuvre Roland R. Moutoumbou Ndjoungui, par le corpus textuel, l'herméneute ou le sculpteur gabonais de Nietzsche offre à son lecteur, assurément, la nostalgie, le goût, le bon goût de revisiter cet auteur si loin de nous dans l'espace et le temps, mais si proche de nous par sa sensibilité à la fois humaine et esthétique. La joie artistique chez le philosophe du « surhomme », à défaut d'éradiquer la souffrance et les rugosités de l'existence, atténue et corrige tout au moins ses effets.

Par conséquent, je vous invite à lire (Tolle lege) cet ouvrage d'une grande érudition même si nous ne sommes pas tous des nietzschéens jusqu'au bout des ongles.

Professeur Michel KOUAM.
U.C.A.C - ICY, Yaoundé/Cameroun

INTRODUCTION

Dans son texte prophétique *Aurore*, Nietzsche écrit : « nous ne tenons pas les animaux pour des êtres moraux. Mais croyez – vous donc que les animaux nous tiennent pour des êtres moraux ? – Un animal qui savait parler disait : "L'humanité est un préjugé dont nous autres animaux, au moins, nous ne souffrons pas"[1]. Et les Fragments de *Nous autres philologues* notamment ceux de 1876 – 1877 distinguent deux types d'humanités : celle de l'humain de l'anthropologue (*Menschliche*) et celle de l'humain de l'humaniste (*Humane*). Cette distinction a permis à Nietzsche d'établir une démarcation et une taxinomie entre l'humanisme classique des Anciens Grecs et l'humanisme moderne. D'un point de vue anthropologique, les Grecs sont plus humains ; alors que du point de vue humaniste, ils sont inhumains. De nos jours, l'humanisme anthropologique, qui prend en compte toutes les dimensions (corporelle, psychique et morale), est considéré comme amoral ou immoral parce qu'il prône des valeurs qui sont aux antipodes de la morale judéo-chrétienne fondée sur l'opposition bien et mal. L'humanisme anthropologique posait l'égoïsme, la cruauté nécessaire, les vertus guerrières, la vengeance, etc., comme vertus.

---

[1] Nietzsche F., *Aurore*, § 333, intitulé « Humanité ».

Cette réflexion nietzschéenne montre à la fois la complexité et l'évolution sémantique du concept d'humanisme et sa perversion ou dépravation dans le concept sonnant et redondant de l'humanitarisme. Le glissement de l'humanisme vers l'humanitarisme contemporain constitue ce que Nietzsche qualifie de « rétrécissement », de « rapetissement », d'« enlaidissement », d'« amoindrissement » de l'homme au rang d'« hommelette » ou « homme copie » ou « homoncule » et que nous qualifions d'« humanisme du *quiproquo* ».

Il y a eu donc un glissement de l'humanisme anthropologique[2] vers un humanisme de la pitié produisant une forme d'idéologie humanitaire planétaire.

Pendant un de ses séjours à Gênes, un soir, écoutant les cloches carillonner, Nietzsche se ressouvint « des paroles de Platon » en référence aux vers de Térence qui sera le "signe de reconnaissance" de l'humanisme : « rien de ce qui est humain

---

[2] Par « humanisme anthropologique », nous entendons parler de l'homme total, concret qui, comme le disait Emile Bréhier, est « noyé dans la nature » et à qui « on opposait pourtant un homme universel, l'homme de la Révolution, dont les droits sont imprescriptibles, l'homme du criticisme kantien dont la conscience dicte des lois à la nature et reçoit à son tour des lois de la raison pratique. Mais entre l'homme évanescent du matérialisme et l'homme universel et abstrait des révolutionnaires disparaît l'homme concret, celui qui peine dans le temps, rencontrant des obstacles ou des aides dans son milieu naturel et social. » (Voir *Les thèmes actuels de la philosophie*, Paris, P.U.F, p. 76). C'est ce type d'homme concret qui constitue ce que nous appelons humanisme anthropologique prenant en compte la nature humaine, la condition humaine et la culture de l'homme au-delà ou en deçà de sa considération comme entité rationnelle et morale. Cet humanisme tient compte de toutes les couches sociales sans préjuger de leur état d'esprit de souffrant ou de riche, et de la joie que pourrait produire un don chez le nécessiteux ; comme on peut lire dans le « *Dictionnaire d'éthique et philosophie morale* » de M. Canto-Sperber, PUF, 1996, p. 84 : « L'anthropologie des minorités n'a pas, pour l'essentiel, élaboré cette extension de la théorie des droits de l'Homme aux droits des peuples qui constitue aujourd'hui la vulgate de l'action humanitaire. »

ne m'est étranger (*nihil humani a me alienum est*) » qu'il sentit tout à coup dans son cœur : « Rien de ce qui est humain, rien n'est digne du grand sérieux » ; « et pourtant » ; ajoute Nietzsche[3]. Mais avant lui, son maître Schopenhauer, s'attaquant à Kant, se moquait déjà de cette pseudo dignité de l'homme et de cette croyance naïve en un progrès moral de l'espèce humaine qui contredit l'originelle et irréductible méchanceté ou cruauté de l'homme. Mais Nietzsche ne partage pas l'idée schopenhauerienne du *Eadem sed aliter* (La même chose, mais d'une autre manière) ; puisque pour lui, l'homme n'étant pas figé, son caractère n'est donc pas immuable.

En lisant les articles de P. Caye, Yannis Constantinidès, Thierry Gonthier et Jean François Mattéi, dans la revue *Noésis* n°10, on voit qu'en tant que législateur de l'avenir, Nietzsche ne tombe pas dans un désespoir radical absolu et encore moins dans un prophétisme messianique. Il laisse une possibilité d'amendement à l'homme, même noyé dans le grégarisme. Et cette capacité d'amendement est rendue possible grâce à la notion de *Bildung* (dressage) qui doit "élever" ou "ériger" un nouveau type d'homme. On passera ainsi, selon les termes de l'avant-propos de cette revue, de « l'homme fragmentaire et servile » à l'homme complet (surhomme) qui aura surmonté le nihilisme passif de l'humanitarisme en un nihilisme créateur du véritable humanisme qui dans les faits sera un post-humanisme ou un pré- humanisme ou même un proto-humanisme ; puisque l'humanisme véritable proclamé par Nietzsche sera l'analogue de la civilisation grecque ancienne ou celui de la Renaissance : l'humanisme nietzschéen sera l'instauration d'une Antiquité inédite, synthèse de l'Ancien et du Nouveau : une « néo-antiquité.[4] » Mais soulignons que toute cette entreprise de déconstruction et de projection ne va pas de soi.

---

[3] Nietzsche F., *Humain, trop humain I*, § 628

[4] Nietzsche F., *Fragments posthumes*, Printemps/ été 1878, 28 [43]

Avant de voir les arguments de la critique nietzschéenne de l'humanisme moderne et actuel, précisons le sens et les objectifs de notre intitulé. Pourquoi philosopher « autour de la pitié » ? Quel rapport entendons – nous établir entre le concept de pitié et la grande problématique de l'humanitaire à travers l'œuvre de Nietzsche ?

Nous voulons partir d'une constatation et d'un soupçon : constatation : la force et l'universalité de l' « humanitaire » dans notre monde ; soupçon : savoir si l'humanitaire n'aurait pas partie liée avec la tradition humaniste qui donne une place centrale à la pitié. Même si le concept, l'action et la thématique humanitaires entendus comme antidote au spectacle de la souffrance ont connu leur essor après Nietzsche, notre soupçon est motivé par l'objectif de savoir *qui* investit sa pitié dans l'humanitaire et *pour qui (en faveur de qui)* et avec *quels effets* moraux sur ceux qui en bénéficient. Pour dire encore comme M. Canto-Speber, dans le texte sus-cité, « Reléguée il y a peu sur les marges de l'action sociale et entachée de soupçon, l'action humanitaire est maintenant menacée par son propre succès, sous l'emprise duquel elle tend à se réduire peu à peu à une technique de communication ou à un instrument parmi d'autres de la panoplie diplomatique. »

Il y a donc un risque qui motive que l'on s'interroge sur la « vraie finalité » de l'action humanitaire sur l'essence même de l'humanisme pour éviter sa dépravation possible ou l'aggravation de sa dénaturation. Ainsi :

> *Pour enrayer son inéluctable dénaturation par l'utilisation opportuniste et vicieuse qui en est faite, mais aussi pour prévenir son emploi comme écran entre les citoyens et la politique, autrement dit pour qu'elle soit aussi une source de réflexion et non une interdiction de penser, il faut se résoudre à dépasser la parabole du bon Samaritain pour tenter de délimiter les contours et le contenu de cette forme particulière d'action.*[5]

[5] Canto-Speber M., *op. cit.*, p. 114.

Bien évidemment, ces interrogations peuvent avoir plusieurs traitements. Mais notre intention ne se propose pas de faire une analyse géostratégique, politique ou économique des formes diverses d'aide des pays riches vers les « pays pauvres », les régions subissant des catastrophes, victimes de politiques d'extermination, etc. C'est pourquoi même si une allusion illustrative est faite de passage en référence à certaines misères humaines, cet aspect des choses sera ténu à l'arrière-plan.

Aussi, il ne s'agit pas d'examiner les aspects juridico-politiques et les justifications morales du « droit » ou du « devoir » d'ingérence, à moins qu'il ne faille traiter du « devoir d'assistance » de Ricœur, mais ce n'est pas l'orientation de cette modeste réflexion qui fera l'économie de ces grandes questions, même si l'évidence de leur rapport à ce que nous qualifions d'humanisme anthropologique ou même à l'humanisme tout court et à la pitié interpelle la problématique de l'humanitaire. Car, en effet, ces questions nécessitent une maîtrise des débats aussi complexes que divers sur la problématique de « l'ingérence humanitaire » qui échappent peu ou prou à la spéculation philosophique.

La présente réflexion vise à soumettre la vertu de la pitié qui, de notre point de vue, fonde l'humanisme actuel de l'humanitaire à la critique, grâce à des concepts nietzschéens qui peuvent servir comme opérateurs généalogiques, évaluateurs, bref critiques et suggestifs.

Dans la pensée de Nietzsche, on souligne souvent une forme d'ambiguïté dans sa conception de l'humanisme contemporain. Il y règne une ambivalence entre un humanisme postmoderne se dessinant dans les horizons d'*Ainsi parlait Zarathoustra* autour de la figure emblématique et paradigmatique du « surhomme » et un anti-humanisme se profilant dans ses termes parfois soupçonneux comme « l'égoïsme » contre « l'altruisme », « la cruauté » à la place de la « pitié », le « dépassement de l'homme » qui, selon les mots de Zarathoustra, « est une corde tendue entre bête et surhomme », etc. Cette perspective fait suite au « dégoût de l'homme » présenté dans le même livre au paragraphe sur « Le convalescent » qui permet de comprendre que l'homme le plus grand est encore *allzumenschlich,* c'est-à-dire que du point de vue de la surhumanité, il est « trop petit » (*allzuklein*) et « trop semblable » (*allzuähnlich*) au plus petit des hommes.

Dans la perspective d'*Ainsi parlait Zarathoustra*, l'*Allzumenschliches* est le type qui distingue le *Menschliches de l'Übermenschliches* (surhomme). Ce projet vise à dépasser ce qui en l'homme suscite le dégoût (*Überdruss*) et la nausée (*Ecke*l) et montre que, quelle que soit la grandeur de l'homme d'aujourd'hui, il reste dans la conception des choses humaines, trop humaines qui justifient la vulgarité, la grossièreté, le grégarisme et ce qu'il appelle dans le fragment 9 [1] de 1875, l'« étroitesse de la tête et du cœur » de la populace (*Pöbe*l), la masse moutonnière. Pour Nietzsche, l'*Allzumenschliches,* comme le *Menschliches,* désigne cette figure du rapetissement dont il faut se libérer en s'arrachant à tous les « jugements impurs » qui nous apparentent au (*pöbel*) et nous maintiennent dans ce qu'il qualifie « de souillure, de boue et d'ordure.[6] » Et parmi ces « jugements impurs », Nietzsche classe « la pitié ».

La pitié telle que conçue et exprimée, de nos jours, dans les philosophies humanistes ou humanitaristes et dans la pratique des démocraties contemporaines à travers l'aide humanitaire rend compte de ce que Nietzsche nommait « misère » de la philosophie moderne - qui a « le plus fortement ruiné le respect dont jouissait la philosophie et ouvert la porte aux instincts vulgaires [*pôbelmännischen Instinkte*][7] » qui, à leur tour, ont sapé la dignité humaine. De quelle pitié s'agit- il ?

---

[6] Nietzsche F., *Par-delà bien et mal,* § 271.
[7] Nietzsche F., *Ibid.*, § 204.

En parlant des inégalités parmi les hommes[8], Rousseau présente l'homme à l'état de nature comme étant originellement bon. Selon lui, il y a en tout homme deux principes qu'il présente comme étant non seulement innés, mais aussi antérieurs à la raison. Le premier principe, plus ou moins égoïste par essence, pousse l'homme à se préoccuper de son bien-être d'abord et à la conservation de son propre être, c'est l'« amour de soi » ; le second inspire les hommes et les pousse à manifester une répugnance naturelle à voir périr ou souffrir tout être sensible et surtout semblable à nous, c'est la pitié.

À tort ou à raison, ces deux principes permettent à Rousseau de démontrer comment et combien l'ambition d'une morale fondée uniquement sur la raison sépare les hommes les uns des autres. En effet, la conception d'une essence rationnelle de l'Homme ayant montré ses limites (crise de la modernité), il est problématique, de nos jours, et peut-être même risqué de fonder une morale universelle et un humanisme cosmopolitique sur la base de la raison. L'éclatement de la raison en une pluralité de rationalités perspectivistes pose la difficulté d'une fondation rationnelle d'un humanisme juste et universellement partagé. Ce qui peut légitimer le projet d'une fondation sentimentale ou affective de la morale et de l'humanisme.

Mais ce qui peut permettre d'exhumer Nietzsche c'est l'idée que la pitié est un sentiment variant selon les types d'humanités, car la pitié du saint, par exemple, est la pitié qu'il éprouve pour l'impureté des choses humaines, trop humaines. Ce qui n'a rien à voir avec l'expression de la pitié compassionnelle[9] vis-à-vis de la souffrance des masses comme

[8] Rousseau J.J., *Discours sur l'origine et les fondements de l'inégalité parmi les hommes*, Paris, GF Flammarion, 1971, 282 p.
[9] Nietzsche F., *Aurore* §334.

cela s'exprime actuellement dans la très sollicitée aide humanitaire.

Cette réflexion, dans un premier moment, pose le concept de pitié en rapport avec l'humanisme actuel en montrant qu'autour de cette notion se greffent ou peuvent être greffées plusieurs autres notions, doctrines et même philosophies morales pouvant justifier et tonifier l'humanisme actuel et surtout sa dérive dont, en philosophe médecin, Nietzsche avait tôt fait le diagnostic. Ces conceptions morales permettent de répondre à la question de comprendre les motivations et les effets moraux de l'aide. Sans aucune prétention à l'exhaustivité, nous avons spéculativement rapproché de la pitié les notions comme la charité chrétienne, l'altruisme, la philanthropie, les doctrines comme le cosmopolitisme, le bouddhisme ou encore la théorie des sentiments moraux d'Adam Smith entre autres philosophies morales comme celle de Kant par exemple.

Spéculativement, toutes ses pensées participent ouvertement ou dans leur esprit à la fondation de l'humanisme contemporain ou encore de l'humanitaire basé sur la pitié.

Ensuite, il sera examiné la centralité du concept de pitié dans l'anthropologie rousseauiste et ses répercussions sur les valeurs humanistes actuelles et sur le vivre ensemble. Cette thèse suscitera la critique nietzschéenne de l'humanisme altruiste qui nous permet d'apprécier la question d'une éthique de l'humanitaire caractérisée par la mode de l'aide et de l'assistance tous azimuts. Nietzsche peut servir de clé de lecture pour apporter, de façon généalogique, quelques hypothèses ou quelques propositions pouvant servir de pistes de réflexion. C'est dans ce sens que les interprétations constituant les trois derniers chapitres s'appuient sur un cadre idéel et spéculatif non pas idéologique, mais critique pour tenter une actualisation critique de la critique de la pitié : le soupçon nietzschéen.

Mais il faut souligner que la critique nietzschéenne de la pitié et de l'humanisme suscite et a toujours suscité des questionnements et des inquiétudes d'ordre opératoire. Car si on stigmatise et rejette la morale et la politique de la pitié (pas au sens arendtien, spécialement), doit-on penser qu'avec Nietzsche on renonce à venir au secours de ceux qui souffrent ? Nietzsche prône-t-il le cynisme le plus bas qui pratiquerait l'indifférence vis-à-vis de la souffrance d'autrui ?

L'intérêt de ce recours à Nietzsche, en filigrane, est de répondre à ces quelques interrogations : comment fonder le secours afin d'éviter les pièges détestables de la pitié ? Comment moraliser l'aide et le secours pour ne pas en déshumaniser les bénéficiaires ? Comment garder l'humanité et la grandeur de la faveur humanitaire ? L'hypothèse qui nous servira de boussole est celle de l'amitié : l'amitié dans la pudeur, l'amitié dans la distance.

CHAPITRE I

L'HUMANISME CONTEMPORAIN ET LA VALEUR DU SOUFFRIR

1. Du rapport à la souffrance comme fondement des valeurs morales : justification du cadre conceptuel

La question de la valeur humaine et des valeurs humaines est centrale dans la typologisation des hommes chez Nietzsche en fonction de leur rapport à la souffrance. Il faudrait pour comprendre l'humanisme actuel se demander, comment la valorisation de cet homme-ci en vient à privilégier l'homme souffrant ? Et pourquoi ?

Évidemment, on peut nous reprocher l'usage abusif d'une pensée ayant eu sa pertinence et ses limites dans le temps de son auteur, mais il faut voir que les problèmes anthropologiques ou, plus, moraux soulevés par la pensée de Nietzsche, en particulier, et par la philosophie, en général, s'ils ont changé de tonalité ou de champ sémantique et de *topos*, géographiquement parlant, n'ont pas trouvé des solutions achevées et soulèvent encore, de nos jours, de vifs débats. La philosophie étant une position nouvelle des anciens problèmes, on peut voir que la pertinence du questionnement nietzschéen sur l'homme et l'humanisme n'est pas anachronique ou dépassée. D'ailleurs, il disait lui-même que sa pensée ne sera comprise qu'après lui ; il se voulait philosophe de l'avenir ou inactuel.

L'usage de la pensée nietzschéenne pour tenter de comprendre un phénomène aussi planétaire et devenu presque un « style redondant » au sens du §332 d'*Aurore* qui dit qu'« *un artiste qui ne veut pas déverser dans une œuvre l'enflure de ses sentiments et se soulager ainsi, et qui, au contraire, veut justement communiquer ce sentiment d'enflure, est ampoulé et son style est le style redondant* », nous paraît opportun et même incontournable puisque l'humanisme soulève des questions d'ordre moral et éthique. Et comme il le disait lui-même, Nietzsche est le philosophe qui fit de la morale un problème, et son problème à lui. Car dans les faits, l'homme actuel ressemble à cet artiste en voulant à tout prix, au nom de la pitié ou de l'altruisme, se soulager du poids du son humanité en se préoccupant de la souffrance d'autrui. Le désir de venir absolument en aide aux populations misérables ou miséreuses suscite quelques interrogations.

Avant d'examiner le point de vue de Nietzsche, il convient de voir les différentes variations du thème de l'homme souffrant jusqu'à la naissance du thème de la pitié, sa centralité chez Rousseau et les vertus qui en dérivent. Cette analyse permet de comprendre, après Nietzsche, que « la question fondamentale est la question du rapport qu'entretient le Grec à la douleur, son degré de sensibilité. » Et de répondre à la question de savoir : « ce rapport est-il resté le même ? Ou bien s'est-il inversé ?[10] »

---

[10] Nietzsche F., *Naissance de la tragédie*, « Essai d'autocritique », §4.

Au-delà du rapprochement subjectif qui accroche tout lecteur de Nietzsche à son style et à ses positions parfois troublantes par un sentiment proche de l'affect que de la rationalité, il faut souligner ainsi que le fait Patrick Wotling que dans l'œuvre de Nietzsche, il s'agit d'examiner la possibilité d'étendre la métaphore physiologique au-delà du corps pour tenter de comprendre le complexe de culture ou la volonté de puissance pour en déceler les spécificités :

> *Le projet d'appréciation médicale suppose l'intervention du concept de valeur, qui constitue dans l'économie de pensée de Nietzsche le relais permettant de rendre raison de la filiation généalogique entre la volonté de puissance et les cultures, entre la source de l'interprétation et le produit de l'interprétation.*[11]

Nietzsche avait compris que toutes les sociétés ne pouvaient avoir les mêmes philosophies, les mêmes morales et les mêmes créations artistiques. Ce qui a pour corollaire la multiplicité des tables de valeurs et la diversité des points de vue dans l'appréciation des actes et des phénomènes sociaux formant ainsi ce que Wotling appelle « complexe de culture ». Le choix de Nietzsche se justifie par le fait qu'il se donnait pour tâche d'ausculter la culture et la civilisation comme un médecin : « J'en suis encore à attendre la venue d'un philosophe médecin, au sens exceptionnel de ce terme – dont la tâche consistera à étudier le problème de la santé globale d'un peuple, d'une époque, d'une race, de l'humanité… » Nietzsche se demandait dans *Le Gai savoir* si les philosophes auront le courage de porter son soupçon à l'extrême et d'oser avancer la thèse contraire de ce qu'est la pratique philosophique depuis Platon. Car « en toute activité philosophique, il ne s'agissait jusqu'alors absolument pas de trouver la ''vérité'', mais de quelque chose de tout à fait autre,

[11] Wotling P., *Nietzsche et le problème de la civilisation*, Paris, Puf, 1999, p. 112.

disons de santé, d'avenir, de croissance, de puissance, de vie...[12] »

À partir de la fin de cette citation, nous nous demandons si dans la pratique de l'humanisme contemporain, abâtardie en humanitarisme, les peuples bénéficiaires de l'assistance humanitaire, de la charité, de la compassion, de la sympathie ou, comme on les appelle de nos jours, les « nécessiteux » peuvent prétendre à la dignité, à « la grande santé » de Nietzsche, à la croissance, à la puissance ou à la « volonté de puissance positive » et en somme à la « vie ascendante » ?

En réponse à cette question, Nietzsche préconiserait d'éliminer les affects les plus nuisibles, parmi les plus dangereux, la pitié ou « La compassion, dans la mesure où elle engendre véritablement une souffrance [...] est une faiblesse comme tout abandon à un affect nocif. » C'est pourquoi, poursuit- il : « celui qui veut, d'une manière ou d'une autre, servir l'humanité en médecin devra user de beaucoup de prudence envers ce sentiment – il le paralyse régulièrement au moment décisif et annihile son savoir et sa main habile secourable.[13] » À partir de ce moment, il est, pour nous, possible d'interroger l'humanisme contemporain non seulement du point de vue de la neutralité et la pureté de l'humaniste - assistant, mais aussi du statut de l'assisté et de son humanité. En somme, il s'agit de sonder l'innocence de l'identification de l'assistant avec l'assisté - souffrant qui caractérise la notion de pitié. Car, selon Rousseau, c'est en nous transportant hors de nous et nous identifiant avec l'animal souffrant, en quittant pour ainsi dire notre être pour prendre le sien que nous éprouvons de la pitié envers un être qui souffre. Il conclut que « ce n'est pas dans nous, c'est dans lui que nous souffrons ». Cette fusion affectueuse et compassionnelle rappelant l'antique *sumpatheia* (*sum* = avec et *pathein* =

[12] Nietzsche F., *Gai savoir*, préface à la seconde édition, §2.
[13] Nietzsche F., *Aurore*, §134, traduction modifiée.

ressentir) grecque n'est-elle pas une simple fulguration imaginative qui cache dans nos pratiques contemporaines un vice ? Pour les humains, la souffrance est un mal qu'il faut faire cesser. Mais comment expliquer qu'au-delà du nécessaire amour de soi, de l'intérêt, il y a en nous une force qui nous fait nous soucier de l'autre ? Sentiment ? Raison ? Nature ? Société ? Peu importe, l'essentiel est de montrer qu'elle existe ou qu'on l'invoque et qu'on a besoin de l'invoquer.

Avant d'analyser les contours du concept de pitié, nous envisageons de montrer comment certaines philosophies ont pu féconder sa pratique sociale et contribuer à conforter la dérive ou la chute de l'humanisme dans l'humanitarisme et, du coup, participer à la décadence et à la déshumanisation de l'homme assisté et, dialectiquement, à la sacralisation de celui qui est affecté par la pitié : le secouriste ou l'humaniste. Il s'agit, pour nous, *in fine* de chercher à comprendre les motivations profondes de cet élan de pitié, de cette générosité pure, de cet instinct de bienfaisance sans calcul qui pousse les hommes, au-delà des frontières consanguines, amoureuses, parentales, amicales, topographiques et même culturelles à porter la misère d'autrui et à vouloir par tous les moyens la soulager en créant un rapport de commisération proche ou lointain. Car, en réalité, « chaque instinct est un certain besoin de domination, chacun possède sa perspective qu'il voudrait imposer comme norme à tous les autres instincts.[14] » Or, l'humanisme sous-entend une forme de réciprocité entre le souffrant, le nécessiteux et l'aidant ou le "sauveur", donc l'humaniste. Pourtant, dans les faits, nonobstant ce principe d'humanité - réciprocité, le statut accordé au nécessiteux change souvent la donne. Au lieu d'un rapport d'égalité d'homme à homme, on rechute dans le triste rapport historique dominant/dominé, mendiant/donateur selon le modèle traditionnel sauveur/victime, assistant/assisté.

[14] Nietzsche F., *Fragments Posthumes X* (II, 7) [60]

Selon l'analyse d'Hannah Arendt, que nous examinerons plus tard, la compassion respecte ce lien de réciprocité alors que la pitié en est une forme bavarde et pervertie. La pitié est un sentiment qui attire vers les faibles et sans plus les considérer comme des individus, les transforme en une « masse d'ayants droit ». Cette massification du droit à l'aide soulève le problème de la grégarisation et donc de la décadence caractéristique de nos sociétés.

En soupçonnant l'humanisme moderne et contemporain, nous nous conduisons vers la lecture d'Alain Finkielkraut[15] qui dit qu' « ému par la souffrance dans sa contingence immédiate, l'acteur humanitaire n'a plus de préjugés, mais il n'a pas pour autant le souci de QUI est l'individu souffrant. »

C'est pourquoi, on est en droit de se demander ce qui fondamentalement motive les actions d'aide, de bienfaisance, de secours, de charité, etc., réalisées par les O.N.G, les associations, souvent bénévoles, dites humanitaires et plus, les États dits démocratiques.

Que cache l'humanisme de nos jours ?

Sur un plan beaucoup plus philosophique qu'anthropologique ou économique, il s'agit, pour notre part, d'analyser les types de morales et d'éthiques qui déterminent les actions dites humanitaires et leurs buts avoués ou sous-entendus.

Cette entreprise nous suppose d'expliciter, auparavant, les notions d'« éthique » et de « morale » qui sous-tendent les actions de charité, de bienfaisance, de sympathie, de compassion et d'empathie, etc., et expriment de *facto* la pitié. Car c'est bien sur la base de la morale et de l'éthique que repose l'humanisme. En effet, les origines philosophiques de ce concept renvoient à tout ce qui situe l'homme et les valeurs humaines au-dessus de tout. Depuis la tradition historique

---

[15] Finkielkraut A., *L'humanité perdue, essai sur le XXe siècle,* 1998, Seuil, Paris, p.1690.

faisant débuter ce mouvement avec Pétrarque, Ficin, Pic de la Mirandole, Erasme ou encore Boccace au XIV siècle en Italie (encore que philosophiquement l'on pouvait considérer Protagoras, Ve siècle avant J.C, comme le premier représentant de l'humanisme avec sa célèbre formule “l'homme est la mesure de toute chose”), le point focal de l'humanisme est la considération selon laquelle l'homme constitue la valeur des valeurs et doit être considéré comme une fin et non un moyen. C'est pourquoi l'éthique et la morale sont indissociables de l'humanisme.

Les notions d'éthique et de morale sont très proches et entraînent souvent quelques confusions au plan définitionnel puisqu'elles renvoient toutes deux aux mœurs. Mais précisons que l'éthique est un terme d'origine grecque alors que la morale est d'origine latine. Les deux notions renvoient peu ou prou à la même réalité : règles de conduite des individus vivants dans le même espace public. Dans les sociétés actuelles, on peut, comme le fait Axel Kahn, assimiler l'éthique à la science de la morale[16], puisque l'activité des nombreux comités d'éthique vise à saisir la rationalité des comportements humains et à donner du sens aux actions des individus vis-à-vis de leurs semblables. Leur travail cherche à trouver une morale de l'action capable de résoudre les incertitudes et les tensions relatives à l'application par l'homme des connaissances nouvelles liées à la science pure, à la technologie grandissante, à la mondialisation socio-économico-politico-culturelle, disons à la vie tout simplement.

Dans l'histoire de la philosophie, on se réfère souvent à Kant pour juger de la légitimité des actions qui vont être accomplies, car pour lui, toute décision morale doit viser le respect et la dignité de l'homme. Kant soutiendra, pour valider son projet de rationalisation de la morale, reposant sur le

---

[16] Kahn A., *Questions d'éthique contemporaine*, Sous la direction de Ludivine Thiaw Po Une, Stock, Les essais, Paris, 2006, voir préface.

principe de l'*homo rationis*, la possibilité d'universalisation des valeurs morales et la position de l'homme comme fin et non comme moyen de nos actions morales. La morale utilitariste, parlerait du respect des intérêts humains en plus et en général.

Mais cet argument kantien ne va pas sans susciter des critiques, eu égard à la diversité culturelle impliquant celle des morales et donc des rationalités morales.

La réflexion éthique s'énonce aujourd'hui sous la forme d'une tension entre deux ou plusieurs rationalités morales reposant sur la raison, mais n'aboutissant pas toujours aux mêmes fins. Doit-on, *in fine*, penser à une forme de hiérarchisation des rationalités morales que la délibération éthique doit alors conceptualiser pour harmoniser les inférences divergentes ?

La réflexion sur l'humanisme contemporain, vu sous le prisme nietzschéen, loin de se satisfaire d'un relativisme moral généralisé, tout en dénonçant la dérive humanitariste, montre la déshumanisation orchestrée par l'expression de la pitié en réponse à la souffrance de nos sociétés. Cette proposition peut paraître équivoque ou paradoxale.

La réflexion sur l'éthique de l'humanitaire, dans l'optique de Nietzsche, nous permet de sonder la positivité ou la dérive des solutions humanistes apportées aux problèmes de la misère de l'humanité. En effet, il faut se méfier de la réduction des valeurs spirituelles et affectives à leurs dimensions économiques et techniques ou à une forme de chosification ou d'instrumentalisation des valeurs. L'humanisme contemporain semble confondre les champs d'investigation et les domaines de définition de chaque action humaine. En matière d'éthique, il est vrai que le souci de l'autre est le nœud gordien (sa liberté, ses intérêts et ses droits), mais il ne faut pas mêler ce qui est de l'ordre de la rationalité et de l'argumentation à l'émotionnel et à l'idéologique. Cette erreur d'appréciation est souvent commise dans les agissements impulsifs et émotifs lors de crises humanitaires. Ainsi donc, il devient problématique de trouver un fondement anthropologiquement neutre, unique et universel à toutes nos actions morales pour dépasser les inclinations ethnocentriques, culturelles, égoïstes et mal intéressées. Or, ce débat a cours, en philosophie, dans les questionnements moraux et éthiques. C'est pourquoi nous essayons d'examiner quelques conceptions éthiques et philosophies morales liées au sentiment de pitié pour comprendre la relation de soi avec autrui et avec l'humanité tout entière. Mais, sondées de l'extérieur, on se demande à quel besoin elles répondent. Quelle est la nature de cette force qu'est la pitié ? Que nous dit-elle de l'homme qui l'éprouve et de celui qui souffre ? Et l'aide alors ?

2. Pourquoi repenser l'éthique de l'humanitaire ?

De nos jours, l'expertise des éthiciens est sollicitée dans des domaines aussi variés que la santé, la génétique, la technologie, l'industrie (au sujet, par exemple des conséquences écologiques de son activité), la finance et l'économie (pour éviter ou prévenir la corruption active ou passive) et même le sport (à cause de la prolifération de l'usage des produits dopants). La nécessaire collaboration des éthiciens permet de guider les réflexions ou comme le dit Ludivine Thiaw Po Une « d'évaluer le suivi de leurs choix[17]. »

Car en pratique :

> *Ils font progresser la recherche philosophique sur des questions aussi radicales que celles de la distinction entre le Bien et le Mal, de la liberté et de la responsabilité des agents moraux ou des fins morales à poursuivre, entre bonheur et devoir, par les personnes individuelles ou collectives.*[18]

[17] *Ibid.*

[18] *Ibid*

Cette remarque nous conduit à déduire que l'humanisme contemporain, dans sa phase socialisante caractérisée par l'aide tous azimuts, doit faire l'objet d'un examen et d'une réflexion éthiques pour évaluer les profondeurs du fait de venir au secours et l'objectivité/ neutralité axiologique de la façon de faire effectivement le bien là où l'on intervient. Un débat éthique (au sens de science de la morale) sur les différentes théories et philosophies morales s'impose à nous.

Comme fait mention en amont, Kant demeure pour la philosophie morale un tournant. Il a justement montré que la philosophie morale était représentée selon deux dimensions : la dimension fondatrice et la dimension applicative. La dimension fondatrice vise à établir « le principe ultime de la morale ». En posant l'impératif catégorique comme la forme que prennent les propositions quand elles expriment le devoir, et rendent possible le fait de savoir si la maxime subjective de mon action peut être érigée en loi universelle de la nature, Kant dégage « le critère ultime permettant de discerner quelles fins ou quels objectifs susceptibles d'être visés par le sujet humain sont proprement moraux.[19] » Et la dimension applicative de la philosophie morale cherche à évaluer l'applicabilité de la théorie aux cas concrets. C'est cette dernière dimension qui suscite l'intérêt et interpelle le regard visionnaire et critique de Nietzsche sur la modernité. Mais cette entreprise conduit à ressortir brièvement les fondements des différentes philosophies morales afin de mieux les présenter, et appréhender leurs dimensions applicatives pour féconder le questionnement sur l'humanisme délavé de notre temps.

La question de savoir comment fonder notre sens moral est aussi vieille que la philosophie. Elle soulève toujours la problématique d'une origine rationnelle ou sentimentale de la morale rendant possible l'érection d'une règle morale universelle.

---

[19] *Ibid.*

Un regard rétrospectif dans l'histoire de la philosophie depuis l'Antiquité montre cette ambivalence. Hume, en parlant du "sens moral", contredisait Platon et la tradition idéaliste qui soutenait que l'action juste est déterminée par la raison. Il dit : « il n'est pas contraire à la raison de préférer la destruction du monde à une égratignure de mon doigt.[20] » En résumé, du point de vue de Hume, la raison n'a aucun pouvoir de volonté, son rôle est de statuer, de calculer et délibérer sur les moyens sans pour autant assigner des buts ni poser des valeurs.

Kant réagit en réhabilitant la thèse platonicienne récusant le fondement sentimental de la morale. Il n'y a, selon lui, que la raison pour déterminer un principe universel indépendant de tout agrément ou désagrément, de tout plaisir ou déplaisir. L'impératif catégorique kantien recommande que l'homme agisse par devoir et non par inclination, force ou faiblesse : « Agis uniquement d'après la maxime qui fait que tu peux vouloir en même temps qu'elle devienne une loi universelle.[21] »

Les prolongements doctrinaux de ces oppositions nous plongeront au cœur même de la problématique de l'universalisme moral et du relativisme axiologique qui plante la réflexion dans un dilemme. Il devient dès lors difficile, compte tenu de l'origine variée de ces sentiments moraux, de prôner une morale déontologique stricte. La morale téléologique serait la plus à même de prendre en compte ces différents motifs d'action, ces sentiments à la fois altruistes et égoïstes, afin de se donner des règles d'action susceptibles d'apprécier, plus ou moins objectivement, les impacts pour mieux orienter les différents motifs d'action vers la réalisation d'une aide la meilleure possible ; puisque, comme le dit Jean

---

[20] David H., *Traité de la nature humaine,* G.F Flammarion, Paris, 1991, p. 352.
[21] Kant E., *Fondements de la métaphysique des mœurs.*

Jacques Rousseau, au sujet de la mutuelle sensibilité au malheur de l'autre, en parlant de l'origine probable des langues : le premier mot des hommes « ne fut pas chez eux, aimez-moi, mais, aidez - moi.[22] » Ce premier mot du langage qui est un cri d'alarme fondant le rapport communicationnel est, pensons-nous, à l'origine des doctrines et pratiques aussi variées que sont : la charité, la philanthropie, l'altruisme, le cosmopolitisme, les sentiments moraux d'Adam Smith, etc., et repose sur le socle de cette "douce voix" naturelle de Rousseau : la pitié. Car, pour lui, la pitié est naturellement plus que la raison de nous retenir de faire du mal ou de mal faire :

> *De cette seule qualité [la pitié] découlent toutes les vertus sociales [...]. En effet, qu'est-ce que la générosité, la clémence, l'humanité, sinon la pitié appliquée aux faibles, aux coupables, ou à l'espèce humaine en général ? La bienveillance et l'amitié même sont, à le bien prendre, des productions d'une pitié constante, fixée sur un objet particulier [...]*[23]

C'est pourquoi nous pensons à tort ou à raison que la pitié est au fondement de l'humanisme contemporain ou de l'humanitarisme que nous qualifions de dérive humaniste parce qu'ayant travesti l'humanité véritable qu'on pouvait voir dans les sociétés dites primitives, traduite par la tragédie grecque que Nietzsche, nostalgiquement, veut exhumer pour les temps à venir. Notons que sur ce point, un débat philosophiquement difficile est encore à l'ordre du jour. Évidemment, on peut se demander comment et en quels termes le retour au tragique grec est possible. Mais pour ce qui concerne cette réflexion, nous n'en ferons pas une priorité. Il s'agira de voir pourquoi et comment avec Nietzsche repenser l'éthique de l'humanitaire par un possible dépassement de la pitié théorique et pathologique caractérisant les activités actuelles des églises, des O.N.G et des grandes puissances économiques. Car

---

[22] Rousseau J. J., *Essai sur l'origine des langues*, Paris, Gallimard, Folio, 1990, p.92.
[23] *Ibid.* p. 102.

l'éthique de l'humanitaire, du point de vue nietzschéen, se pose en s'opposant à la bassesse de l'assistanat fondée sur le prétexte des valeurs universelles de l'humanisme des « Droits de l'homme ».

Pour justifier ce rôle central de la pitié, regardons sommairement quelques-unes de ces conceptions morales avant de voir la position nietzschéenne sur la pitié en regardant ce qui est à son fondement : la souffrance. Car il faut que l'autre souffre pour que je ne supporte pas ma propre souffrance.

CHAPITRE II

NOTIONS, THEORIES ET PHILOSOPHIES MORALES AUTOUR DE LA PITIE

1. Les variations du jugement sur l'homme souffrant

La pitié est foncièrement une attitude altruiste ; puisque les hommes ont difficilement pitié d'eux-mêmes. L'altruisme se lit comme amour désintéressé d'autrui ou encore comme la volonté qu'autrui trouve le bonheur à travers nos actions sans attendre en retour une récompense. C'est donc l'expression d'un attachement, d'une bonté, d'une générosité, d'une empathie séparée de tout égoïsme. L'altruisme peut être envisagé comme une certaine solution à la souffrance d'autrui dans certains cas où l'altruiste se donne les moyens de secourisme.

On peut remonter l'apparition de ce terme, pour la première fois, à 1854 dans le "Catéchisme positiviste" d'Auguste Comte ; donc pendant la phase dite "religieuse du positivisme". Mais bien avant cette date, l'humanisme altruiste s'exprimait déjà sous des formes diverses de secours aux souffrants, aux pauvres et aux marginaux.

Dans l'Antiquité classique, on trouvait déjà les deux formes de pauvreté les plus courantes décrites par Serge Paugam dans son livre traitant des formes élémentaires de la pauvreté[24] : la « pauvreté intégrée » qui, selon lui, est la condition de la majorité des populations de tout temps et aussi la « pauvreté des exclus ». Nos sociétés actuelles n'échappent pas à cette catégorisation malgré les efforts intentionnels de modernisation par l'industrialisation qui, paradoxalement, ont accentué les clivages sociaux et la paupérisation dans les pays industrialisés ou en voie d'industrialisation. Dans l'Antiquité, on notait un relatif essor économique à certaines périodes, comme sous la « paix romaine » (IIe s. ap. J.C.), mais les conditions existentielles des Anciens étaient relativement fragiles et parfois même précaires. Il y avait certes des classes moyennes, artisans enrichis, maîtres des métiers et commerçants plus ou moins aisés, mais leurs employés ne bénéficiaient guère des retombées de leurs suffisances et formaient ce qu'on qualifie de bas peuple.

Les spécialistes de décryptage des papyrus d'Égypte, des tablettes de cire retrouvées dans les mines de Dacie ou les interprètes des inscriptions de Pompéi, ont montré que les salaires des ouvriers agricoles et autres employés étaient restés bas ; nivelés peut-être par la concurrence de la main-d'œuvre servile souvent venue d'ailleurs.

Ce constat permet de dire que cette période renfermait plus de « pauvres » que d'hommes aisés constitués de l'élite des cités ou des aristocrates romains. L'élite aisée, comme dans toutes les sociétés, ne se soucie pas de cette société d'en bas, préoccupée surtout d'aider ceux, parmi les « pauvres », qui sont ses concitoyens. Dans l'Antiquité gréco-romaine, les riches organisaient des cérémonies somptueuses et parfois orgiastiques par volonté d'exhibition ; non pas pour répondre spécifiquement aux besoins des nécessiteux, mais au profit de

---

[24] Paugam S., *Les formes élémentaires de la pauvreté*, Puf, 2005.

la communauté civique en général, à l'exception des esclaves, des étrangers et des vagabonds, dans une volonté d'éblouir ou d'épater par le faste de dépenses somptuaires. Les riches offraient leurs dépenses aux concitoyens et ne se préoccupaient d'aider les pauvres que par une quelconque volonté altruiste ou même par simple devoir moral. Ce constat est encore d'actualité.

La tendance principale des peuples païens de l'Antiquité visait qu'on s'occupe d'abord de soi et non des autres, même pauvres. Ici on parlait peu ou presque pas des pauvres et des véritables « marginaux » sauf pour en faire des personnages de théâtre. Sur scène, les marginaux ou parias à l'exemple des prostitués, salariés temporaires, esclaves fugitifs, mendiants charlatans, clochards étaient souvent moqués et méprisés. Vers la fin du IVe siècle, l'évêque Paulin de Nole évoque, non sans regret, le regard méprisant des passants qui, parfois, va jusqu'au dégoût, à la répugnance et même à la peur vis-à-vis du miséreux et même du malade : « Toi à qui le pauvre inspire du mépris, que terrifie la vue d'un indigent, qui considères comme un mauvais présage la rencontre d'un pieux suppliant, ... tu méprises l'aveugle, tu évites de toucher le lépreux. »

Cette attitude méprisante est renforcée par le dédain qui s'exprime dans le geste de jeter une piécette en passant à quelques courageux malheureux qui demandent l'aumône. Mais cet acte de bienfaisance peut-il être considéré comme un bienfait suffisant pour soulager la misère ou participe-t-il de la dépersonnalisation goguenarde du mendiant ? Sénèque, dans son traité *Sur les Bienfaits* s'interrogeait, non sans ironie : « Qui jamais appellera bienfait un morceau de pain ou l'aumône d'une misérable monnaie de cuivre ? » Il y a bien dans l'acte de donation ou dans l'aumône une forme de mépris qui ne peut être considéré comme un bienfait[25]. C'est pour

[25] À ce sujet, on peut se référer aux textes de Paul Veyne, *Le Pain et le Cirque. Sociologie historique d'un pluralisme politique*, Éd. du Seuil, 1976.

éviter ce mépris qui suscite la honte que Sénèque prônait la discrétion de la part du donateur : une bienfaisance secrète :

> *Je ne dis qu'il ne faille toutes les fois que les circonstances le permettent penser à la joie que nous donnent les sentiments de l'obligé ; mais si notre assistance est pour lui aussi humiliante que nécessaire, si le bien que nous lui faisons le blesse, à moins d'être caché je ne fais pas mettre ma bonne action dans le journal*[26].

Cette idée du don secret sera abondamment traitée, avant Nietzsche ou Heidegger[27], dans la littérature de tradition chrétienne notamment dans le *topo*s du don mystérieux que l'on retrouve dans la littérature hagiographique ; même si le lien entre le statut de marginalisé et la honte que montre Sénèque n'est pas encore bien identifié par les auteurs chrétiens du Moyen Âge. Comme le dit Saint Augustin : « Il y a des pauvres sans ressources qui se procurent à peine de quoi survivre et qui sont tellement besogneux de l'aide charitable à n'avoir pas même honte (*non erubescant*) de mendier », tellement leur statut a été normalisé et admis par tous comme une damnation non voulue ou un sort.

Il convient de préciser que c'est avec l'introduction de l'économie monétaire que l'histoire d'une pauvreté honteuse verra son tournant le plus marquant. Dans cette période, la force de l'argent a constitué un facteur de déstabilisation et de graves bouleversements pour l'aristocratie du bas Moyen Âge. C'est ainsi que dans les faits apparurent de nouvelles formes de la pauvreté matérielle qui vont toucher aussi les nobles. Mais cette forme de pauvreté peut être dite relative ; puisqu'il est de toute logique qu'on ne doit pas s'étonner de voir que dans un système idéologique, qui considère que les inégalités sont nécessaires, l'idée d'un monde qui refléterait un ordre

---

[26] Sénèque, *Des bienfaits*, Prechac, Paris, 1926, pp 32-33.

[27] Nous reviendrons sur le traitement par Nietzsche de cette question quand nous analyserons le problème de l'amitié et de la pudeur dans l'acte de donation dans la dernière partie.

hiérarchique voulu par Dieu engendre nécessairement une conception normalisée de la pauvreté et du droit à l'aumône.

Cette norme se réfère sûrement aux Évangiles de la miséricorde et de la compassion qui commandent aux fidèles la discrétion comme la plus haute vertu : « Quand tu fais l'aumône, que ta main gauche ignore ce que fait ta droite.[28] » Car, en effet, c'est une faute divinement grave si tu ne viens pas en aide à un fidèle que tu sais dans la détresse et surtout quand tu sais qu'il est pudique et honteux. Sur les exégèses de Matthieu VI et Psaume XL s'est constituée la doctrine morale et religieuse de la pauvreté honteuse.

Dans un de ses textes du *De Eleemosyna*, Pierre Damien disait que certains hommes de condition honorable sont souvent oppressés par indigence. Doués de titres chevaleresques, mais tourmentés par leur pauvreté, même s'ils se réduisent à bout de résistance, ne savent pas mendier pour survivre. Ils préfèrent, en effet, mourir plutôt que de quêter publiquement ; ils rougissent s'ils sont reconnus et dissimulent ce qu'ils souffrent afin que ne se manifeste aucune trace déshonorante de leur pauvreté. Leurs titres doivent couvrir leur tourment pour que leur indigence ne soit pas vue, mais détectée. Le texte souligne que le prophète lui-même nous indique combien grand est le mérite de s'occuper de ces pauvres en secret : « Heureux celui qui pense au pauvre et au misérable. »

On est là en pleine expérimentation de la parabole du bon Samaritain de l'Évangile de Luc. Pendant une discussion de Jésus avec le docteur de la Loi, sur la question du mérite pour « *avoir en héritage la vie éternelle* », invoquant la réponse donnée par la Loi, ce dernier cite notamment le verset du Pentateuque « *Tu aimeras ton prochain comme toi-même.*[29] »

---

[28] *Sainte Bible*, voir Evangile selon Matthieu, VI, 3.
[29] *Ibid.*, Evangile de Luc, verset 18 à 19.

Et il interroge Jésus sur le sens du mot « prochain », ce à quoi Jésus répond de façon parabolique :

> *Un homme descendait de Jérusalem à Jéricho, et il tomba au milieu de brigands qui, après l'avoir dépouillé et roué de coups, s'en allèrent, le laissant à demi mort. Un prêtre vint à descendre par ce chemin-là ; il le vit et passa outre. Pareillement un lévite, survenant en ce lieu, le vit et passa outre. Mais un Samaritain, qui était en voyage, arriva près de lui, le vit et fut pris de pitié. Il s'approcha, banda ses plaies, y versant de l'huile et du vin, puis le chargea sur sa propre monture, le mena à l'hôtellerie et prit soin de lui. Le lendemain, il tira deux deniers et les donna à l'hôtelier, en disant : « Prends soin de lui, et ce que tu auras dépensé en plus, je te le rembourserai, moi, à mon retour. » Lequel de ces trois, à ton avis, s'est montré le prochain de l'homme tombé aux mains des brigands ? » Il dit : « Celui-là qui a exercé la miséricorde envers lui. » Et Jésus lui dit : « Va, et toi aussi, fais de même.*[30] »

Cette quasi-vénération envers autrui se traduit en termes d'imitation par les hommes de l'amour de Dieu : (« Aimez-vous les uns les autres comme je vous ai aimés[31] », matérialisé par la confraternité et l'abnégation propre à la pratique chrétienne) et mobilise plusieurs qualités et caractéristiques de l'altruisme.

Le premier constat marquant de l'altruisme du Samaritain est le fait qu'il était le seul à s'apitoyer sur le sort du malheureux alors que le prêtre et le lévite étaient indifférents. On peut justifier l'attitude du prêtre, comme le font certains commentaires, par l'évitement de tout contact avec le sang qui aurait pu les rendre impurs au sens de la Loi. En opposant l'attitude transgressive du Samaritain à l'attitude « légaliste » du prêtre et du lévite, Jésus voulait communiquer la priorité de la « loi du prochain », loi du cœur qui prime sur la Loi de la société, pour qui voudrait *« avoir en héritage la vie éternelle »* ; c'est l'expression d'un renversement systémique

---

30 *Ibid.*, Verset 10. 29-37.

31 Extrait du discours de la Cène *in* l'*Evangile* selon St. Jean.

caractéristique du message évangélique de l'amour du prochain. Ce message montre que l'altruisme est le fait d'une abnégation faite de renoncement désintéressé. Car le Samaritain abandonne ses affaires en renonçant à son voyage et en polarisant son temps et son attention sur cet homme souffrant pour un inconnu dont il n'attend rien en retour et vis-à-vis duquel il n'a aucune dette. Plus encore, son désintéressement est renforcé par le fait que l'inconnu à demi mort est probablement juif – (une communauté hostile aux Samaritains). La parabole justifie le geste altruiste du Samaritain qui, du point de vue de la loi établie, est considéré comme une transgression des tabous communautaires. Cette forme d'altruisme va au delà des considérations contingentes et initie une sorte de cosmopolitisme à tendance universaliste dans lequel sont dépassées la phobie de l'étrangeté et la perception négative de l'autre qui vient d'ailleurs : l'étranger.

L'autre constat est le caractère émotionnel de cet altruisme qui marque la noblesse de l'acte lorsque la parabole dit : « *Il fut pris de pitié.* » La pitié semble être dans ce geste le critère de démarcation entre le Samaritain et les deux autres. Cette émotion, qui créée spontanément cet amour d'autrui dans le contexte évangélique, est ce qui donne le sens et la motivation de l'acte altruiste et surtout de l'attention portée dans le détail. En effet, il est frappant de voir que le Samaritain ne se contente pas, comme l'aurait fait un homme de notre temps préoccupé par son travail et les tracas du quotidien, de conduire le blessé au centre médical le plus proche ou appeler le secours sans se salir les mains ; mais il accomplit son geste altruiste en prenant soin du moindre détail : pansement de la plaie, usage d'huile et de « vin, transport jusqu'à l'auberge, prise en charge totale des dépenses et précautions pour la suite : *Prends soin de lui, et ce que tu auras dépensé en plus, je te le rembourserai, moi, à mon retour …* ». C'est un altruisme du cœur et de l'ardeur qui, de nos jours, semble complètement ruiné ou effacé des consciences et des mœurs.

L'altruisme, dans le sens évangélique, demande donc du temps et une attention particulière vis-à-vis d'autrui, assimilable à de l'empathie, car il faut se sentir concerné pour pouvoir agir émotionnellement sans préjugé ni calcul ; ce que le stress pathologique de la société de consommation ne permet plus d'observer parce que nous avons perdu cet instinct générateur de la spirale émotionnelle qui nous étreint à la vue de la souffrance d'autrui. La charité comme le montre cette parabole, est donc jumelle de la pitié qui est matrice de l'altruisme.

Mais si le personnage du bon Samaritain véhicule la sympathie et l'humanité par la charité et l'abnégation désintéressées, il convient de dire que de nos jours la pratique et même le concept d'altruisme sont couverts d'ambiguïtés et de soupçons.

En effet, de façon classique, « faire le bon Samaritain » signifie être charitable, secourable et sans arrière-pensée ou calcul hédoniste. Si l'expression a souvent eu une connotation sympathique et positive, aujourd'hui elle est enveloppée d'ironie et de vice. Notre bon Samaritain a quelque chose de la bonne poire, d'une naïveté qui assimile l'acte altruiste à la « BA » du scout, et l'enrôle donc d'une certaine immaturité qui l'expose potentiellement à l'escroquerie et à la roublardise de certains paresseux et malveillants. Ce soupçon ironique, voire cynique, colore l'image et le geste du bon Samaritain contemporain des intentions politiquement machiavéliques et individuellement égoïstes et condescendantes.

Doit-on voir dans cette ambivalence une déviance comportementale, un égoïsme, un risque, une insuffisance de l'altruisme ou une dérive humanitaire ? Peut-être que le christianisme, dans sa quête de l'absolu transcendantal s'est perdu en conjectures et en hypostase au point d'oublier la vraie nature humaine. C'est une interrogation.

L'islam, réputé plus réaliste, a-t-il une conception plus pragmatique de la solution à apporter au pauvre et au souffrant ?

Du point de vue de l'islam, l'imam Al Ghazali a divisé l'altruisme en trois degrés :

- le premier est que tu considères ton prochain comme un serviteur, c'est-à-dire que tu lui donnes ce dont tu n'as pas besoin ;
- le second est que tu le considères comme ton égal, que tu partages donc avec lui tout ce qui t'est cher.
- le troisième est que tu mettes ton prochain dans un degré supérieur au tien, ce qui signifie que tu commences par répondre à ses besoins avant de t'occuper de tes propres désirs et plaisirs.

Ce sont les trois degrés de l'altruisme qui peuvent justifier les actions de bienfaisance envers les pauvres et les victimes des guerres et calamités naturelles. Et ce n'est qu'à ce prix que, selon les musulmans, l'homme peut atteindre la piété, réaliser la béatitude divine et rendre grâce à Dieu en réalisant la plus haute humanité : « Vous n'atteindrez la (vraie) piété que si vous faites largesses de ce que vous chérissez. Tout ce dont vous faites largesses, Allah le sait certainement bien.[32] » Et le prophète Mahomet de dire : « Nul n'est vraiment croyant que lorsqu'il aime pour son frère ce qu'il aime pour lui-même. »

On note que dans les deux religions, les questions liées à la béatitude et à la vie éternelle se recoupent pour façonner l'attitude altruiste. Cette fin dernière nous conduit à quelques interrogations.

Et si le bon Samaritain était obnubilé par l'héritage de la vie éternelle, il serait donc prêt à tout sacrifice, même celui de soi, et son abnégation désintéressée serait aussi soupçonnable. Le

[32] *Coran*, Sourate 3, Verset 92.

bon musulman n'est-il pas préoccupé, en faisant l'aumône, par sa piété que par le souci de sortir son prochain de la misère ? N'est-il pas illusoire de penser que l'homme puisse donner en partage ce qu'il a de plus cher ? Le bon musulman serait-il prêt à partager sa maison, sa femme, et ses enfants ? Ou encore, « mettre son prochain à un degré supérieur au sien » comme le prétend La Parole ?

Ce questionnement nous conduit à une problématique plus large et plus dense : celle de savoir si l'humanisme primaire des dons pratiqué par les O.N.G et les pays dits développés ou riches (souvent des dons de matériels usagers : vêtements, électroménager, ordinateurs …) ne s'en tient pas au simple apitoiement et traduit du coup une volonté de domination. Le donateur accepterait-il d'être dans la situation de celui qui reçoit les biens usés ? On peut aussi se demander si, du point de vue de la nature même de l'homme, ces prières ne sont pas des vœux pieux. On s'interroge sur l'épaisseur ou l'étroitesse de la frontière entre l'altruisme et l'égoïsme du point de vue du religieux qui vient en aide.

Dans la pratique, les équivalences religieuses porteuses de la même signification sont par exemple la "charité" qui se manifeste par les dons ou l'aumône à l'endroit des nécessiteux. On peut donc se permettre de dire que la charité altruiste était principiellement chrétienne et musulmane puisque la religion païenne gréco-romaine ne la pratiquait pas ; et que sa version contemporaine est l'aide humanitaire et les œuvres de donation en faveur des plus démunis, devenus les plus vulnérables. Il y a eu, on peut le penser, simplement effort d'élargissement à l'échelle planétaire de la charité qui se réduisait à l'assistance de son proche voisin. Cette assistance était et reste une réponse à la pauvreté matérielle. Mais les interprétations des termes pauvreté et souffrance ayant connu une évolution au fil des générations changent de *facto* la valeur de l'assistance et parfois la rendent non nécessaire, abjecte et même périlleuse et négative. Il y a donc lieu de connaître les causes profondes et souvent non proclamées de nos maux et malheurs, car comme le souligne la leçon de Bouddha, l'homme est parfois la source de son propre souffrir.

2. Souffrance et compassion dans le bouddhisme : de l'auto responsabilité à la quiétude

> « En apportant les bienfaits que sont la pluie et la rosée, il nourrit les hommes, les oiseaux, les animaux, et jusqu'aux plantes. C'est ainsi que le ciel respecte son étiquette. L'homme qui reçoit [ces bienfaits] a pour rôle de se montrer compatissant. »
>
> Shingaku gorin-sho, *Traité des Cinqs Vertus et de l'étude de l'esprit*, trad. Originale, Anonyme, 1650.

Dans le bouddhisme, entendu comme religion et philosophie, on décèle une doctrine morale développant la compassion comme vertu principale. Cette compassion bouddhique inclut non seulement le genre humain et les races, mais s'étend aussi à tous les êtres vivants. Dans la pratique et l'exercice de la compassion, le Maître Gautama offrait moins d'objets matériels que des conseils à la manière d'un médecin spirituel[33] qui ambitionne de guérir l'humanité à partir de quatre (4) axiomes équivalents aux quatre (4) Nobles Vérités qui, bien comprises et bien appliquées, assurent non seulement la paix intérieure, la sociabilité par l'absence de souffrance et de trouble, mais aussi la responsabilité et le respect vis-à-vis de l'humain et de la nature en général.

Dans le sermon de Bénarès, la doctrine décline que tout est douleur (*sarvam duhkham*) ou mal-être et que le remède du

---

[33] Comme on peut le lire dans le *Dictionnaire d'éthique et de philosophie morale* de Monique Canto-Sperber, Puf, tome 1, p 211, « Le Bouddha n'est ni un professeur de morale ni un *yogin* sauvage. Il n'est pas non plus un philosophe au sens systématique. Il est plutôt comparable à un médecin, et d'ailleurs la tradition unanime lui donnera, entre autres surnoms celui de « maître en remèdes. » »

Bouddha obéissait au schéma médical classique de son époque : diagnostic, étiologie, pronostic, ordonnance.

Le bouddhisme pense que la souffrance est le lot des vivants et que toute vie est douleur. Les quatre vérités ou axiomes ont pour socle la permanence de la douleur et de la souffrance :

1. Le premier axiome stipule que toute vie est douloureuse. Selon cet axiome, les membres de la race humaine sont spirituellement en mauvaise santé et symptomatiquement, tout humain porte, de façon ontologique, un fardeau de douleur. Vues sous cet angle, la douleur et la souffrance ne sont donc pas le fait d'une catastrophe naturelle ou d'une volonté sadique de certains hommes sur d'autres, mais une réalité existentiale et existentielle.

2. La cause de la souffrance est le désir ignorant ou *trsna* en Sanskrit. Cette conception, développée dans l'enseignement du *Sãnkhya*, soutient que l'ignorance est un état d'esprit involontaire, commun à toutes les créatures. Le *Sãnkhya*, officiellement, a été fondé par un saint semi-mystique appelé Kapila, qui se tient en dehors de l'assemblée traditionnelle des saints et sages du Véda, comme un illuminé de son propre chef. Selon la théorie du *Sãnkya*, l'ignorance accentuée par le désir de nescience (*avidyã*) ou encore non-savoir est le vrai problème de notre humanité et constitue le fondement de la maladie universelle. La douleur est un phénomène purement humain qui ne touche que les hommes ligotés par nos « petites vérités conventionnelles » en croyant pompeusement que nos idées sur les choses déterminent leur réalité ultime. Cette croyance est un filet de piège constitutif de l'essence véritable de la réalité existentielle causant toutes les souffrances de nos vies dont il faut se détacher pour une vie meilleure. Notre universelle condition mauvaise est liée au non savoir. Les malheurs de l'individu et de la société puisent leur

racine dans notre mode de vie d'humain fait d'un mélange pathologique de désirs inassouvis et non mesurés à la taille de nos potentialités, de nostalgies torturantes, de craintes, de regrets, et de volontés confuses parce que non nécessaires. Dans ce sens, on comprend que l'homme souffrant n'est pas d'abord celui qui subit une torture extérieure, quelle que soit la forme, mais celui qui n'a pas pris connaissance de l'essence réelle de son être et de sa vie pour s'en libérer.

Sur ce point, Heinrich Zimmer montre que : « Le problème de l'homme est simplement que sa liberté effective, permanente, omniprésente, ne se réalise point parce que son esprit est dans une condition turbulente, ignorante, distraite.[34] » C'est pourquoi cette souffrance ne peut être soulagée que raisonnablement. Le concept de raison est à prendre au sens d'absence de troubles psychologiques qui conduit à « la connaissance discriminative » (*viveka*) amenant l'esprit à un état de repos. Dans le repos, la « monade » ou (*purusa*) n'est pas obscurcie et noyautée par les méandres de la matière (*prakrti*) agitée. Dans l'état de repos, la monade échappe aux vicissitudes et par conséquent à la souffrance ou comme le note H. Zimmer : elle est « dégagée des procès naturels qui ont lieu continuellement autour d'elle, dans la matière mentale, dans les sens, dans les organes d'action et dans le monde extérieur animé.[35] » C'est dans ce tourbillon existentiel que naît l'illusion, l'inscience ou la nescience et la souffrance qui est à la fois psychologique et somatique.

Le bouddhisme place au premier rang des troubles, causant la souffrance, les désirs et les plaisirs liés aux sens et au non-sens de la vie (par exemple la recherche des dieux). Les dieux empêchent l'illumination et l'éclairage de la lampe du Yoga. On peut aussi citer pour exemple, les désirs libidineux, les

---

[34] Zimmer H., *Les philosophies de l'Inde*, Payot, p 226.
[35] *Ibid.*, p.228.

objets sensuels et les tromperies comme les songes qui entourent notre existence des fausses ambitions qui, non réalisées, produisent un sentiment de manque et de paupérisation conduisant soit au vice, soit à l'impudeur de la mendicité et à l'assistance. Celui qui ne calcule pas, par ordre de nécessité, ses désirs plonge dans une existence inauthentique et ne se couvrira d'aucun scrupule pour exercer la « main tendue » profitant de la généralisation de l'aide comme valeur humanitaire centrale de nos sociétés actuelles. Pour le bouddha, le purusa doit allumer sa lampe intérieure pour ne pas être victime des empêchements et souillures qu'on appelle (*Kleça*)[36].

Le terme *Kleça* est courant dans le langage indien quotidien. Il est couramment utilisé pour parler de tout ce qui afflige et fait souffrir. L'adjectif *klista* désigne le « malheureux », le souffrant ou miséreux à qui l'on a fait du mal, quelqu'un en mauvais état, altéré, flétri et bouleversé ou meurtri. Quand un Indien dit qu'il est *klista*, cela peut vouloir dire qu'il croupit sous la domination des problèmes troublants et fatigants ou qu'il est confronté à des situations pénibles. En somme, ce terme dans les *Yoga-sutra* est l'ensemble de tout ce qui obscurcit l'essence et la dignité humaines. C'est pourquoi le Yoga, notamment celui de Pantañjali, est une technique de concentration visant à se défaire des encombrements ou, comme les qualifie Zimmer, « des gênes », pour réaliser la perfection inhérente à « l'être essentiel » et à l'humanité de l'homme. Dans ce texte de Zimmer que nous citons, il recense en les interprétant les cinq (5) encombrements ou gênes :

a) *Advidyâ* ou nescience ou ignorance qualifiant le « fait de ne pas savoir s'y prendre : fait de n'avoir pas conscience de la vérité qui dépasse les perceptions de

[36] *Yoga-sûtra*, III, 55 ; commentaire fondé sur la traduction de James Houghton Woods, *The Yoga-system of Pantañjali*, Harvard Oriental Series, vol. XVII, Cambridge, Mass., 1927, p.295.

l'esprit et des sens dans leur fonctionnement normal. En conséquence de cet obstacle, nous sommes entravés par les préjugés et les habitudes de la conscience naïve. »

b) *Asmitâ* ; qui vient de (*asmi* c'est-à-dire ''je suis'') : il rassemble la sensation et la notion brute d'être – au – monde. Ce « je suis moi » est un *ego* évident, qui soutient mon expérience ; c'est l'essence réelle et le fondement de mon être. Cette conception est une gêne au sens où elle ne saisit pas le penchant purement transcendant et mystique de l'homme pour rendre possible un détachement de l'esprit du sensuel.

c) *Râga* : désigne un attachement presque aveugle, une sympathie et un intérêt. Dans ce sens, on comprend que la sympathie telle que nous la présentions comme manifestation de l'altruisme est une affection qui peut créer la souffrance.

d) *Dvesa :* c'est aussi un sentiment encombrant, mais qui « est contraire au *râga* ». Il désigne la désaffection, le dégoût, la répugnance et la haine. Ces attitudes sont aussi pathologiques et causent la souffrance parce qu'issues de l'ignorance. Pour Zimmer : « *râga* et *dvesa*, sympathie et antipathie sont à la racine de tous les couples de contraires (*dvandva*) dans la zone des émotions des réactions et de l'opinion humaine. Ils déchirent l'âme sans répit, la tirant d'un côté ou de l'autre, bouleversant son équilibre, troublant sa surface semblable au miroir d'un lac, en sorte qu'elle devient incapable de refléter sans altération l'image parfaite du *purusa*. »

e) *Abhiniveça* : cet encombrement marque l'attachement à la « vie comme à un procès qui devrait se poursuivre sans fin, c'est-à-dire au vouloir-vivre. » Cette attitude résulte de l'obsession du désir d'éternité qui anime le monde occidental dans la création des arrières mondes prolongeant cette existence-ci par des conjectures absolutistes vides. Penser que notre vie est éternelle constitue, aux yeux du bouddhisme, une gêne perturbant notre être.

Ces cinq gênes sont des obstacles à l'épanouissement de la conscience humaine et troublent la sérénité comme la « poussière » offusque la vision de toute chose : c'est *rajas* qui signifie ''impureté'' ou poussière rougeâtre des passions. Le *rajas* fait aussi partie des êtres de la mythologie indienne, particulièrement chez les titans, des anti-dieux ou démons qui symbolisent la vie dans sa splendeur la plus exubérante, dans ce qu'elle a de vanité, d'ambitieux et d'égoïsme sans scrupule. Cette symbolique traduit la volonté humaine de jouir de tous les désirs du monde sans pudeur et sans se soucier des souffrances d'autrui. Or, l'absence de sérénité, de pudeur et de scrupule, sans tomber dans l'altruisme de l'humanitarisme, est un manquement maladif qui résulte de l'ignorance.

Soulignons que des cinq empêchements, l'*advidyâ* qui est l'absence du vrai et de la vision du vrai qui perpétue l'élan d'aveuglement et le cycle de ''souffritude''[37] qui caractérisent la vie de l'ignorant est le principal socle des quatre autres.

« L'advidyâ est le mauvais destin commun à tous les êtres vivants. Parmi les hommes, il jette son maléfice sur la faculté raisonnante, la poussant à de fausses prédictions et de mauvaises déductions. En dépit du fait que les biens de la vie sont foncièrement impurs, causes nécessaires de douleur parce que vides de substance définitive, nous continuons à les envisager et à en traiter comme s'ils étaient absolument

[37] Ce néologisme est utilisé pour caractériser l'habitude de la souffrance que les humains entretiennent inconsciemment sans jamais tenter de sortir de cet état pathologique devenu *habitus*, au sens d'Aristote, et donc méconnu comme telle.

réels.[38] » Ces fausses pensées faites de désirs produisent de fausses croyances, des mirages de pensées, provoquent des malentendus qui poussent les humains dans l'inscience et à faire des choix désespérés : « les cinq empêchements forment les limites mêmes de la connaissance, ils tiennent l'univers entier dans le réseau tyrannique d'une fascination qui le rend impuissant.[39] »

La leçon de cette théorie de la souffrance chez les bouddhistes montre que ce qui en Occident forme la « personnalité » ou « l'individu », ce qui fait l'homme est considéré comme élément d'empêchement et cause de souffrance. À partir de ce moment, on se demande si pour éviter la souffrance il faut cesser d'être humain. Si les composantes de notre nature sont considérées comme empêchements et gênes, comment faire pour éviter la souffrance sans perdre son humanité ou se dépersonnaliser ou même mourir puisque ces empêchements sont des inclinations inconscientes et involontaires qui ne peuvent être aliénées dans la vie sans altérer la vie elle-même.

Du point de vue du yogi, ces empêchements ou gênes sont des malfaçons héritées de nos vies antérieures (Karma). Et ces gênes sont des forces qui ont présidé à notre naissance. Constituant, naturellement, des pesanteurs et des sources de notre « souffritude », le rôle du bouddhisme et notamment du yoga est de s'en débarrasser depuis la souche. Le yoga s'attelle à la dissolution volontaire et consciente de cette « personnalité » et de la constitution animale de cette personnalité : la force vitale aveugle, source de la douleur. À cette souffrance, le bouddhisme est loin de proposer, dans sa logique de la compassion, le remède de la pitié.

---

[38] Zimmer H., *op. cit.*, p.235

[39] *Ibid.*

En introduisant l'analyse sur le bouddhisme, nous soulignons que cette théorie véhicule la compassion comme caractère essentiel de socialisation et d'humanisation. Après l'analyse des deux nobles premières vérités qui sont une symptomatologie de la souffrance et de la douleur, on pourrait imaginer que la compassion bouddhique se confondrait avec la pitié comme solution à l'instar des autres doctrines morales citées précédemment.

À ces deux vérités qui sont symptomatologiques, le bouddhisme propose deux axiomes ou vérités thérapeutiques pour tenter de soulager l'humanité de la souffrance naturelle. Ces vérités ont-elles un rapport à la pitié ?

3. La troisième noble Vérité soutient que la suppression de la douleur est possible et réalisable dans la vie.

4. Et la quatrième prescrit la méthode de guérison, qu'on appelle couramment le Noble Chemin Octuple. Ce dernier impose les conditions de la rectitude qui forment une typologie orthopraxique. Le concept, qui est plus une attitude qu'un mot, est « **Correct** ». Pour soulager la souffrance bouddhique, le traitement du Bouddha nous oblige à observer dans le quotidien : la Vue ou Perception Correcte, l'Aspiration Correcte, la Parole Correcte, la Conduite Correcte, les Moyens Corrects de subsistance, l'Effort Correct, la Présence d'Esprit Correcte et la Contemplation Correcte. Ce traitement, qui est un véritable programme diététique psychosomatique, permet l'extirpation des causes du maléfice morbide et aussi et surtout de nous sortir des rêves incongrus et troublant la paix intérieure.

Notre société, en proie aux artifices et aux ambitions de pacotille, naturellement vaines, souffre plus de son ignorance et du manque de la mesure que des catastrophes naturelles qui, bien perçues, ne perturberaient nullement notre existence. Au lieu de la pitié et de l'assistance, le bouddhisme propose à l'humanité une ''cure'' de sélection de nos désirs et ambitions. Mais que doit-on entendre par « Vie Correcte » et que vise-t-elle ?

Notons d'abord que le remède de l'ignorance le plus connu dans l'histoire de la philosophie est la connaissance. Or, très souvent, nous confondons nos conceptions normales à la vérité au point où celles-ci attribuent à la monade des états et des transformations de la vie qui vont colorer et modifier son attitude en plus mal et toute sa volonté en illusion. Pour sortir de cet état qui cause la souffrance des hommes, la « Correctitude[40] » serait donc l'activité obligatoire de la science et du sage. Or, réciproquement, la condition de la science est la « correctitude » qui est basée sur :

a) la perception correcte ;

b) l'inférence correcte ;

c) le témoignage correct.

La perception correcte permet de démêler les perceptions subies par l'esprit au contact des objets extérieurs et les formes intrinsèques du principe pensant ; puisque la substance de l'esprit prend spontanément les formes des objets perçus et produit l'illusion que c'est l'esprit qui les acte. À partir de ces affects naissent plaisirs et déplaisirs, souffrances et soulagements épisodiques et les changements troublants. L'esprit est toujours en mouvement et se transforme au fil des expériences et émotions de la vie quotidienne. Ces expériences déstabilisent notre être et brouille notre sérénité originelle. La

[40] Ce néologisme nous permet de qualifier en les regroupant toutes les notions correctes constituées de : 1° les notions correctes, dérivant de la perception exacte (*pramâna*) , 2° les notions erronées, dérivant de la mauvaise appréhension (*viparyaya*) ; 3° la fantaisie ou l'imagination (*vikalpa*) ; 4° le sommeil (*nidrâ*) ; 5° la mémoire (*smrti*) que nous énumérions plus haut et qu'on peut retrouver dans le texte du *Yoga-sutra* de Patañjali notamment les sutra I,6 et I,7. Chez certains traducteurs et commentateurs, c'est le terme « juste » qui qualifie cette rectitude morale.

perception correcte permet de dissocier les vraies perceptions des fausses pour éviter de vaines ambitions qui aboutissent à la souffrance.

L'inférence correcte est l'activité principale de la substance pensante rendue possible par la perception correcte.

Enfin, le témoignage correct rend compte et corrobore les deux premières en se fondant sur la pertinence d'un mot ou d'un texte.

Cette « correctitude » est une pratique orthodoxe ou une orthopraxie qui se détermine par le Noble Chemin Octuple de la Vue Correcte, l'Aspiration Correcte, la Parole Correcte, la Conduite Correcte, les Moyens Corrects de subsistance, l'Effort Correct, la Présence d'Esprit Correcte et la Contemplation Correcte. Il s'agit là de devenir un Sage parfait qui baigne dans le Fleuve du Ciel qui arrose tout le cosmos : un yogi ; celui qui réfléchit sur les inconvénients et les menaces du désir et met fin aux enténèbrements des songes et appétits sensoriels et sensuels et donc à la souffrance.

Selon Pantañjali : « Au cas où il y a des invitations venant de ceux qui sont aux rangs élevés, elles ne doivent pas susciter d'attachement ou d'orgueil ; sinon, les conséquences indésirables s'ensuivraient.[41] » Le Yogi est celui qui réussit à allumer la lampe mettant fin aux choses qui causent la douleur et la souffrance en se créant des désirs inutiles et des ambitions troublants la quiétude et la sérénité. La souffrance étant liée à la vie, à nos mauvaises volontés et perceptions incorrectes, il convient d'interpeller les hommes à devenir yogis pour réfléchir aux inconvénients du plaisir.

Les goûts libidineux pour les choses sensuelles sont des obstacles à l'éclairage de cette lampe, comme les songes et tous les objets sensibles. Alors, il faut éviter l'Inattention en

---

[41] *Yoga-sutra*, III, 51, *op. cit.*

cultivant la Concentration. La concentration est le moyen ultime pour atteindre le but le plus élevé que définit le sûtra conclusif du Livre Trois : « Quand la pureté de la contemplation (*sattva*) équivaut à la pureté de la monade animée (*purusa*), il y a Isolement (*kaivalya*).[42] » L'Isolement est le moment où se déploie le pouvoir contemplatif (*sattva*) de la substance pensante qui se libère de la souillure du pouvoir actif (*rajas*) et de la force d'inertie suscitant des empêchements (*kleça*) en tous genres pour rentrer dans un état de pureté monadique : « Cette pureté n'est ni plus ni moins que la cessation de la fausse attribution de l'expérience à la monade animée. C'est ce qu'on appelle l'isolement de la monade. Alors le purusa, ayant sa lumière à l'intérieur de soi-même, devient exempt de souillure et isolé.[43] »

En suivant les explications de H. Zimmer, dans l'Isolement, la monade se purifie du *rajas* (impuretés et poussières qui inspirent nos désirs, nos dégoûts, notre compétition et notre ambition de jouir des choses du monde matériel sans tenir compte des souffrances d'autrui) qui s'apparente à *râga* ou passion pour devenir *çarada* (du substantif *çarad*, « automne ») qui a recouvert le sens frais, nouveau, jeune ou *viçarada*, qui renvoie à l'abondance de *çarada* et signifie adroit, habile, instruit, sage ; par opposition au sot qui est rempli de poussière rougeâtre des passions viles et reste englué dans le tamas (en latin. *Tene-brae*, ou ténèbres en français).

Pour le bouddhisme en général, l'isolement permet la concentration et la pratique de ce que nous appelons la « correctitude ». Pour s'éviter une souffrance dont on peut se passer, sans le concours d'autrui, la méthode de Gautama est celle de la « Voie du Milieu ». La voie du milieu est la traduction pratique et éthique de la logique philosophique de la « double vérité bouddhique ». Cette théorie permet de

---

42 *Ibid.*

43 *Ibid*, III, 55, p. 295.

transcender les oppositions et d'éviter les extrêmes du type scepticisme et des affirmations dialectiques des doctrines métaphysiques indémontrables.

Sur un plan moral, cette doctrine permet de s'affranchir de la poursuite des désirs profanes dans l'application d'un athéisme rigoureux, dont l'austérité visait à se parachever par l'annihilation existentielle du corps. Soulignons qu'il ne s'agit pas de tuer le corps, mais d'une libération hors de l'existence mondaine qui signifie s'abstenir d'activité ou interruption des actes et émotions ; en somme, c'est l'état de quiétude, de repos et de félicité qui, selon la sagesse indienne, correspond à la fin la plus haute de l'homme : *paramârtha* (objet (*artha*) suprême (*parama*)). Cette fin est un état de vie et une éthique ; mieux, une réalité sous-jacente au monde phénoménal qui ne transparaît qu'au moment où les passions et les émotions torturantes cessent de nous divertir dans l'illusion. Le *paramârthavid* est celui qui « connaît (*vid*) l'objet suprême (*paramârtha*) et ne peut plus tomber dans le piège de la nescience et de la souffrance existentielle. En français, le terme Sanskrit « *paramârthavid* » est traduit par « philosophe » ou sage.

La voie du milieu, en évitant à l'homme de tomber dans les excès et les extrémismes, formule une double attitude de destitution et de désir qui, tout en prônant l'abandon du soi dans le Néant absolu, permet de produire du dedans la force vitale créatrice. Dans la mythologie hindoue, le dieu-créateur personnifie la tendance duelle qui fait tous les êtres vivants et qui montre que l'effroyable dissolution constitue en même temps l'impulsion vitale à devenir et à engendrer : c'est l'instinct fondamental de « continuer ». Cet instinct, consciemment compris, conduit à la volonté de la dissolution délibérée à la fois de la personnalité consciente et de l'élan instinctif animal qui s'attache, aussi bien chez l'animal le plus bas que chez l'homme sage, à l'existence ; un peu à l'instar du *conatus* spinoziste. En pratique, cette dissolution – création ou engendrement permet l'évitement de la souffrance par l'ascétisme et l'isolement.

La morale bouddhique du juste milieu nous rapproche, un peu plus, des perspectives aristotéliciennes dans ses deux éthiques (*à Nicomaque*, *à Eudème*). Fils de médecin, Aristote a été dans la philosophie grecque l'un des premiers doctrinaires de la logique du juste milieu et de l'équilibre dans l'expérience de la vertu. Cette pratique, évitant les excès, nous permettrait de dire que l'évitement de la douleur n'est ni une vie de plaisirs, ni une mortification, mais une vie « juste », une vie « correcte » ; c'est une vie faite de morale « bien tempérée » pour parler comme J. S. Bach.

Dans la conception traditionnelle du bouddhisme, l'ascétisme est un exercice préparatoire à l'expurgation des souillures et impuretés qui assombrissent notre nature intrinsèque, annulent toute expérience et causent la souffrance. Ces impuretés, considérées comme des cicatrices, sont produites par les passions (*rajas*) et l'inertie spirituelle (*tamas*) ; ainsi donc, l'ascétisme pratique est le moyen de toilettage et de pansement de ces cicatrices. L'exercice constant de l'ascétisme illumine la conscience intérieure de l'élève bouddhiste : c'est une pratique courante dans le yoga. Cette pratique impose que chacun de nos actes soit posé avec désintéressement et détachement pour éviter l'égoïsme : c'est la dévotion ou bhakti, enseignée dans la *Bhagavad Gîtâ* et dans les textes classiques de l'hindouisme intérieur.

Dans les textes fondateurs du yoga ou *Yoga sutra*, on tire la leçon selon laquelle une vie rigoureuse basée sur les principes corrects permet d'atteindre un état dans lequel les cinq empêchements sont néantisés. Le vide de l'ascétisme absorbe en les néantisant les germes de l'ignorance que l'on a accumulés durant nos existences antérieures et pendant cette existence-ci. Ce choix de vie « cruelle »[44], selon les préceptes du yoga, conduit au dépoussiérage de nos passions et à la délivrance par illumination.

Mais il faut préciser que la réussite de cette pratique ascétique passe par l'état d'isolement suprême : le *kaivalya.*

Le *kaivalya* est l'état de celui qui est isolé, exclusif, seul, pur, non contaminé parce que non accompagné : ici, le *kevala* renvoie au « particulier ». Cet état implique aussi une connaissance absolue, l'omniscience et la béatitude qui font du sage bouddhique un saint *jaina.* Car, à ce stade, détaché des vicissitudes existentielles, l'homme se purifie de la matière karmique et devient sans limites. Car le terme *Kaivala* signifie à la fois l'isolement et la perfection, la sérénité, l'omniscience, la suprématie et la solitude qui mettent un terme à la souffrance. Il s'agit de rompre le cercle vicieux des souffrances pour rétablir l'homéostasie de l'organisme psychosomatique. Celle-ci consiste à interrompre « le cours du moi-qui-a-soif, qui-souffre-et-qui-transmigre. » Cette interruption ou *nirodha* prépare le *nirvãna*, qui n'est ni un anéantissement ni un mode de survie par dépit.

On peut voir dans cette ascèse bouddhique ce que Michel Foucault qualifiait d*'herméneutique du sujet* qui consiste à utiliser la philosophie pour exercer un travail de soi sur soi aboutissant à une sérénité du corps et de l'âme très proche de l'épicurisme et de l'*otium* des Latins.

Seulement, cette théorie suscite une inquiétude au niveau de nos rapports aux autres. Si nous sommes nous-mêmes à l'origine de nos souffrances et que le remède est en nous-mêmes, il s'agit donc, pour tous les souffrants, de suivre le

---

[44] Notons que le terme cruel dans la conception du Yoga ne doit pas être interprété dans son sens courant qui exprime le caractère négatif d'un homme mu par la volonté de faire du mal à autrui. Il doit être rapproché de la conception nietzschéenne de se faire violence que nous verrons plus loin.

modèle Bouddha (l'éveillé) pour s'en guérir. On se demande, si l'isolement n'est pas une forme d'asociabilité. Ou encore si le kaivala ne contredit pas le principe bouddhique de la bienveillance universelle.

Ce qui fait la grandeur du bouddhisme c'est l'altruisme qui est désigné par l'adjectif *mahã* formant les termes *mahãtman, mahãpurusa, mahãmaitri* (bienveillance universelle), *mahãkarunã* (compassion universelle) exprimant une certaine grandeur ou une grandeur certaine. Mais on se demande si l'imitation du Bouddha nous conduit à l'indifférence vis-à-vis de l'autre qui souffre. S'agit-il de mettre chacun devant ses douleurs et d'exclure toute affinité, toute sympathie et toute commisération ? Le remède de l'imitation ne favorise-t-il pas l'égoïsme ?

Une lecture attentive de l'enseignement bouddhique ne peut permettre de soutenir une quelconque forme de repli du Bodhisattva dans l'art de l'imitation. Au contraire, les termes comme *mahãmaitri* et *mahãkarunã* montrent déjà le caractère universel et non passionnel de la moralité bouddhique.

La leçon de l'imitation du Bouddha permet de contourner l'emprise des affects sur les sentiments du sage. En réfléchissant sur la vraie nature de la vie et de nos souffrances, le bouddhisme renverse le rapport entre sensibilité et intelligence et conduit à cerner autrui dans sa situation présente : heureuse ou malheureuse. Si on réussit à réaliser la bouddhéité, doit-on devenir indifférent face à la différence ; c'est-à-dire face à celui qui demeure dans la souffrance et l'ignorance ? Ou encore, que faire face à celui qui subit une douleur causée de l'extérieur malgré et contre sa volonté ?

Monique Canto-Sperber montre que les « Traités bouddhiques distinguent, bien entendu, l'indifférence sereine de l'homme attentif à autrui et le désintérêt affectif qui ne veut voir et prendre en charge les problèmes d'autrui : [...] Cet affect impur et négatif, qui n'est qu'une forme de l'égoïsme, est évidemment condamné.[45] »

Bien sûr, si Bouddha se passait pour un médecin, il est absurde d'imaginer que sa conscience se détourne du mal des autres. Le concept de *mahãmaitri* traduit bien cette bienveillance universelle qui se détache de l'affection et de l'égoïsme le plus bas. Car, en pratique, la concentration qui développe la grandeur spirituelle permet aux futurs Bouddha de dépasser la haine et la jalousie que peut susciter le succès d'autrui. Conséquemment, il ne saurait être indifférent à la misère d'autrui.

C'est un truisme de rappeler qu'un médecin s'intéresse moins aux hommes en bonne santé qu'aux malades. Et plus, cette bienveillance est basée sur l'égalité d'âme et de vie. Le terme *maitri* renvoie aussi à la bonté, dans le *Mãhayãna*, poussée jusqu'au don de soi. Un dialogue du riche armateur de la côte ouest *Purna* avec Bouddha montre comment vivre avec la méchanceté et la violence des hommes du *çronâparanta*. Quand le maître Bouddha lui demande : « Ils sont violents, Ô *Pûrna*, les hommes de *çronâparanta*, etc., ils sont insolents. Si les hommes de *çronâparanta* te privent complètement de la vie, qu'en penses-tu ? », *Pûrna* répond en disant : « Il y a des disciples du Maître qui, à cause de ce corps rempli d'ordures, sont tourmentés, couverts de confusion, méprisés, frappés à coups d'épée, qui prennent du poison, qui subissent le supplice de la corde, qui sont jetés dans des précipices. Ce sont certainement des hommes bons que les *çronâparanta*, ce sont des hommes doux, eux qui me délivrent avec si peu de douleurs de ce corps rempli d'ordures. » – Et le maître de lui dire : « Bien, bien, *Pûrna*, tu peux avec la perfection de patience dont tu es doué, oui, tu peux habiter, fixer ton séjour dans le pays des *çronâparanta*. Va, *Purnâ*, délivré, délivre ;

[45] Canto -Sperber M., *op. cit.*

arrivé à l'autre rive, fais-y arriver les autres ; consolé, console ; parvenu au Nirvâna complet, fais-y parvenir les autres.[46] »

Ce dialogue montre à suffisance qu'au-delà de ce qui semble être un repli et une privation autarciques insensibles aux problèmes d'autrui, la morale bouddhique est d'un altruisme bienveillant qui, parfois, se confond avec la compassion et la joie réciproques et produit un amour universel généralisé sans distinction sentimentale élective : l'amour se lie à la bienveillance et donne la possibilité d'un altruisme élevé et généralisé (*maitri-karuña-muditã.*) Le bouddhisme a donc, au-delà de la méditation solipsiste, le souci de rendre tous les êtres heureux et aider les souffrants à sortir du tourment existentiel. Celui qui réussit à atteindre la tranquillité de l'âme et du corps a le devoir de tirer les autres vers le haut. Le fameux texte *Suttanipãta* ou *Metta-Sutta* présente ce devoir, qui est un vœu de Bouddha tel une injonction :

> *Qu'ils soient en joie et en sûreté. Toute chose qui est vivante, faible ou forte, longue, grande ou moyenne, courte ou petite, visible ou invisible, proche ou lointaine, née ou à naître, que tous ces êtres soient heureux. [...]*[47]

Cette bienveillance au goût d'amour extrême pose bien une morale sublimatoire, mais dont la moralité ne constitue pas une fin en soi puisque sa destination est la *prajña* et le *nirvãna*.[48] La visée et la vision du *nirvãna* situent la morale bouddhique à un stade sublime dont les mérites sont à rechercher dans l'acte 'abstentionel' ; dans une sorte de diète qui initie une

---

[46] *Mémorial Sylvain Lévi*, 1937, 140, cité par M. Canto – Sperber, *op. cit.*

[47] Cité par Nguyen Huy Lai Joseph, *La Tradition religieuse spirituelle sociale au Vietnam*, Paris, Beauchesne, Amazone, 1981, p.316 (version numérique).

[48] Voir à ce sujet le *Mahã-prajéña-pãramitã-sãstra* traduit par Etienne Lamotte comme *Traité de la grande vertu de sagesse*. Pour ce dernier, on pourrait traduire *prajña* par amour pour exprimer une intelligence en acte ou intelligence vécue et *pâramitã* par vertu au sens moral.

affirmation négative, mais non négativiste de la vie limitant l'intervention humaine, ses désirs passionnels ou volontaires au strict nécessaire. C'est cette diète qui poussa Nietzsche à caractériser le bouddhisme comme une doctrine de la lassitude, de la faiblesse et donc un mouvement de « la décadence ». Mais il ne s'agit pas d'un sublime transcendantal au sens d'un au-delà de la vie ; puisque la suite du texte *Metta-Sutta* que nous citons supra établit dans la relation aux êtres une comparaison avec l'amour maternel :

> *Comme une mère au péril de sa vie surveille et protège son unique enfant, ainsi avec un esprit sans limites doit-on chérir toute chose vivante, aimer le monde en son entier, au-dessus, au-dessous, et alentour, sans obstacle, sans haine ...*

Mais au-delà de cette caractérisation nihiliste, on peut noter quelques similitudes entre l'enseignement bouddhique et quelques aphorismes de Nietzsche au sujet de l'acte de donation qui doit respecter la dignité de celui qui est dans le manque.

Pour le bouddhisme et pour Nietzsche, comme pour Spinoza, le don est amical, c'est-à-dire qu'il s'inscrit dans la logique de la parfaite réciprocité permettant d'éviter la subalternation par le donateur de celui qui reçoit. Dans la Proposition 71 de l'*Éthique*, Spinoza écrit : « Seuls les hommes libres sont [...] liés entre eux par une amitié tout à fait étroite ; seuls ils s'efforcent de se faire du bien avec un zèle tout à fait amical. » Cette réciprocité amicale chez le Stagirite préfigure une amitié qui permet la concorde universelle présente dans la bienveillance universelle bouddhique. Nous y reviendrons dans les prochains développements. Mais précisons que pour Nietzsche, la stricte réciprocité ne suffit pas pour déterminer une bonne amitié, celle-ci doit se faire dans le respect de la distance.

Pour revenir au don dans la morale bouddhique, là où Nietzsche peut tirer profit, c'est au sujet de la non- soumission du bénéficiaire qui ne doit pas devenir mon obligé. C'est pourquoi, comme nous le verrons plus loin, Nietzsche oblige le donateur à la pudeur en « demeurant caché ». Le bouddhisme réclame une générosité extrême qui fait don sans attendre un contre-don (*prati-dãna*). Le bouddhisme se demande en quoi consiste la perfection du don ?

Dans le *Traité de la grande vertu de sagesse*, il y a une distinction entre le donateur mondain et le donateur supramondain. Le premier abandonne ses richesses, mais n'abandonne pas son don, alors que le donateur supramondain abandonne à la fois ses richesses et son don. En d'autres termes, il faut que le donateur fasse corps avec la chose qu'il donne (*deya*) et le donataire (*pratigrãhaka*). La conscience donatrice doit sortir du dualisme erroné qui forme les couples moi – autrui et moi – chose pour éviter le complexe du « c'est moi qui donne », donc celui qui reçoit doit s'incliner ; puisque la main qui donne est toujours au-dessus. La bienveillance universelle et la compassion universelle conduisent au don de soi en même temps que la chose est donnée. Et cette pratique constitue le socle d'une relation décomplexée dans laquelle se tisse un type d'humanitaire d'équité et d'égalité sauvegardant la dignité de celui qui est soulagé de sa souffrance et la grandeur du donataire. C'est, sûrement, à ce niveau qu'on peut situer l'idéal de la sensibilité humaine du Bouddha et des *Bodhisattva.* Et cela se justifie par l'emploi de l'adjectif indien *mahã* (c'est-à-dire la grandeur) qui constitue les concepts *mahãtman, mahãsattva, mahãmaitri* (bienveillance universelle) ou *mahãkaruña* (compassion universelle).

Précisons que cette grandeur engage aussi bien la compassion que la joie réciproquement partagée, à la fois, par celui qui donne et par celui qui reçoit. Car, trop souvent, le bouddhisme est défini comme philosophie ou doctrine de la compassion et le sentiment de joie partagée s'en trouve oblitéré. En réalité, c'est la même bienveillance universelle qui, tantôt, s'exprime comme compassion et, tantôt, comme joie partagée dans des circonstances particulières et instantanées de bonheur avant l'entrée dans le nirvana. Cette bienveillance inclut le bonheur d'autrui, l'équanimité qui conduit à une indifférence aux différences. Conséquence : venir en aide à celui qui souffre devient une nécessité ; et celle-ci caractérise la générosité qui consiste à donner sans attendre un contre-don.

Mais, il faut noter que cette morale n'a pas échappé aux critiques de quelques penseurs. Comme souligné plus haut, Nietzsche, après avoir fait siennes quelques thèses bouddhiques, finira par voir dans l'ascèse bouddhique l'autosacrifice et dans l'idéal du nirvana une marque de la décadence et du renoncement à la vie. Mais, au-delà, on peut se demander si le bouddhisme est une apologie de la pauvreté ou encore si la bienveillance universelle ne relève pas d'une intention morale sublimatoire et utopique ; quand on voit que notre monde est dominé par le capitalisme égoïste et un individualisme calculateur.

On peut tirer de cette leçon bouddhique que nul ne peut être insensible à la souffrance d'autrui, mais qu'une grande dose de nos souffrances est causée par notre ignorance et notre ambition qui se donnent des faux désirs ou des désirs vains. Par conséquent, un travail personnel sur sa conscience et son corps est nécessaire pour s'éviter des souffrances inutiles. Mais si nous rencontrons des hommes victimes d'une quelconque maltraitance, notre compassion doit devenir action et cette action n'est pas une contrainte ; c'est pourquoi elle doit se faire dans la joie partagée.

Aussi sublime que puisse paraître cette conception, elle a le mérite de garder la grandeur du don, l'humanité et la dignité du bénéficiaire, puisque le don et le donateur se donnent joyeusement sans attendre un retour. Cette générosité dissout la double polarisation moi-autrui et moi-chose, puisque le non-moi (la chose à donner) devient une composante du moi qui se donne sans rétention ni remords.

On comprend le côté surréaliste et surhumain de cette forme de vertu qui suscite quelques réserves. Car, en fait, cette morale exige la pureté de l'intention du donateur, l'importance et l'utilité de la chose qu'on perd, mais aussi et surtout l'excellence morale du bénéficiaire qui doit mériter ce don pour réaliser à son tour « l'Eveil ».

Pour revenir à la question de la pauvreté, il faut dire que le renoncement bouddhique n'exalte pas la pauvreté comme ce fut le cas dans les premières communautés chrétiennes. La pauvreté fait partie de dukkha ; c'est une dimension de la souffrance humaine. Pour ce fait, elle est donc à combattre et à proscrire. Comme le note M. Canto-Speber cette tendance peut être considérée comme une dérive : « En revanche et au fil des siècles, il est arrivé en Chine notamment à la tête de biens fonciers considérables, avec des abus dénoncés par le sinologue Jacques Gernet. Des moines *zen* au Japon, tels Dõgen et, de nos jours, Deshimaru, ont vivement réagi contre cette dérive qui pourrait faire penser à saint François d'Assise. Mais c'est un état de choses qui n'était pas dans l'esprit du bouddhisme primitif.[49] »

Dans l'esprit et dans quelques aspects du bouddhisme que nous avons examinés, on se rappelle la théorie épicurienne de la souffrance qui pourrait justifier une sorte de « bouddhisme grec ». Le rapprochement est peut-être osé, mais au regard du fragment de Diogène d'OEnanda où il invite les sculpteurs à représenter les dieux souriants, symbole de la joie qui devrait convier les hommes à imiter cette joie au lieu de sacrifier à la crainte devant des dieux ayant une représentation artistique cruelle et vindicative, du *kouros* grec en passant par l'étrange sourire du Bouddha – contemporain de Pythagore - , le sourire

[49] Canto Speber M., *op. cit.*, p. 218.

d'un corps et d'une âme sereins passe pour une modalité du rire matérialiste qui nous permet de rapprocher l'éthique épicurienne de la sagesse orientale comme antidote à la souffrance humaine.

3. *Eudaimonia* dans la souffrance : la thérapie atomiste d'Épicure

Sur le plan de l'expérience, plus que le bouddhisme, l'épicurisme semble exprimer davantage le fait même de la souffrance et de la vie dans la souffrance au regard du personnage et de la vie même d'Épicure.

Au-delà de plusieurs méfiances et critiques adressées contre l'épicurisme, au sujet de son approche du problème de la souffrance, par Nietzsche[50] (Épicure en voulant échapper à la souffrance, est traité de décadent type par Nietzsche), on peut noter quelques traits de ressemblance chez les deux penseurs. Ce rapprochement peut se justifier par l'évidence de l'idée d'une physiologie philosophique basée sur la réévaluation du corps[51] comme point de départ de toute sagesse philosophique, d'une part et de l'usage philosophique de la douleur ou mieux du mal et de ses variations que sont la souffrance, les peines, les afflictions quotidiennes, les frustrations et toutes les négativités existentielles, d'autre part. Mais Nietzsche se démarquera d'Épicure au sujet de l'appréciation des rapports mêmes de l'homme à la souffrance ou des solutions à apporter au problème de la souffrance, si pour autant Nietzsche la considère comme un problème à résoudre. Évidemment, contre Épicure, Nietzsche ne fait pas de la souffrance une pathologie à soigner ou à éviter ; tout de même, sur ce point,

---

[50] Nietzsche F., « Et Epicure : quelle était sa jouissance à lui sinon la cessation de la douleur ? _c'est le bonheur d'un souffrant et sans doute malade aussi. » Voir *Fragments Posthumes X*, 25 [17]

[51] Nietzsche F., *Par-delà bien et mal*, § 23.

la prudence philosophique est nécessaire dans le rapprochement que nous osons établir entre les deux philosophes.

Dans la Préface de *Le Gai savoir*, Nietzsche théorise la nouvelle physiologie en la distinguant de la physiologie traditionnelle qui étudiait les phénomènes relatifs à la pensée consciente en les autonomisant. Nietzsche va contester cette autonomie des phénomènes de la conscience qui a manqué de s'être « hasardée dans les profondeurs[52] », c'est-à-dire à comprendre l'ensemble des processus infra conscients à partir desquels Nietzsche fait remonter généalogiquement la totalité de la pensée. La physiologie devient l'activité qui se donne pour tâche d'élucider la structure et les différentes manifestations du corps défini en marge de toute conception matérialiste. C'est pourquoi, du point de vue physiologique, les douleurs ne sont pas du fait de l'âme ou de l'esprit, mais plus prosaïquement du corps et, précise Nietzsche, du « ventre » :

> *Un homme fort et réussi digère ses expériences vécues (faits, méfaits compris) comme il digère ses repas, même s'il doit avaler de durs morceaux. S'il ne vient pas à "bout" d'une expérience vécue, cette indigestion n'est pas moins physiologique que l'autre – en fait elle n'est souvent qu'une suite de l'autre....*[53]

La suite de ce texte précisera que la métaphore de la physiologie n'autorise cependant pas la confusion avec tout matérialiste ; parce qu'elle reste un jeu complexe et souterrain des instincts et des affects. La physiologie nietzschéenne est donc à la fois discours sur le corps et discours du corps ; puisqu'il est constitué et dit par l'intellect qui, du point de vue de Nietzsche, n'est pas différent du corps. Car l'intellect n'est

---

[52] *Ibid.*

[53] Nietzsche *F., Généalogie de la morale*, III, § 16.

qu'une manifestation dérivée du corps, un instrument de la digestion de l'« estomac des affects.[54] » C'est pour cela que le corps du philosophe est la « Grande Raison. »

Mais, il faut dire que Nietzsche n'a pas été le premier à avoir eu et exprimé cette intuition. Avant lui, il est remarquable de constater qu'Épicure affirmait déjà qu'on ne peut philosopher qu'avec un corps et mieux, la sagesse ne procède pas de n'importe quel corps ni dans n'importe quel peuple. Au IVe siècle avant notre ère, Épicure opposait déjà une résistance aux idéalismes transcendantaux et faisait du corps, de son corps, un fondement philosophique. C'est, sans nul doute, dans cette perspective que, dans *son texte Gai savoir,* Nietzsche faisait d'Épicure un grand maître de sagesse existentielle :

> *Oui ! Je suis fier de sentir le caractère d'Épicure autrement que tout autre, peut-être, et de savourer dans tout ce que j'entends de lui le bonheur de l'après-midi de l'Antiquité : -[...]. Seul un être continuellement souffrant a pu inventer un tel bonheur, le bonheur d'un œil face auquel la mer de l'existence s'est apaisée [...] : jamais auparavant il n'y a eu une telle modestie de la volupté.*[55]

Cet aphorisme montre que Nietzsche a saisi, mieux que personne, ce que l'hédonisme épicurien aux prises avec la souffrance et surtout la maladie, pouvait servir de thérapie intérieure. C'est pourquoi dans *Le voyageur et son ombre*, il disait que « Épicure a vécu à toutes les époques, et il vit encore inconnu de ceux qui se nommaient et se nomment épicuriens, et sans réputation auprès des philosophes. » Le non-dit de cette citation peut faire penser que lui, Nietzsche, connaissait bien la pensée d'Épicure. Évidemment, en bon philologue, il va sans doute qu'il l'avait lu de première main.

---

[54] Nietzsche *F., Fragments Posthumes* X, 26 [141]

[55] Nietzsche F., *Gai savoir*, § 45, intitulé Épicure, traduction Patrick Wotling, GF.

En plus d'une philosophie physiologique basée sur la corporéité, il y a le fait que les deux philosophaient avec des corps souffrants. N'oublions pas aussi, le souci permanent de réédification du jardin d'Épicure que Nietzsche établira comme lieu de revitalisation et d'énergisation de son corps morbide. On prendra pour preuve son goût océanique et sa passion de l'Oriental ou de la Méditerranée ; Nietzsche adorait marcher dans la campagne et contempler, pas au sens platonique, les paysages méditerranéens, manger des repas d'une frugalité extrême, rentrer dans une solitude qui permettait la profonde méditation. Le jardin à la manière du stagirite était le projet d'un lieu ou d'une école pour les nouveaux maîtres de la pensée qui ouvrirait des possibilités lointaines d'une nouvelle existence.

Comme Épicure, Nietzsche a vécu avec la souffrance et a philosophé dans la souffrance et sur l'essence même de la souffrance. Ses souffrances qui vont être accentuées à partir ou après l'échec de son projet de mariage avec Lou Andréas – Salomé conduiront Nietzsche à faire le choix de vivre pour la philosophie et non de la philosophie comme il le reprochait à Hegel et autres idéalistes.

La douleur poussa Nietzsche à célébrer la vie philosophique.

Dans plusieurs courriers, Nietzsche dévoilait son amour à Lou. Après, il confia à Paul Rée la mission d'avouer son amour à Lou, mais contre toute attente, Rée était lui-même tombé dans la captive beauté de la même Lou. Lorsque Nietzsche proposa un mariage à Lou, elle lui proposa une relation ou un ménage à trois. Face à cette proposition trop platonique et indécente pour le philosophe de la vie, il va rompre avec elle, profondément blessé. Cette nouvelle rupture fragilisa davantage l'équilibre psychosomatique de Nietzsche qui aggrava ses troubles légendaires : migraines qui le clouaient au lit, nausées incessantes, vomissements et autres symptômes dépressifs. Le corps hyperesthésique de Nietzsche sera condamné à faire corps avec la maladie, l'abstinence, notamment sexuelle, et la souffrance permanente. Nietzsche fera de sa vie une scène de théâtre où il est condamné à porter des masques multiples. On peut donc parler d'un épicurisme nietzschéen, mais provisoire. Pourquoi provisoire ?

En réalité, Épicure n'aurait servi que d'intermédiaire ou de moment, mais crucial, dans la trajectoire de Nietzsche. Cette période correspondait véritablement à sa solitude épouvantable pendant laquelle il utilisait de vains projets sentimentaux comme l'atteste la carte postale adressée à Heinrich Köselitz.[56] Après suivra la période de lynchage où Épicure passera pour le décadent type.

Au-delà de la carence historiquement constatée en texte complet sur la philosophie épicurienne, dont nous n'avons qu'une connaissance fragmentaire, on peut tout de même voir que cette dernière a légué à notre modernité l'importance généalogique des conditions d'émergence d'une œuvre, d'une pensée. On peut à travers les textes aussi éloquents que celui de Diogène Laërce sur les *Vies et les Sentences des philosophes illustres*[57] retrouver, *in extenso*, trois lettres (à Hérodote, sur la physique, à Ménécée, sur l'éthique, à Pythoclès, sur les phénomènes célestes) et un recueil de quarante maximes capitales et autres commentaires qui permettent de parler avec aisance de la philosophie épicurienne et de sa position sur la souffrance. *La Lettre à Ménécée*[58] qui a souvent servi de support pédagogique pour la

---

[56] Lettre à Peter Gast du 26 mars 1879 : Où réédifierons-nous le jardin d'Épicure ? Voir Correspondance III, Gallimard.

[57] Selon Diogène Laërce, l'œuvre d'Épicure ne comprenait pas moins de 300 titres ; avec le *De la Nature* en 37 livres (tous perdus). Dans le livre 10, Diogène Laërce tente de restituer fidèlement la pensée d'Épicure.

[58] Nous citons, précisément, celle des Éditions Nathan, *Les Intégrales de Philo.*, trad., revue et corrigée par Octave Hamelin. Notes et commentaires de Jean Salem.

vulgarisation de sa pensée, peut aider à comprendre cette question.

Pour comprendre la conception de la souffrance chez Épicure et les solutions qu'il propose, il faut nécessairement reconsidérer le corps qui pense et incarne la pensée dans des conditions historiques précises. Cette intuition innovante à son époque nous permet de penser en fonction de notre situation actuelle les moyens de gestion et de sortie de notre souffrir. Épicure comble le vide corporel savamment ouvert par Platon qui dissimulait le corps et les moments historiques pour ne prendre en considération que les Idées pures et la causalité idéale dans la production philosophique. Contre le réalisme des essences, le réel épicurien procède du *pragma*, d'une causalité phénoménale atomique, donc du corps ou, mieux, du corps atomique.

La pensée de tout homme suppose et reflète son corps et son âme constituant une totalité atomique. C'est pourquoi, pour comprendre la pensée de la souffrance chez Épicure, il est nécessaire de comprendre l'état du corps du philosophe. L'épicurisme est une pensée de la chair, parce que la chair pense au moment où le corps réfléchit puisque les atomes ont une vie rationnelle. Selon l'atomisme, tous les phénomènes sont le produit du mouvement des atomes dans le vide ; et cette causalité matérielle est aussi valable pour la réflexion, le langage et la production philosophique. Des atomes plus légers, plus fins que d'autres, plus rapides dans leur déplacement créent des vibrations, croisent d'autres dans des collisions et des danses formant des déclinaisons, des agrégations et des mariages nécessaires constituant une même réalité. C'est donc en comprenant ces rapports qui déterminent notre corps que nous pouvons sortir notre vie de la souffrance due à l'ignorance. La vie d'Épicure est peut-être symptomatologique.

Métrodore, un des disciples les plus proches d'Épicure, à en croire son propre testament par le Maître du jardin, a consacré un ouvrage à la physiologie du maître sous le titre de *Sur la faible constitution d'Épicure*. L'histoire de la philosophie classique nous apprend que ce livre était perdu, mais le contenu de sa sagesse a été conservé et l'histoire de la santé d'Épicure qui y est décrite justifie son titre. Il est aussi certain qu'Épicure lui-même avait écrit un livre *Sur la maladie et la mort*, malheureusement aussi disparu. Mais des deux écrits, on tire des anecdotes la leçon qu'Épicure avait un corps maladif et que sa philosophie était la justification de sa visée sotériologique.

La philosophie devient une thérapie, un moyen de positiver la douleur et de vivre heureusement une existence *a priori* tragique. Épicure philosophait pour survivre et sa pensée est une sublimation et une compensation des carences du corps. En effet, le corps est le centre de tout : affections mauvaises, mesure de la peine, mais aussi de la jouissance, il est bourreau et victime, sauveur et fautif. C'est à travers et par le corps que parle la souffrance ; et c'est pour cela que la souffrance tient un rôle cardinal chez Épicure. La souffrance désigne le manque tout en sollicitant le plaisir ; c'est un mouvement naturel qui n'épargne personne. C'est pourquoi sa philosophie consiste à l'évitement du déplaisir qui, par la même occasion, crée le plaisir dans cet évitement. Ainsi donc, le corps d'Épicure est devenu un corps philosophique et sa philosophie une philosophie du corps comme chez Nietzsche qui faisait du corps « la grande raison ».

Les récits sur la vie d'Épicure racontent le mauvais état de son corps. Il avait une santé fragile ; chétif, malingre, son corps ne pouvait s'adonner aux excès de la vie. Pour preuve, il ne quitta pas sa litière pendant plusieurs années ; non pas par paresse congénitale ou fainéantise intellectuellement entretenue, mais parce qu'il était condamné par la douleur permanente. On peut aisément comprendre pourquoi la pensée d'Épicure est centrée sur l'envie obsessionnelle de connaître le plaisir dans la souffrance. En plus de cet état maladif, Épicure se contentait de peu de chose pour maintenir son corps en vie ou mieux pour survivre : de pain, d'eau et d'un quart de vin par jour.

On se souviendra de l'anecdote qui raconte qu'à l'un de ses disciples qui lui proposait des provisions pendant une fête, il demandait juste un peu de fromage. Peut-être que son statut de fils de pauvre né à Samos (petite île satellite et inféodée) l'avait formaté à une vie modeste. Et cette modestie atteignit son comble aux derniers jours de sa vie. Une lettre écrite à l'agonie révèle que par fidélité à son éthique diététique et selon les critères de l'hédonisme placés au fondement de sa doctrine, cloué au lit pendant quinze jours, avant de mourir, il réunit ses disciples et amis, prend un bain, leur présente des directives pour la gestion future de son école en buvant un peu de vin et rendit l'âme calmement à l'abri du cortège rituélique des extravagances réservé aux obsèques des philosophes dans la tradition antique des Grecs.

Cette vie sobre nous donne la leçon philosophique d'une compréhension de la souffrance et d'un dépassement de celle-ci par son acceptation et sa ''cultivation'' ; mais aussi et surtout, elle enseigne la banalisation et la mise en marge des fantasmes de son époque nourris par les écoles philosophiques dominantes comme le platonisme et l'aristotélisme qui cultivaient la supériorité d'Athènes, l'élitisme aristocratique, le conservatisme politique d'une société close, le spiritualisme dualiste qui caressaient le rêve ambitieux du philosophe – roi. C'est pour tout cela que Platon sera surnommé par Épicure le « Tout en or » pour dénoncer la misère inconsciemment volontaire dans laquelle se trouvait Athènes.

En effet, politiquement, le pays était en pleine crise hégémonique après la défaite de la bataille de Chéronée en 338 et la mort d'Alexandre en 323 qui a donné lieu à une guerre de leadership entre ses généraux. Athènes plonge dans une pauvreté généralisée : manque d'emploi, déportation dans les colonies de plusieurs citoyens devenus des sans-emploi, des mendiants, des délinquants et des mercenaires prêts à donner la mort à leurs congénères avec la plus atroce des barbaries. On est dans la phase finale de la domination grecque et du réveil romain.

Face à cette crise, au crépuscule de la culture grecque, l'épicurisme ou l'école du jardin prendra la position de sauveur, peut-être pas d'Athènes, mais des individus athéniens singuliers ; puisque la philosophie du jardin n'a pas la prétention de changer le monde, mais plutôt comme le formulait Descartes, plus tard, changer ses propres désirs en construisant sa personne contre la souffrance de la vanité et des désirs vains. L'épicurisme est né sous les ruines de son époque avec pour seul objectif la construction de soi pour lutter contre la décadence et la misère. Prenant appui sur les nouveaux courants subversifs comme l'ascèse cynique et l'hédonisme cyrénaïque ou l'atomisme abdéritain, Épicure initie de nouvelles perspectives d'existence, des vertus révolutionnaires pour sortir d'une philosophie trop abstraite (le platonisme par exemple).[59]

---

[59] À ce sujet, Épicure sera victime des calomnies de tout genre : Par exemple, Timon et Horace le qualifiaient de porc (voir la quatrième Epître d'Horace dans son *pourceau épicurien.*) Car selon Grégoire de Nysse, cet animal, à cause de sa complexion physiologique, ne peut lever la tête et contempler le ciel. C'est-à-dire qu'Épicure et les épicuriens ne sont pas capables de transcendance dialectique et d'élévation. Ils se complaisent à fouiner leurs groins dans la terre, donc à demeurer dans l'immédiateté du bas monde. Platon confirmera cette cochonnerie dans le *Timée* lorsqu'il explique comment le mésusage, de son vivant, des parties du corps nécessaires à la réflexion et à la méditation, modifie la physiologie, attire les parties basses vers le sol, les pattes se raccourcissent, le cerveau atrophié se retrouve près de la terre, le museau s'allonge, le groin contraint à un abord essentiellement olfactif, donc animal, du monde. Cela permet de

La solution épicurienne ne sollicite pas l'aide des sympathisants ou des bienveillants, elle veut changer l'homme au-delà ou en deçà des pures pratiques théorétiques. Ses exigences, au-delà de la caricaturale réduction à une philosophie du ventre ou du bas-ventre (propos d'Athénée dans les *Deipnosophistes*) font l'éloge de la mesure, de la prudence, de l'amitié, et du rire basé sur la contradiction de la douleur de vivre pour la douceur de vivre et le plaisir d'exister contre le désir de transcendance étourdissante.

Face à une telle philosophie de la mesure et suivant les analyses de Michel Onfray[60], il est difficile de confirmer ou de donner crédit aux critiques de proxénète, coureur, grossier, débauché caractériel et autres bassesses qu'on colle souvent à l'épicurisme. Comment un corps mal en point, fragile parce que malade a-t-il pu concilier maladie et frivolité ou turbulence vitale ? Comment a-t-il réussi un hédonisme ascétique et une vie super active ? Qu'est-ce que l'épicurisme ? Comment attend-il sortir l'homme de la souffrance et lui procurer le plaisir ?

Chez Épicure, répétons-le, la souffrance tient une place importante qui nous permet de dire que sa philosophie du plaisir est, au fond, une philosophie sur la souffrance. En ramenant la philosophie dans le monde et dans le corps, Épicure ne fait pas de différence entre le bien et le bon qui produisent le plaisir et le mal et le mauvais qui génèrent la souffrance. Cette attitude pose que l'utile permet d'éviter la souffrance et de produire le plaisir. Comme le dira Jean-Marie Guyau, Épicure peut être pris pour l'inventeur de l'utilitarisme ; mais un utilitarisme secouriste ou salvateur.

---

justifier la bestialité épicurienne et la bassesse de sa philosophie, mais aussi, positivement, de mieux gérer la souffrance.
Pour Épicure, « Soit la douleur est radicale et me tue, soit elle ne me tue pas, alors elle est supportable. »

[60] Onfray M., *Les sagesses antiques*, *Contre-histoire de la philosophie*, t.1.

Comme son nom l'indique, on peut dire que, de façon prémonitoire ou psychanalytique ou même onomastique, il y a une patronymie épicurienne qui dévoile sa mission philosophique. Étymologiquement, Épicure vient de *epikouros*, celui qui secourt, *epikourein* signifie secourir et *epikouria* est le secours au sens de l'assistance.

L'épicurisme, comme théorie du secours, peut donc être qualifié de philosophie de l'assistance humanitaire, mais sans dons matériels ou financiers. L'assistance épicurienne est physiologique, diététique, mentale, psychologique et éthique.

Comme thérapie éthique, l'épicurisme ambitionne d'éradiquer la pensée négative qui est source de souffrance et d'établir les moyens de positiver une existence difficile et miséreuse pour réaliser la paix de l'âme qui est une composante du corps. Parmi ces négativités, on compte la peur, la crainte, la douleur, les désirs vains et les troubles de tout genre. L'épicurisme est donc la négation de la négation par le rejet des mauvaises croyances et illusions et autres conjectures plongeant les individus dans l'angoisse existentielle. Il est donc une thérapie de la souffrance et un vaccin contre le mal qui est aussi l'avènement du mauvais ou de tout ce qui produit la douleur. C'est donc, au sens de Nietzsche, une philosophie médecinique[61] qui produit des effets concrets pour une bonne santé au quotidien.

Dans la logique épicurienne, la souffrance et la douleur corporelle n'annulent pas la possibilité du bonheur. Comme le souligne Diogène Laërce, citant Épicure : « le sage sera encore heureux sous la torture.[62] » Le plaisir l'emporte toujours sur la douleur, car « la force de la pensée est telle qu'elle peut toujours transformer le moindre pot de fromage en l'équivalent

---

[61] Traditionnellement, on parle du *Tétrapharmakon* épicurien du quadruple remède magique fait à base de quatre ingrédients : cire, jus, poix et résine.
[62] Diogène Laërce, *Livre X*, 118.

du plus grand des luxes.[63] » L'eudémonisme hédoniste, rigoureusement appliqué, conduit à une assurance permanente que la souffrance ne pourra jamais ébranler : Les *Maximes capitales* disent : « Minime est l'assaut de la fortune contre le sage : ce qu'il y a de plus important et de plus décisif, le raisonnement l'a organisé, et, dans la continuité du temps de la vie, l'administre et l'administrera. » Le remède épicurien se détermine comme une stabilité psychologique parfaite qui a pour but principal l'ataraxie ou l'*aponie*. C'est sûrement dans cette perspective que Torquatus, dans le traité *Des fins*, précise que « nous [épicuriens] ne rechercherons pas seulement le plaisir qui meut notre propre nature avec une certaine douceur… mais nous tenons aussi que le plus grand plaisir est celui qui est perçu quand toute douleur est supprimée.[64] »

Mais l'on se demande si la suppression de toute douleur est possible ; lorsqu'on sait que la satisfaction d'un désir fait naître un autre et que la vie est une succession de douleurs.

Par ailleurs, le bonheur ne vise pas que la satisfaction des désirs purement naturels ; puisque l'épicurien ne recherche pas que le plaisir catastématique, mais aussi le plaisir cinétique. Les désirs, qu'ils viennent du corps ou de l'âme, ce qui, chez Épicure, constitue une seule et même chose, sont toujours des plaisirs naturels de la variation. La réduction de la jouissance au strict nécessaire est un moyen d'augmenter la jouissance pour « jouir de la mortalité de la vie.[65] »

Le projet épicurien vise à écarter au maximum la souffrance en évitant de cultiver les désirs impossibles qui rendent malheureux et se contenter, joyeusement et volontairement, du peu sans en faire un absolu : « nous croyons que l'autarcie est un grand bien, non pour que nous fassions usage du peu de

---

[63] *Ibid*, X, 11).
[64] *Des fins*, I, 37.
[65] Epicure, *Lettre à Ménécée*, 124.

manière absolue, mais pour que nous fassions usage du peu si nous n'avons pas l'abondance, authentiquement persuadés que nous sommes, que jouissent de la magnificence avec le plus de plaisir ceux qui en manquent le moins.[66] » Car dans les faits, la douleur naît du manque et de la volonté de rechercher, malgré l'absence des moyens, à combler ce vide. Se contenter du peu n'est pas une carence ou un mal ; c'est au contraire la mesure de la sagesse et le moyen d'évitement de la souffrance. La souffrance d'un individu n'a, pour ainsi dire, de solution que de façon autarcique. Le souffrant doit rechercher le plaisir de la tranquillité qui est un effort d'autonomisation procurant la force et la liberté.[67] Cette leçon permet au souffrant de comprendre les causes de sa douleur pour la dépasser afin de devenir maître de soi et responsable de tous les actes de sa vie ; même les plus impromptus et les moins désirés.

Mais, que signifie plaisir de la tranquillité et comment l'exercer ?

Communément connue sous le vocable de quadruple remède, la thérapie épicurienne se résume en quatre thèses :

a. Il n'y a rien à craindre des dieux ; cette maxime initie, selon l'expression de Gilles Deleuze, un athéisme tranquille ;
b. Il n'y a rien à craindre de la mort ; initiant une sérénité existentielle à la grecque ;
c. Il est possible de supporter la douleur ; initiant un idéal ascétique hédoniste ;
d. Il est possible d'atteindre le bonheur ; initiant une vie bienheureuse tel un dieu parmi les hommes malgré les vicissitudes existentielles.

---

[66] *Ibid*, 130.
[67] *Ibid*, 133 sq

Ces quatre thèses peuvent justifier la traditionnelle métaphore du *Tétrapharmakon* que l'on retrouve chez Philodème de Gadara, aux IIe – Ie siècles avant J. C., dans son texte *Contre les sophistes* et que Diogène va graver sur le fameux mur d'OEnanda, trois cents ans plus tard.

Chez plusieurs interprètes, ces thèses ont subi plusieurs mésinterprétations donnant lieu, parfois, à des contresens éloquents devenus des lieux communs. Sans prétention à la meilleure lecture, tentons une analyse de ces arguments en rapport avec la notion de souffrance et de la vie heureuse.

L'affirmation qu'il n'y a rien à craindre des dieux a poussé Gilles Deleuze à forger l'expression « athéisme tranquille » dans son *Périclès et Verdi*. Si on peut contester l'idée fortement répandue de l'athéisme comme négation de Dieu ou proclamation de son inexistence chez Épicure, on soutiendra, à la suite de Deleuze, que l'athéisme tranquille est une insouciance vis-à-vis des dieux qui, réciproquement, restent insensibles aux souffrances des hommes. Épicure est loin d'être un athée, il est simplement convaincu que leur existence n'a aucune commune mesure avec la nôtre. La *Lettre à Ménécée* est précise sur le partage de l'univers par les hommes et les dieux et la différence de préoccupations qui justifie l'absence de danger dans cette cohabitation ; puisqu'il n'y a de guerre et de rivalité que lorsqu'il y a intérêt commun. Or, les dieux n'ont pas les mêmes intérêts que les hommes ; pourquoi en avoir peur ? Les dieux sont indolents lointains et sans danger pour les humains.

La souffrance humaine est causée par l'espoir vain de voir les dieux ou Dieu intervenir dans les vies tumultueuses et pénibles des hommes pour apporter la douceur et la joie interpellées par nos incessantes prières. Face à la surdité des dieux, l'homme tombe malade ; souffrant de sa propre volonté ou de son désir de faire de Dieu un horloger ou médecin ou un cordonnier, il accuse les dieux.

Pour Épicure, l'éloignement des dieux face au destin des hommes et leur indifférence à leurs souffrances doivent conduire à mobiliser toutes les forces pour autonomiser la volonté afin d'être libéré des croyances triviales et torturantes et atteindre l'*aponie* et la jouissance de la vie : sortir de la minorité kantienne. Cette indifférence vis-à-vis des dieux est le premier pas de l'authentique sotériologie. À cela, il faut ajouter le dépassement de l'angoisse devant la mort. Car c'est l'intériorisation des hypostases de la croyance (châtiment après la mort, enfer et paradis) qui fait naître le sentiment de terreur et d'angoisse dans les esprits au point de faire de la mort une fatalité qui produit et façonne une humanité fébrile, lâche, soumise et prête à liquider sa dignité et sa responsabilité par peur.

On peut donc penser que le projet nietzschéen d'autonomisation de l'humain par un affranchissement des superstitions et autres conjectures aliénantes est le prolongement de la thérapie atomique. La fatalité de la mort est le résultat de la crainte des dieux et la mauvaise appréciation de notre rapport à elle.

Après la crainte des dieux, on s'accorde avec Épicure et les stoïciens que l'un des maux de tous les temps qui ruinent la paisibilité existentielle des croyants et des athées c'est le désir d'éternité et la peur de l'inconnu monde de l'après-mort et le probable châtiment de Dieu ou de Satan son équivalent maléfique.

Épictète, dans ses *Entretiens*, recensait différents mobiles possibles de la crainte : la pauvreté, les maux politiques (l'exil, la prison, la torture…), le jugement d'autrui, le châtiment divin, et enfin, la crainte la plus partagée des hommes, qu'on retrouve aussi bien chez Épicure que chez les stoïciens, est celle liée à la mort. Et c'est justement dans ce sens que Sénèque écrira dans *De la tranquillité de l'âme* : « Souvent nous mourons de notre peur de la mort », car si on tire les conséquences de cette crainte, on comprendra que toutes les vanités humaines, la quête anxieuse des biens de ce monde (argent, volonté de puissance, ambition démesurée, renommée, etc.), qui finissent par nous écraser et causer la souffrance, sont la résultante de cette crainte de mourir un jour non identifiée.

Comme Épicure, les stoïciens proposent de se libérer de cette passion néfaste et idiote qui obscurcit et mutile notre existence et notre joie de vivre. Mais le sage stoïcien est conscient de la difficulté de mettre en pratique cette idée, car la raison ne triomphe pas rapidement des passions humaines. Il faut un exercice ascétique et spirituel, qu'on appelle « *askésis* », temporalisé pour réaliser cette conversion psychologique du « progressant » qui se fait par la parénétique (art des conseils moraux). Et c'est pourquoi Sénèque pensait qu'il faut d'abord distinguer la nature des troubles ou passions pour appliquer un traitement opérant et efficace.

La thérapeutique générale porte sur les passions en général et la thérapeutique particulière doit spécifier l'origine du trouble : le traitement du chagrin n'est pas celui de la colère qui n'est pas celui de l'amour. Cette spécification permet au sage stoïcien d'exercer la « démystification » qui consiste à dépouiller l'objet de la passion de tous les jugements de valeur et l'apprécier dans sa nudité par le « regard d'en haut » qui réduit toute chose à sa juste et plus simple proportion ou expression afin de constater que tout est ridicule ou à ridiculiser.

Et Sénèque de dire : « Je saurai que tout est petit, quand on prend la mesure de Dieu ». C'est pourquoi il faut constamment anticiper la pensée des choses malheureuses pour s'y préparer ; c'est la *praeméditatio* stoïcienne qui fait que la permanence de la pensée du mourir transformera radicalement notre manière de vivre et nous éloignera des souffrances inutiles.

Le sage stoïcien doit être impassible, l'ataraxie est l'idéal de l'apathie ou délivrance de toutes les passions, qui est différent de l'apathique moderne qui décrit une forme de passivité totale du comportement proche de la mortification. L'absence ne correspond pas à la momification, mais exprime une fermeté d'âme et d'esprit. En parlant de la constance du sage, Sénèque soutenait que les stoïciens ne sont pas « mous et caressants » ; « le chemin qu'ils nous font prendre est escarpé et accidenté ». Il poursuit en disant que « L'être invulnérable n'est pas celui qui échappe aux coups, mais celui qui n'est pas blessé » ; puisqu'en réalité personne, même pas le stoïcien, ne peut être insensible à la douleur ; parce que : « Nous ne sommes pas faits de pierre », conclura Cicéron.

Pour Épicure, celui qui a compris que la vie des dieux n'a aucune frontière commune avec celle des hommes, et par conséquent, si on ne craint pas les dieux, alors la mort n'est pas à craindre. Dans la logique épicurienne, la « métensomatose » et la « métempsychose[68] » relèvent d'une croyance fétichiste vile ; il n'y a aucune perspective *post mortem* et la mort ne concerne aucun vivant. La mort est la désagrégation des atomes ou la séparation des agencements atomiques qui a pour résultat l'éternité de la matière et l'immortalité des atomes et non des âmes. Il n'y a aucune douleur dans le fait de mourir, aucune punition pour expier un péché. Si la mort ne

---

[68] La métempsychose renvoie historiquement à la philosophie de Pythagore et explique l'hypothèse d'un retour des âmes à la vie après la mort : « Les pythagoriciens Androcyde, auteur du traité Des symboles, et Euboulidès, ainsi qu'Aristoxène, Hippobote et Néanthès, tous biographes de Pythagore, ont affirmé que ses métempsychoses avaient duré deux cent seize ans ; qu'après un nombre égal d'années, il était de nouveau venu au monde pour une nouvelle vie, comme s'il avait attendu le premier retour cyclique du cube du nombre, qui est principe générateur de l'âme en même temps que nombre récurrent en raison de sa sphéricité. Toujours est-il que pour ces raisons, il eut une seconde existence. » Voir *Les écoles présocratiques*, édition établie par Jean-Paul Dumont, Paris, folio essais, 1991, p. 116.

concerne nullement le corps du vivant, comment donc pourrait-elle susciter la peur ?

Le rapport que nous entretenons avec la mort est une incongruité d'ordre logique et métaphysique. La douleur ou la souffrance et le plaisir que nous confondons avec le bien et le mal résident dans les sensations et les affects. Or, la mort est privation de ceux-ci. Comment peut-elle nous faire mal au point d'angoisser même les vivants ?

La mort est là quand nous n'y sommes plus ; quand nous sommes là, elle est absente ou pas encore là. La pertinence de la thèse atomiste vient de ce que la mort ne concerne ni les vivants, pour lesquels elle ne touche que les autres qui ne souffrent plus, ni les morts qui ne la vivent plus. Épicure se demande pourquoi s'inquiéter et souffrir de ce qui n'est pas et ne nous concerne pas ? L'homme s'est donné lui-même une souffrance imaginaire en créant un monstre fictif, en présentifiant un néant d'être ou un être du néant. Nous sommes torturés par notre propre pensée ; puisqu'il n'y a que la pensée de la mort qui existe et nous torture spirituellement, la mort elle-même n'existe pas. La mort est l'absence de vie. Mais comment la non-vie peut-elle être un mal et causer la souffrance ?

Épicure a compris que le véritable problème des hommes n'était pas la mort, mais l'idée de recevoir la mort de notre vivant ; c'est avoir à mourir et comment mourir et ce que nous deviendrons après, surtout, qui angoissent notre existence. Cette angoisse est ridicule puisque notre mourir est une évidence ou une Vérité de la Palice qu'il faut regarder avec froideur sans s'illusionner et s'étourdir dans la mauvaise foi du désir d'éternité. Si le terme deleuzien d'athéisme tranquille soulève des malentendus interprétatifs, on doit le lire dans le sens d'une indifférence et une distance ontologiques vis-à-vis de dieux et non d'une absence de dieux ou néantisation de dieux.

En prolongeant les thèses du maître, Philodème de Gadara pense que la croyance aux dieux et la religion populaire sont à l'origine des malheurs des hommes. Cette vieille leçon n'est pas caduque de nos jours. Plusieurs siècles après, nous sommes toujours en face de la terreur divine qui menace notre quotidien et rend fades nos vies. Comme le soutenait déjà Nietzsche, le Dieu omnipotent et trop présent dans nos faits et gestes est devenu encombrant et de trop dans l'expression de nos responsabilités au point d'aliéner notre liberté. Son regard est une arme fatale qui condamne à l'inaction. C'est pourquoi, pour l'épicurisme, il faut vivre comme les dieux pour ne rien craindre de la mort. Ceci est possible par la philosophie, car le philosophe doit être l'ami des dieux puisque les dieux sont amis des philosophes.

Philodème pensait que les dieux aussi étaient constitués d'atomes, mais des atomes plus subtils et plus fins, ils étaient beaux, peut-être sexués, parlaient une langue rationnelle proche du grec et formaient également une société. Et notre relation aux dieux ne doit pas s'inscrire dans la verticale sollicitation par la demande intéressée (impliquant une transcendance), mais dans l'horizontale imitation du modèle divin (qui nous plonge dans l'immanence) qui nous transforme en dieu parmi les hommes souffrant de leurs propres idées. C'est une nouvelle théologie sotériologique. Pour mieux vivre, il faut, comme le dit M. Onfray, soit « apprivoiser la mort[69] », soit faire mourir en nous la mort et réussir une vie sans souffrances vaines.

La leçon d'Épicure était déjà cyrénaïque : « habiter intensément et sereinement le présent. » En effet, mourir sans angoisse c'est d'avoir à vivre sans crainte et bien vivre conduit à bien mourir, car dans les faits, jeté dans l'éternel souffrir, la mission du philosophe, qui doit éduquer la masse, est de mettre

---

[69] Onfray M., *Les sagesses antiques*, Contre-histoire de la philosophie, biblio-essais, poche, t.1.

fin à ce souffrir volontaire par la célébration du « vouloir vivre » dans l'instant. Être né n'est pas une fatalité, la tyrannie du négatif non plus, mais l'idée de la mort a falsifié le bonheur de vivre dans la souffrance. Il faut, impérativement un nouveau rapport à la souffrance qui permette une transmutation de notre psychologie du souffrir pour augmenter notre désir de vie. La douleur étant indissociable de la vie, il s'agit donc d'en faire un usage rationnel et vital ; c'est la troisième exigence thérapeutique. Toute vie est douleur et la douleur fait partie de la vie, donc la douleur est supportable. C'est la troisième consigne de la thérapie atomiste.

La conception manichéenne qui divise le bien du mal en les opposant cause la confusion théorique entre le problème du mal et ses différentes déterminités ou variations que sont la douleur, les afflictions physique et morale, les manquements, etc.

Épicure n'est pas tombé dans ce piège ancestral. Pour lui, l'expression de la vie doit se lire en termes de bon et mauvais et non de bien et mal. La philosophie du jardin s'établit par-delà le bien et le mal pour montrer comment le bon et le mauvais influencent la philosophie et la vie du philosophe. Le bon est ce qui promeut le projet philosophique et le mauvais ce qui entrave l'exercice de la philosophie. Ce que nous appelons maladroitement le mal qualifie ce qui cause la douleur et la peine ; en réalité, c'est ce qui est mauvais. Le bien est tout ce qui est bon, c'est-à-dire ce qui caractérise l'absence de souffrance ou sa suspension. En remettant en cause le pouvoir des dieux sur les choses humaines, Épicure supprime le lien entre le mal et le péché. Car la souffrance ne puise pas sa raison dans une quelconque faute que notre quotidien doit expier.

La conception judéo-chrétienne qui soutient la damnation de l'homme causée par une dette contractée antérieurement situe la problématique de la souffrance ou du mal en général dans une conception transcendantale qui ne convient pas à l'immanentisme épicurien. Épicure inscrit le mal – qui est la souffrance même – dans les vicissitudes existentielles du quotidien. Dans sa logique atomiste, la souffrance est pour l'épicurisme un déséquilibre atomique ou une désagrégation de la matière et de leur structure atomique. Dans cette logique, le mal n'est pas un concept, mais une affection du corps, un manque d'agencement atomique algique qui se manifeste à travers nos sens par la sollicitation et le désir qui est, en fait, souffrance. La faim, par exemple, est un manque de nourriture qui sollicite la réplétion qui la comble et génère le plaisir pour que le corps soit en bonne santé ou recouvre la « grande santé » de Nietzsche.

La faim et la soif sont à l'origine du déséquilibre corporel ou une inadéquation matérielle liée à l'absence qui ne peut être comblée par la théorie, mais par la consommation de nourriture ou de l'eau. Mais toutes les souffrances ne sont pas aussi faciles à combler que la faim ou la soif. Il y a des souffrances plus complexes et donc plus difficiles à arrêter. C'est pourquoi il est parfois compliqué de recouvrer la sérénité de l'âme et du corps. C'est aussi pourquoi la vie heureuse est un idéal qui ne se réalise pas seulement par l'absence de souffrances liées aux besoins du corps seulement.

Épicure, par son expérience de la maladie, sait plus que quiconque que d'autres facteurs limitants, beaucoup plus subtils, de la vie heureuse sont plus nocifs que les appétits du corps et peuvent perturber davantage le corps : il s'agit de nos volontés et de nos désirs. C'est pourquoi cette volonté est philosophique, c'est-à-dire d'abord rationnelle. Selon Épicure, le philosophe est capable de mener une réflexion sur la mécanique de la douleur et la supporter. Sur ce point, l'épicurisme se rapproche du stoïcisme et enseigne la possibilité d'une philosophie pratique et thérapeutique. Cette dernière consiste à vouloir et à fabriquer son propre plaisir.

La réflexion épicurienne sur la souffrance a conduit vers une éthique hédoniste basée sur une diététique des désirs. La raison doit travailler sur les désirs pour d'abord les définir et les "taxinomiser" pour déterminer s'ils sont bons ou mauvais. Pour l'évitement de la souffrance, il faut distinguer les désirs naturels et nécessaires, les désirs naturels non nécessaires et les désirs non naturels et non nécessaires. La satisfaction de ces désirs reste, pour les humains, objet de tourmente et de souffrance ; surtout quand il s'agit de la dernière catégorie des désirs : les non naturels et non nécessaires. Le désir des objets artificiels, vaniteux et ostentatoires est un obstacle à la liberté et à l'autonomie du sujet qui perturbe sa sérénité et partant toute sa vie sociale et individuelle.

La philosophie d'Épicure réduit la volonté de satisfaction du désir aux stricts désirs naturels qui évitent le trouble et assurent la santé du corps et la paix de l'âme. Car selon Épicure, la majorité des désirs culturels est non nécessaire ; quoiqu'ils produisent une grande satisfaction, ils ne permettent pas de réaliser l'ataraxie. C'est pourquoi la réalisation des désirs ou la jouissance doit être un produit de l'ascèse. L'épicurisme, peut-on dire, est un hédonisme ascétique. Dans ce sens, il prône l'austérité, la planification raisonnée des désirs, la tempérance, la frugalité et la modestie. Au-delà des autres formes d'ascétisme qui prônent le renoncement et la négation de la vie, l'épicurisme a ceci de spécifique qu'il est une philosophie de la vie, mais une vie sans douleur et qui combat la souffrance. Il est aux antipodes du platonisme et même du stoïcisme.

Loin du monde intelligible de Platon, Épicure ramena la belle vie et la joie de vivre dans le Jardin qui parfois est assimilé au paradis terrestre. Loin des incantations idéelles de Platon, il veut vivre le monde sans prétention de le changer, mais avec la volonté de se changer soi-même et tendre vers le bonheur. L'opposition entre la République de Platon et le jardin d'Épicure permet de comprendre que le réalisme pragmatique de l'épicurisme est beaucoup plus humanitaire que le réalisme idéel transcendantal de l'idéalisme platonicien.

Le projet de vivre le bonheur sur terre est le but dernier de l'éthique hédoniste. Cette entreprise passe par une pratique et une construction de soi focalisée sur le plaisir comme conséquence de la maîtrise de l'idée de mourir, de la révision du rapport aux dieux et à la douleur. Il s'agit, pour Épicure, de réfléchir philosophiquement sur les conditions de possibilités du plaisir. Selon lui, le plaisir, qui conduit au bonheur, n'est réalisable qu'à la faveur d'un travail raisonné sur les désirs. La connaissance et la mesure de nos désirs permettent de les sélectionner et d'apporter les réponses les plus satisfaisantes à leurs sollicitations parfois harcelantes. Cette pratique du plaisir, quoique très proche du bonheur ascétique, s'en démarque par l'obsession du jardin de lutter contre la souffrance en évitant la douleur et les illusions euphoriques et transcendantales. La position d'Épicure n'est ni une condamnation de la souffrance comme négativité absolue ni un culte de la douleur qu'il faut supporter (stoïciens), mais elle soutient plutôt sa possible disparition par un mouvement de réplétion permettant le retour au plaisir naturel et nécessaire.

Si on suit les thèses de Jean-Marie Guyau[70], Épicure avait initié une prudence thérapeutique utilitariste qui va influencer le pragmatisme contemporain lorsqu'il assimile le bien au bon et le mal comme ce qui génère la souffrance. Cette prudence est le moyen de calcul des plaisirs et le plus sûr indicateur qui engage sur la voie de sa satisfaction ; à condition que celle-ci n'induise pas un déplaisir plus grand à payer en conséquence. Car ce qui réjouit dans l'instant peut perturber à long terme. Car dans la pratique, tout désir, aussi jouissif soit-il, pouvant perturber l'ataraxie est indésirable et à éviter. *A contrario*, dans la même logique, une souffrance dans l'instant est préférable

---

[70] Guyau J.-M., *La morale d'Epicure et ses rapports avec les doctrines contemporaines*, Encre Marine, 2002.

si elle promet un plaisir futur. La mesure et la mathématisation situationnelle de nos désirs sont une prudence qui anticipe sur l'avenir de notre santé corporelle et spirituelle. Tous les abus liés à un exercice exacerbé du corps produisent à long terme des dégradations atomiques pouvant affecter inexorablement notre vie au quotidien et précipiter la mort, même si elle n'est pas à fuir, la mort n'est pas à provoquer non plus : le suicide peut être une forme de décadence.

Mieux, il faut dire que la leçon de l'éthique épicurienne est celle de la libération, de la liberté. En effet, il s'agit non seulement de se libérer de la tutélaire présence des dieux et de leur châtiment *post mortem* pour éviter une souffrance gratuite et vivre heureux, mais, aussi et surtout, de se forger une conscience autonome ; c'est moins une doctrine placée à l'enseigne du plaisir qu'une exaltation d'un idéal de force et de liberté comme le désigne la fin de la *Lettre à Ménécée* (133 sq) qui prend l'allure du projet stoïcien d'une liberté qui doit aboutir à la maîtrise de sa vie et à la responsabilité vis-à-vis de nos actes. Comme on peut le lire dans le *Dictionnaire d'éthique et de philosophie morale* de Monique Canto Speber :

> *Le reproche le plus grave qu'Épicure adresse à « la destinée des physiciens » est de n'avoir pu donner sens ni à la pratique du blâme et de la louange, qui suppose que nos actes puissent nous être imputables, ni à celle de l'argumentaire, qui présuppose que le partenaire puisse changer d'avis [...].*[71]

Pour Canto Speber, Épicure avait déjà une solution à la question de l'obligation de rendre compte de la liberté humaine dans la conception de la physique mécaniste, au-delà du fait que la théorie de la « déviation atomique » était la trouvaille de Lucrèce.

En effet, Lucrèce avait initié une théorie de la déclivité atomique qui a présidé à l'existence de tout sous la dénomination de *clinamen*. Selon cette conception, les atomes

---

[71] Canto Speber M., *op. cit.*, p. 656.

chutent de façon nécessaire dans le vide sans rencontrer aucune résistance. Le *clinamen* rend possible le réel par une force qui échappe à la conscience humaine et même à la volonté des dieux. Épicure, peut-on soupçonner, a voulu éviter à son matérialisme le piège du fatalisme de la causalité qui rend impossible la liberté et tout agir. Car si tout provient d'une nécessité ontologique atomiste, on chute dans un déterminisme atomique d'un matérialisme radical excluant toute liberté. Le *clinamen* de Lucrèce introduit donc un nouveau postulat ontologique (force – cause) qui aura l'avantage d'introduire une force-liberté qui produit l'existence.

Sur un plan socio-éthique, cette force – liberté permet de considérer l'homme comme non déterminé d'avance à subir un destin déjà préconçu. L'homme n'est pas une machine suivant une trajectoire rectiligne inaliénable, il peut créer ses relations librement et choisir les plaisirs qui traduisent sa liberté. La liberté ontologique de l'univers atomique n'admet donc pas l'idée d'un destin implacable de l'univers et de l'homme dans sa socialisation. Le chaos primordial et originaire qui n'est pas un désordre fonde ontologiquement la liberté des individus dans la société.

Mais le fait que la déviation atomique ait été une hypothèse de Lucrèce ne nous permet pas de dire que la liberté n'a pas été une préoccupation épicurienne.

Le projet de Lucrèce prolonge, au-delà de quelques déviations ou réajustements, les grandes lignes de l'épicurisme qui justifient la défense de la liberté : le combat contre les dieux et toutes les superstitions liées à la transcendance, la nécessité et l'acceptation de la mort, l'évitement du négatif considéré comme mal et comme chemin du plaisir, et enfin, l'idéal de l'ataraxie et de la jubilation.

Comme Épicure, Lucrèce pensait que la croyance en un Dieu créateur ne permet pas de comprendre les lois qui régulent la nature. À la place des dieux et des puissances occultes qui gouvernent le monde, Épicure et Lucrèce voyaient des agencements principiels des causes qui, bien compris, aboutissent à une éthique de la sérénité basée sur la libération de l'esprit du joug de la croyance à une existence hypostasiée. Chez lui, cette libération est en fait une sortie de la caverne, de l'ignorance. La foi est pour lui la conséquence de l'ignorance. Celui qui réussit à comprendre que la cause des causes est l'atome et que le mouvement atomique vit librement, dépasse la crainte et ne souffre plus des illusions liées à la colère des dieux. C'est dans son texte *De la nature* qu'il démonte les illusions distillées par les fictions des Centaures, des Tantales, des Cerbères, Danaïde, Sisyphe et autres.

La leçon d'Épicure et des épicuriens a, sans nul doute, influencé Feuerbach et Nietzsche dans le souci d'attaquer le fondement de la religion.

La souffrance des humains est liée en partie à leur propre faiblesse et à l'investissement du néant de toutes les perfections. Si l'homme est faible, c'est parce que Dieu est puissant et l'homme n'est plus responsable de rien, même pas de ses propres actes puisque la volonté divine nous conduit inexorablement vers cette responsabilité. Accepter que tous nos plaisirs et nos peines sont causés par Dieu a pour conséquence de se résigner et normaliser docilement l'idée d'une damnation. Par conséquent, cette crainte des sanctions divines se prolonge dans la souffrance née de l'idée d'une vie après la mort, elle-même déterminée par notre comportement vis-à-vis de la morale religieuse pendant notre séjour terrestre.

La philosophie reste pour Épicure et l'épicurisme le moyen par excellence de vider toutes les angoisses et souffrances causées par notre volonté de croyance qui est, dans les faits, une volonté de souffrir si elle n'est pas un ressentiment né de l'ignorance. Car la volonté de croyance est cause de la fantasmagorie des arrières mondes qui créa le paradis et l'enfer avec des dieux colériques ou ses copies (Satan ou Diable).

L'immanence devient incontournable et Dieu s'éloigne :

> *Fin de toute transcendance, avènement de l'immanence la plus absolue : à l'évidence, même si Lucrèce sacrifie aux dieux épicuriens composés de matière subtile, indifférents dans leur béatitude et installés dans les intermondes, l'athéisme prend date.*[72]

Pour Nietzsche, la mort de Dieu devrait être le moment de la naissance ou de la renaissance de l'homme. Cette renaissance présagée comme retour à une vie tragique est la capacité pour l'homme d'assumer son destin par l'amour de la vie. L'amour de la vie vu comme un philosopher du mourir ; puisque, comme le dit M. Onfray : « *savoir mourir passe par l'apprentissage d'un bien vivre* [73] »

Et ce travail est le remède de la souffrance et l'âme de la liberté et de la responsabilité devant la souffrance de soi et d'ailleurs. Ce travail ne sollicite pas la pitié et l'aide ; il demande à l'homme de s'aider d'abord soi-même pour éviter les pièges du secours mal intentionné qui, du point de vue de la conscience et de la liberté, peut avoir des conséquences catastrophiques, mais il n'empêche pas que l'homme exprime vis-à-vis de son prochain la positivité naturelle de ses vertus. Car, désormais loin des dieux, l'homme devient plus proche de son voisin, son semblable. Il est finalement contraint à un face-à-face avec autrui qui est l'affirmation d'une altérité radicale qui, au sens de Levinas, exige mon respect comme sommation morale par la signification que porte son « visage ». Autrui est l'exigence éthique, par ce que son « visage » est la loi qui dit : « tu ne tueras point ». De là s'établit un dialogisme inévitable qui commence par la sympathie et plus tard la connaissance réciproque des

---

[72] Onfray M., *Les sagesses antiques, op. cit.*, p. 286.
[73] *Ibid.*

membres d'une communauté s'évitant mutuellement la souffrance.

4. La théorie de la sympathie chez Adam Smith et le dispositif humaniste de la souffrance

L'hypothèse d'une nature angélique et vertueuse de l'homme nous permet d'envisager une solution, parmi tant d'autres, au vieux débat de la philosophie morale sur l'immédiateté et la généralité des sentiments moraux qui opposait les partisans du rationalisme moral et « les partisans du sentiment moral. » Ce débat sera complété par la théorie smithienne de la sympathie[74] pour soutenir la possibilité des rapports sains et sans calcul égoïste entre les hommes.

La sympathie smithienne pouvait ou pourrait être conçue comme nouveau paradigme de redéfinition de l'altruisme et de l'ordre social.

S'inspirant des cours de son maître Francis Hutcheson, professeur de philosophie morale à l'université de Glasgow, Smith va en déceler les limites et tenter de les combler. Il pense que la philosophie sentimentaliste est insuffisante parce qu'elle ne montre pas pourquoi les hommes ont le même sens moral. C'est pourquoi le mécanisme de la sympathie lui permet d'affirmer que les règles morales et sociales ne proviennent pas des conventions humaines pensées, mais de l'action de la sympathie des hommes qui, naturellement, ne supportent pas la souffrance de leur semblable.

Une petite confrontation entre Rousseau et Smith permet de retrouver le même dispositif « humaniste » sous-jacent ; au-delà des justifications très différentes chez l'un et l'autre, autrui ne doit pas souffrir, car la souffrance est un mal qu'il faut freiner et si possible faire disparaître. Mais chez Smith

[74] Smith A., *La théorie des sentiments moraux*, Paris, Puf, 2003, p.469.

contrairement à Rousseau qui privilégie la pitié, c'est la sympathie qui est première.

La sympathie smithienne est cette haute faculté, la mieux partagée de tous les humains qui, par son expression, montre le désintérêt le plus noble, car souffrir avec quelqu'un ne produit aucun intérêt et, par là même, permet de percevoir et de ressentir les sentiments d'autrui. Seulement, Smith reconnaît, tout de même, qu'un travail d'imagination accompagne ce sentiment naturel. Car on ne peut se mettre à la place de celui qui souffre qu'en imaginant les interactions sociales entre autrui et moi : « Observer chez d'autres hommes une affinité avec toutes les émotions de notre âme. »

Dans les faits, « l'homme est conscient de la faiblesse et du besoin qu'il a de l'assistance des autres. Il se réjouit toutes les fois qu'il les voit adopter ses propres passions parce qu'il est ainsi assuré de leur assistance.[75] » Smith fait de la sympathie finalement un principe lié à l'intensité des affects permettant d'éviter l'égoïsme naturel des hommes. L'idée smithienne selon laquelle :

> *Aussi égoïste que l'homme puisse être supposé, il y a évidemment certains principes dans sa nature qui le conduisent à s'intéresser à la fortune des autres et qui lui rendent nécessaire leur bonheur, quoiqu'il n'en retire rien d'autre que le plaisir de les voir heureux. De cette sorte est la pitié ou la compassion, c'est-à-dire l'émotion que nous sentons pour la misère des autres, que nous la voyions ou que nous soyons amenés à la concevoir*[76]

est, du point de vue humaniste, un soutien à la logique altruiste et aux Droits de l'homme. Elle participe des réponses à proposer à la problématique de l'égoïsme et de l'individualisme des sociétés actuelles. Partisan de la théorie d'une action morale convenable qu'il décrit en disant que « l'homme au-dedans nous dit immédiatement que nous

[75] *Ibid.* p.33.
[76] *Ibid.* p.469.

donnons trop de valeur à nous-même et pas assez aux autres, et qu'en cela, nous devenons l'objet convenable du mépris et de l'indignation de nos frères », Smith retrouve, plus ou moins Rousseau sur la conception d'une nature humaine extravertie et sensible à la douleur et au bien-être d'autrui.

Après avoir montré dans les cinq premières parties de son ouvrage que nous citions les principes de l'évaluation morale, Smith examine dans la sixième la pratique, c'est-à-dire le résultat obtenu quand ces principes sont mis en application. Ce résultat affecte notre propre bonheur d'abord et/ ou celui des autres après. Lorsque la conduite des individus est introvertie et réduite à notre propre bonheur, Smith parle de prudence. Et celle-ci ne devient vertu que si elle s'élève vers des objectifs plus élevés que le soin de la santé, de la fortune, du rang et de la réputation personnels et s'étend de la recherche de l'épicurisme à la sagesse péripatéticienne (c'est la caractéristique principale du grand homme d'État ou du législateur).

Et comme l'individu smithien est foncièrement un être social et socialisant, son action peut affecter également le bonheur de ses semblables. On parlera alors de la vertu de bienfaisance qui est naturellement indiquée par la Nature ou Dieu au sens spinoziste. Chaque homme, comme le disent les stoïciens, est d'abord et principalement recommandé à son propre soin. Car chacun est certainement plus capable de prendre soin de lui-même que de toute autre personne, étant donné qu'il sent ses propres plaisirs plus sensiblement qu'il ressent ceux des autres. Mais de sa socialité, ses affections s'étendent progressivement vers sa famille puis vers ses amis et ainsi de suite à la cité jusqu'au civisme et enfin au cosmopolitisme. Cette analyse conduit à l'idée de la bienveillance universelle ou de la bonne volonté qui, du point de vue de Smith, peut être élargie au-delà du cadre restreint de sa famille propre, de son pays ou de sa communauté et

« embrasser l'immensité de l'univers[77] » sans limitation et sans calcul utilitariste :

> *Nous ne pouvons former l'idée d'un quelconque être innocent et sensible dont nous ne devrions pas désirer le bonheur, ou pour la misère duquel, si elle était rapportée directement à notre imagination, nous ne devrions pas avoir un certain degré d'aversion.*[78]

La bienveillance universelle correspond au stade ultime de la bienfaisance : c'est le cosmopolitisme des stoïciens qui peut se lire également dans la charité chrétienne en tant qu'elle suit l'amour de Dieu pour toutes les créatures et l'amour des créatures entre elles. On peut donc penser qu'il y eut par l'action du cosmopolitisme une contamination positive du sentiment de pitié.

Après la publication en 1784 de *Idée d'une histoire universelle d'un point de vue cosmopolitique* de Kant, la conceptualisation du cosmopolitisme s'est nourrie d'une tendance à proposer une politique mondiale au niveau institutionnel (avec David Held) ou multidimensionnel (avec Ulrich Beck). U. Beck va proposer un dépassement de l'idée philosophique et fraternelle d'une citoyenneté mondiale au profit d'un cosmopolitisme beaucoup plus réaliste construit par-delà les frontières.[79]

On voit bien comment toutes ces notions se recoupent autour de la problématique de l'Autre. Le cosmopolitique permet de comprendre comment l'altruisme peut être établi à une dimension plus large et susciter la volonté de s'occuper de nos voisins lointains en tant qu'ils constituent la toile de citoyenneté cosmique avec nous. On peut donc, sans risque de nous tromper, soutenir que si toutes ces doctrines, conceptions et pratiques humaines peuvent être alignées sur le socle de ce

---

[77] *Ibid.*, p. 326.
[78] *Ibid.*
[79] Beck U., *Qu'est-ce que le cosmopolitisme ?* Paris, Aubier, 2006.

que les hommes s'accordent à qualifier de Vertu, nous pouvons déduire, ainsi que l'a fait Jean Jacques Rousseau, que c'est la pitié qui en est au centre ou à la base : « de cette seule qualité [la pitié] découlent toutes les vertus sociales.[80] » Comme “vertu naturelle”, la pitié au sens rousseauiste et la sympathie au sens smithien peuvent donc fonder la moralité et la vie sociale et constituer une condition de possibilité du “vivre ensemble” et donc fonder un ordre politique digne de ce nom.

Autour de la pitié s'est construit donc l'humanitarisme actuel englobant tous les autres sentiments cités ; ce qui autorise donc de parler d'un “humanisme de la pitié” initié par Rousseau et les autres philosophes altruistes qui va maçonner une doctrine moralo-politique et même linguistique d'une simplicité dense et quelques fois ambiguë.

---

[80] Rousseau J. J., *op. cit.*, Livre II, p.110.

CHAPITRE III

AU SUJET DE LA PITIE : DU SENTIMENT AU FONDEMENT DE L'HUMANITARISME

1. Rousseau et le principe de pitié : entre sentiment et raison

Après un regard sur quelques conceptions que nous avons subjectivement choisies pour leur lien objectif ou supposé avec le concept de pitié, nous pouvons à présent montrer ce qu'il peut poser comme problèmes et enjeux dans la problématique de l'humanisme et de l'humanitaire. Pour ce, commençons par voir sa centralité dans l'œuvre de Rousseau pour penser les enjeux de sa problématisation.

Dans la préface du *Deuxième Discours,* Rousseau annonçait déjà que : « méditant sur les premières et plus simples opérations de l'âme humaine », on pouvait « apercevoir deux principes antérieurs à la raison.[81] » Et il ajoute qu'« il y a d'ailleurs un principe que Hobbes n'a point aperçu [...][82] » C'est véritablement dans la troisième section du *Discours* que l'on retrouve l'enquête qui intéresse le droit naturel examinant

---

[81] Rousseau J. J., *Deuxième discours*, pp. 125 – 126.
[82] *Ibid.*, p. 154.

les deux principes d'où « paraissent découler toutes les règles du droit naturel.[83] » En contredisant Hobbes, Rousseau démontre que c'est dans l'état de nature que « le soin de notre conservation est le moins préjudiciable à celle d'autrui.[84] » Et de façon presque instinctive, c'est le sentiment de pitié qui matérialise cette tendance de l'état de nature à répugner la souffrance de son semblable.

> Ce que Hobbes n'a pas vu c'est qu'[...] *un autre principe [...] qui, ayant été donné à l'homme pour adoucir en certaines circonstances la férocité de son amour-propre ou le désir de se conserver avant la naissance de cet amour, tempère l'ardeur qu'il a pour son bien-être par une répugnance innée à voir souffrir son semblable.*[85]

Cette citation, prise au premier degré, peut porter à penser que, comme chez Hobbes, l'état de nature était un état de guerre et que la pitié intervient un peu plus en aval pour régler la barbarie qui en découlerait. Cette possible lecture ne traduit pas fondamentalement la thèse de Rousseau. La nôtre n'a pas non plus la prétention de rendre fidèlement les intentions de ce dernier. Seulement, à bien suivre le langage du *Discours*, on peut lire que dans le véritable état de nature ni la barbarie ni l'amour-propre n'existent encore. C'est à partir des premiers signes de la socialisation, notamment la constitution de la famille[86] que la férocité prend racine pour se rendre effective dans les nations où « ... les vengeances devinrent terribles, et les hommes sanguinaires et cruels.[87] »

On comprendra aisément que la pitié qui existe de façon latente en tout homme ne sera actée que par la socialisation. Ce qui ne veut pas dire que la civilité est la matrice de la pitié ;

---

[83] *Ibid.*, p. 126.
[84] *Ibid.*
[85] *Ibid.*, p.154.
[86] Cf. *Essai sur l'origine des langues*, chap. IX, pp.91-93, éd. Ch. Porset
[87] Rousseau J. J., *Deuxième Discours*, pp. 169-170.

elle est un principe sommeillant dans l'état de nature comme l'amour-propre ; et les deux se manifestent solidairement dans l'état civil. Mais il faut ajouter que ces deux principes, au-delà de leur manifestation civilisée, sont fort antérieurs à la raison et à la barbarie originaires de Hobbes et de Pufendorf.[88] C'est dans ce sens d'ailleurs que Rousseau va élargir et expliciter l'analyse de cette troisième instance (raison) dans des notes additionnelles pour débrouiller les confusions qui assimilaient sa thèse à une maxime de Diderot qui commandait : « fais en sorte que toutes tes actions tendent à la *conservation* de toi-même, et à la *conservation* des autres, c'est le cri de la nature.[89] »

Traitant de cette confusion pour montrer l'originalité de la pensée de Rousseau, Victor Goldshmidt soutient qu'on ne doit pas la réduire à une phrase de Diderot qui, selon lui, est déjà « peu originale ». Puisque cette volonté se retrouve dans la doctrine stoïcienne et chez Pufendorf ou encore au « sommaire de la loi évangélique. »

> *De telles réductions, faciles et arbitraires, qui effacent toutes les distinctions spécifiques aux prix d'une idée générale et vague où tout le monde et personne ne peuvent se reconnaître, ne présentent pas le moindre intérêt pour l'histoire de la philosophie (sinon pour celle des idées).*[90].

Pour Goldshmidt, ce type de rapprochement réductionniste méconnaît la spécificité de la méthode rousseauiste et convient au qualificatif de « sophisme du dogmatisme universel. »

En effet, la pitié qui se découvre dans l'état civil retrouve son originalité primitive en tant que l'amour de soi sans en être altérée. Goldschmidt poursuit que « si l'amour de soi est

[88] On peut lire à ce sujet, Pufendorf, *Le droit de la nature et des gens*, VII, I, § 4.
[89] *Encyclopédie*, art. *Conservation*, t. XIV [II] p. 436.
[90] Goldshmidt V., *Anthropologie et politique. Les principes du système de Rousseau*, Paris, Vrin, 1983, pp. 333 – 334.

retrouvé, et restauré dans son état primitif, à partir (et contre) l'état civil, il faut en dire autant de la pitié. » Il s'agit donc de montrer l'effort méthodologique de l'effectuation de ces principes dans la socialisation et de la conservation de leur primitivité dans la socialisation dépravante.

La pitié est plus qu'un principe et une vertu ; c'est un instinct que Rousseau assimile parfois à la psychologie animale : « La tendresse des mères pour leurs petits, la répugnance qu'ont les chevaux à fouler aux pieds un corps vivant » et encore plus « lorsqu'un de ces animaux meurt, les autres couvrent son corps d'un amas de branches ou de feuillages[91] » montrent à suffisance que la pitié rousseauiste est un sentiment instinctif réservé à une vie sans barbarie contrairement à Barbeyrac qui pensait que le « Droit de sépulture » est fondé sur la « loi de l'humanité » et n'est pratiqué que « parmi les Nations qui n'ont pas été plongées dans la barbarie.[92] » On voit bien que ces pratiques exprimant la pitié sont au-delà ou en deçà de la rationalité et de la civilisation. Et, malgré la chute de l'homme dans la société, Rousseau pense, comme l'a si bien démontré Mandeville dans sa *Fable des abeilles*...que la pitié naturelle demeure intacte et que même les passions les plus violentes et les plus voraces succombent toujours. Il montre qu'autant la bravoure est liée à la vanité et à la colère, l'amour de la patrie à la gloire et l'intérêt, autant la pitié est pure et ne laisse personne insensible. Au sujet de l'amour et de la bravoure, il dit que ces vertus ne peuvent jamais être pures ni distinctes comme la pitié qui se situe au-delà de toute passion et de toute aliénation. En effet, avoir un sentiment de pitié ne nécessite pas un apprentissage de la vertu ; et l'exprimer n'est pas une dépersonnalisation ou un « renoncement à soi-même » Car, devant la tragédie ou la souffrance,

---

[91] Rousseau J. J., *Deuxième Discours*, note X, p. 209.
[92] Pufendorf, *op. cit.*, II, III, § 23, note 9.

Un homme plein de sentiments d'humanité et de pitié, aussi bien que le Voleur qui perce les maisons, ou le Meurtrier, éprouverait tout également d'affreuses angoisses en pareille occasion. [...].[93]

On voit bien que l'idée de la survivance du sentiment de pitié pose du même ton chez Mandeville le sous-bassement de l'humanité. D'abord, parce qu'il pense que même un homme préoccupé par des circonstances personnelles de malheur oublierait ces malheurs au moment où il vit le malheur d'un autre. Ensuite, parce que même un malfrat serait immédiatement attristé devant une scène tragique. Car le même texte poursuit : « La passion la plus violente céderait à cette pitié, et il n'est point de cœur si endurci ni si occupé d'une autre passion, qui puisse s'empêcher de souffrir à une telle vue, mille fois plus touchante qu'on ne peut la décrire. »

Mais comme pour Goldschmidt, dans le même ouvrage, cet aveu de Mandeville permet aussi sa réfutation par Rousseau, car : « de la pitié [...] donnée « à l'appui de la raison », découlent toutes les vertus sociales qu'il veut disputer aux hommes. » Et en même temps, Rousseau va tirer des principes de la pitié et de l'amour de soi toutes les règles du droit naturel. Mais dans les développements qui vont suivre, la position de Rousseau semble plus rationalisante que sentimentaliste et instinctive.

Dans *Essai sur l'origine des langues*, l'accent est mis sur le rôle de l'imagination et du jugement dans l'affection qui nous fait souffrir de la souffrance d'autrui.

Les interprétations les plus connues, notamment celles de C. Porset, nous permettent de dire que *Emile* prolonge ce mélange de sentimentalité et de rationalité dans l'expression de la pitié chez Rousseau : « S'il y a bien une mutation dans la théorie de la pitié, la « coupure » n'est pas, semble-t-il, à situer

[93] Mandeville, *La Fable des abeilles ou les fripons devenus honnêtes gens*, trad., sur la 6e édition, Londres, MDCCXL, t. II, p. 28.

entre *Essai* d'une part et, d'autre part, le second *Discours* et *Emile*, mais bien plutôt entre le second *Discours* d'une part et d'autre part *Essai* et *Emile.*[94] »

Dans *Émile*, il souligne qu'« en effet, comment nous laissons – nous émouvoir à la pitié, si ce n'est en nous transportant hors de nous et nous identifiant avec l'animal souffrant, en quittant, pour ainsi dire, notre être pour prendre le sien ? Nous ne souffrons qu'autant que nous jugeons qu'il souffre ; ce n'est pas dans nous, c'est dans lui que nous souffrons.[95] » En lisant ces lignes, on peut souligner la difficulté de s'identifier à un être souffrant de façon à vivre sa souffrance et aussi celle du rôle du jugement qui introduit une nouvelle dimension à ce sentiment naturel : le jugement qui implique la réflexion.

On peut s'étonner de voir qu'un homme sans humanité, c'est-à-dire vivant en marge de la civilisation puisse s'émouvoir devant la souffrance d'autrui qui non seulement n'est pas encore son proche, mais ne deviendra son semblable que par accident à la suite d'une rencontre fortuite de socialisation. En fait, l'homme naturel ou primitif, on se l'imagine, n'a ni imagination ni raison. Dans sa solitude, seul « l'amour du bien-être est le seul mobile des actions humaines » ; et donc la pitié identifiante qui se fait par comparaison et par sympathie n'est pas possible. Il n'y a que dans le rapport à l'autre et donc dans la société que la pitié est justifiable ; puisque la pitié est un « sentiment qui prend sa source dans des comparaisons qu'il n'est pas à portée de faire.[96] »

Doit-on parler d'une forme de contradiction dans la conception rousseauiste ou dans l'évolution de sa pensée sur la psychologie même de l'homme ? Comment expliquer

---

[94] Porset Ch., *op. cit.*, p. 18sq.

[95] Rousseau J. J., *Émile*, Livre IV, p. 261.

[96] Rousseau J. J., *Deuxième Discours*, note XV, p. 219.

l'existence de la pitié dans un état de nature où l'homme vit seul ? Et, d'où viennent l'imagination et la réflexion ?

F. Hutcheson avait l'intuition d'un sens moral agissant indépendamment du raisonnement et de la réflexion. Et c'est à partir de cette même intuition qu'on peut admettre que la conservation de soi et la pitié sont introduites comme « principes » et sont perçues par Rousseau comme des sentiments qui seraient actuellement éprouvés par l'homme primitif qui, visiblement, pourrait agir selon ces principes sans nécessairement être conscient de leur naturalité.

Pour Rousseau, la pitié bien que naturellement au cœur de l'homme resterait éternellement inactive si l'imagination ne la met en jeu. Pour imaginer ou se représenter quelque chose de douloureux ou un mal, il faut en avoir l'idée. On peut, peut-être, penser qu'il y a un rapport de simultanéité dans l'exercice de la pitié et l'acte même de réfléchir ou d'imaginer. Car pour saisir ce qu'il y a de commun entre autrui et moi, il faut bien une prise de conscience réfléchie de l'humanité de mon semblable et par similitude de sa souffrance comme la mienne. Ce qui revient à penser qu'il n'y a que celui qui a réfléchi sur les valeurs humaines pour être clément, juste, et pitoyable ; et il ne peut plus être ni méchant ni vindicatif.

Pour tenter de comprendre ce qu'est la pitié à l'état de nature, on peut citer ce passage qui soutient que c'est « un sentiment naturel qui, modérant dans chaque individu l'activité de soi-même, concourt à la conservation mutuelle de l'espèce.[97] » Loin de se contredire, Rousseau veut montrer que dans l'état de nature, la pitié sert à limiter l'instinct de conservation dans ses bornes naturelles pour éviter toute exagération négative au-delà de celles-ci. Naturellement, « L'homme a un terme de force et de grandeur fixé par la

[97] *Ibid.* p. 156.

nature et qu'il ne saurait passer. De quelque sens qu'il s'envisage, il trouve toutes ses facultés limitées.[98] » Cette limitation tient sur la naturalité inaliénable de deux faits indubitables et complémentaires[99] :

1) « la société est absolument nécessaire à l'homme », malgré la solitude de l'état de nature et 2) « L'homme est par sa constitution très propre à la société ».

C'est dire qu'en naissant, chaque individu porte en soi la marque de la perpétuation et de la survivance de l'espèce en se protégeant des violences et autres antipathies. La pitié est une disposition et même une prédisposition qui est d'abord sensible avant d'être raisonnable. Même dans la vie du solitaire, elle est déjà présente, pour parler comme Aristote, en puissance et en acte. L'expression de l'acte ne se constate que lors d'une rencontre avec la souffrance d'autrui en limitant la satisfaction personnelle au niveau de la loi naturelle selon laquelle : Fais ton bien « avec le moindre mal d'autrui qu'il est possible.[100] »

Mais comment s'exerce la pitié dans la solitude ?

En puissance, en tout être, la pitié à l'état de solitude limite l'amour de soi pour éviter toute déviance conquérante d'agressivité. Elle est un facteur limitant à l'amour de soi.

C'est pourquoi, si nous suivons les analyses de Goldschmidt, Rousseau ne veut pas attribuer au solitaire « la contradictoire faculté de s'identifier à autrui ». Pour lui, la découverte de l'*alter ego* survient à un stade ultérieur de développement qui correspond à la civilité. L'état de solitude ne montre que les fondements biologiques du principe de pitié qui rapproche l'homme de l'animal tout en l'éloignant de la

---

[98] Rousseau J. J., *L'Etat de guerre*, p. 604.
[99] *Ibid.* pp 601 et 602.
[100] Rousseau J. J., *Deuxième Discours*, p. 156.

monstruosité : « Mandeville a bien senti qu'avec toute leur morale, les hommes n'eussent jamais été que des monstres, si la nature ne leur eût donné la pitié à l'appui de la raison[101] La raison qui intervient après le passage de l'état de nature à la civilisation est une lumière qui dévoile la pitié de l'obscurcissement instinctif sans l'altérer. On dira qu'en tant qu'animal, l'homme est mu par la pitié, et par sa perfectibilité naturelle, il acquiert la vertu et le vice dans la société. Cette perfectibilité, qui est aussi un principe, tout en conservant celui de la pitié, permet le passage de « l'état de nature au droit naturel proprement dit » avant de produire « le droit raisonné.[102] » Ce principe intérieur et inaliénable dans l'évolution de l'être permet notre bien-être et garantit notre honneur dans une société en proie à de multiples appétits égoïstes. Comme l'écrit Montesquieu :

> *Nous sommes entourés d'hommes plus forts que nous ; ils peuvent nous nuire de mille manières différentes ; les trois quarts du temps, ils peuvent le faire impunément : Quel repos pour nous, de savoir qu'il y a, dans le cœur de tous ces hommes, un principe intérieur qui combat en notre faveur, et nous met à couvert de leurs entreprises ?.*[103]

Et ce principe intérieur qui sécurise et soi-même et les autres est celui qui humanise la vie afin que celle-ci soit pacifiée et différente de celle de la jungle où la vigilance agressive est la règle.

Mais il y a plus si on examine la théorie de l'état de nature en profondeur. Dans la perspective rousseauiste, l'hypothèse de la pitié et de la bonté présuppose la solitude de l'homme pur. Puisque l'homme naturel vit seul dans un espace sans limites et sans voisinage, il ne saurait être capable d'imaginer ce que ressent son semblable, car il n'en a point. Les capacités

---

[101] *Ibid.*, p. 155.
[102] Rousseau J. J., *Du contrat social*, II, IV, p. 329 de la première version.
[103] Montesquieu, *Lettres Persanes*, LXXXIII, éd. Masson, p. 170.

d'imagination et de jugement qui appréhendent les « conformités[104] » internes et externes d'autrui pour permettre l'affirmation d'une « pitié identifiante » ne s'exercent que dans la phase de la corruption due à la socialisation.

En effet, la pitié dans l'état primitif se manifeste en tant que principe ; sans nécessairement en être conscient. On peut voir la primitivité de la pitié au sens de Buffon qui reconnaissait aux peuples sauvages un caractère « naturellement compatissant » antérieur à tout jugement raisonnable. C'est à ce juste titre que la pitié est une qualité que l'homme a en partage avec la bête ; donc elle est antérieure à la raisonnabilité. Mais aussi, il faut souligner que la logique de pitié n'a de logique que dans le rapport à l'autre souffrant. Sinon, comment un homme pourrait-il « désirer que quelqu'un ne souffre point » au point même de souffrir « intimement avec l'animal souffrant ?[105] »

Tout en vivant seul, l'homme, par la pitié, bénéficiait déjà de cette disposition toute naturelle de conservation de son espèce. En d'autres termes, la capacité à anticiper et à éviter les antipathies guerrières est innée et ne résulte pas des intentions calculées des hommes.

La dépravation sociétale de l'humain fait simplement subir une mutation à la pitié qui, de la psychologie animale, se transforme en psychologie humaniste ou humanitaire au sens de la socialisation civilisante. Donc, dans les situations de graves atteintes à l'humanisme, notamment les tragédies, les cataclysmes naturels, il s'opère en nous un mouvement de retour à l'état de nature qui s'opère sans médiation de la conscience ou de la raison. Comme le dit Goldschmidt : « Ici, plus encore qu'au sujet du désir de conservation, il est besoin d'une difficile démarche pour remonter à l'état de nature : on

---

[104] Rousseau J. J., *Deuxième Discours*, p. 166.
[105] *Ibid.* p. 155.

n'y parvient qu'au cours d'une connaissance approchée qui essaie de cerner l'état de nature entre le comportement animal et les survivances de la pitié naturelle au sein des « mœurs les plus dépravées.[106] Mais cette difficulté est-elle justifiée, lorsqu'on voit que la pitié s'exprime presque de façon spontanée et inconsciente ?

La remontée à l'état de nature est presque un réflexe qui n'a pour déclencheur que la seule vue du mal ou de la douleur d'autrui. La difficulté serait peut-être méthodologique, mais pas effective ; puisque la leçon du *Discours* est que la pitié est un sentiment d'essence biologique qui s'exerce dans la société pour éviter les excès. La pitié hors de la société est inactive et s'active automatiquement dans les situations tragiques et pendant les affrontements qui la surprennent et la déclenchent. Ici, le sujet en proie à la douleur de l'Autre sort de sa solitude psychoaffective égoïste pour exprimer une sorte de loi naturelle de la conservation de son espèce. Car dans son texte *De l'esprit des lois*, Montesquieu soutenait que pour un peuple conquis, le droit que le conquérant a sur lui suit deux sortes de lois : « la loi de la nature, qui fait que tout tend à la conservation des espèces, la loi de la lumière naturelle, qui veut que nous fassions à autrui ce que nous voudrions qu'on nous fît ».[107] » Dans les deux cas, l'égoïsme se censure toujours. On peut observer que même Nietzsche qui fait l'éloge de l'égoïsme s'était effondré devant le spectacle à Turin d'un âne qu'on battait. Cette attitude presque paradoxale du philosophe immoraliste mérite une analyse. Nous y reviendrons.

Disons que ce mélange de sensibilité et de rationalité ou mieux cette rationalisation civilisante de la sensibilité permet donc à la théorie de la pitié de Rousseau d'être plus complète et de fonder un humanisme autour de la communauté du

[106] *Ibid.*, p. 339.
[107] Montesquieu, *De l'esprit des lois*, X, III.

sentiment et par conséquent une morale de la pitié. Car : « Avant l'âge de raison, nous faisons le bien et le mal sans le connaître ; et n'y a point de moralité dans nos actions, quoiqu'il y en ait quelquefois dans le sentiment des actions d'autrui qui ont rapport à nous ».

La moralité va intervenir avec la rationalité et la « pitié identifiante » autour de la « maxime de justice raisonnée : Fais à autrui comme tu veux qu'on te fasse » qui a soulevé de vifs débats parfois controversés sur lesquels nous ne reviendrons pas ici. Rousseau s'est beaucoup nourri de ces débats pour élargir son principe de pitié comme fondement de l'ordre moral et de l'ordre politique. Car pour Rousseau, il n'est pas possible de « traiter séparément la politique et la morale.[108] »

2. La pitié et la sociabilité : l'ordre politico-moral

Les analyses de *L'Émile* conceptualisent plus clairement et plus densément ce projet d'une morale et d'une politique liées au principe de pitié et même à la nature humaine. À ce titre, Burlamaqui soutenait que

> *L'état naturel des hommes entre eux est donc un état d'union et de société : la société n'étant autre chose que l'union de plusieurs personnes pour leur avantage commun. D'ailleurs, il est bien manifeste que c'est là un état primitif, puisqu'il n'est point l'ouvrage de l'homme : c'est Dieu lui-même qui en est l'auteur.*[109]

Cette conception soutient l'idée rousseauiste de l'antériorité et surtout de l'humanité de l'état de nature par rapport à l'état civil ; et montre que l'état de nature est lui-même déjà, en puissance, un état social théologiquement fondé sur ce que nous appelons une « mêmeté génétique de socialité » de tous les hommes caractérisant le postulat de

---

[108] Rousseau J. J., *Emile*, IV, p. 279.
[109] Burlamaqui, *Principes du droit naturel*, 1ere Partie, chap. IV, §3.

Pufendorf : « Comme donc la nature humaine se trouve la même dans tous les hommes, et que d'ailleurs il ne saurait y avoir de société entre eux s'ils ne se regardent du moins comme ayant une nature commune [...][110] » C'est pourquoi Burlamaqui pensait que ce qu'il appelle société naturelle était une société « d'égalité et de liberté. »

Cette idée d'une nature commune socialement partagée marque que la pitié qui est le sentiment le plus partagé permet une sociabilité qui constitue la « société générale » que la première version du *Contrat social* annonçait déjà à partir de la « bienveillance universelle ».

Rousseau, comme Hobbes (avec son désir raisonnable de mettre fin à la guerre universelle[111]) distingue l'état de nature de l'état civil, mais en donnant des contenus diamétralement contradictoires. Si, pour Hobbes, l'état de nature est un état de guerre perpétuel, chez Rousseau la réalité de cet état est pacifique et idyllique. C'est pourquoi on peut parler d'une sociabilité naturelle chez Rousseau qui n'existait pas chez Hobbes. On peut donc partir de ce sentiment de pitié naturelle pour postuler une société générale du genre humain qui serait un fondement de nos États modernes comme chez Bossuet : « De la société générale du genre humain naît la société civile, c'est-à-dire, celles des États des peuples et des nations.[112] » La bonté de l'état de nature comportant la pitié comme principe nous conduit à penser, dans le sens de Cumberland, que la loi morale et même l'organisation sociale tirent leur validité avant même l'organisation dite politique des « États civils.[113] »

On peut s'accorder avec Goldschmidt qui voyait que Rousseau suivait dans cette perspective son ami Diderot qui,

---

[110] Pufendorf, *op., cit.*, II, III, § 18.
[111] Hobbes Th., *De Cive*, chap. I.
[112] Bossuet, *Politique tirée des propres paroles de l'Ecriture Sainte*, Livre I, art. 2
[113] Voir *Traité philosophique des lois naturelles*, I, § 22.

de façon générique, parlait de la « société » sans envisager des différenciations politiques. Il dit que Rousseau va plus loin en soutenant la thèse de la sociabilité et en la rendant universelle, au point de reconnaître celle-ci, non seulement chez « toutes les nations policées ; [mais aussi] dans les actions sociales des peuples sauvages et barbares.[114] » C'est pour ce fait que Goldschmidt peut aisément déduire que « La sociabilité, en effet, n'est pas l'apanage du seul homme primitif qui, lors du déroulement de l'état de nature, aurait dégénéré, au point de rendre nécessaire la contrainte sociale : elle est un caractère permanent de l'homme en tant que l'homme.[115] »

En parlant d'une politique de la pitié dans son *Essai sur la révolution*, « La question sociale », Hannah Arendt avait eu l'intuition des germes de celle-ci chez Rousseau. En résumant les propos d'Hannah Arendt, Luc Boltanski dit que « l'idée selon laquelle la Révolution française – à la différence de la révolution américaine – avait délaissé la question de la liberté et de la forme de gouvernement capable de garantir la liberté, au profit d'une politique de la pitié qui, si ses manifestations typiques n'apparaissent que chez Robespierre et Saint-Juste, serait en gestation depuis le milieu du XVIIIe siècle, particulièrement dans l'œuvre de Rousseau.[116] »

Pour montrer comment la pitié fonde une morale, une société et par conséquent une humanité au sens politique, Rousseau condense dans cet ouvrage son argumentaire en trois maximes. La première proclame qu'« il n'est pas dans le cœur humain de se mettre à la place des gens qui sont plus heureux que nous, mais seulement de ceux qui sont le plus à

[114] On peut à ce sujet se référer dans l'œuvre de Rousseau au *Discours sur l'Economie politique* et au *Contrat social.*

[115] Goldschmidt V., *op., cit.*, p. 471.

[116] Boltanski L., *La souffrance à distance : morale humanitaire, médias et politique*, Paris, Gallimard, 1993, pp 88 à 165.

plaindre.[117] » On peut donc déduire que l'humanisme sur le plan social est une « communauté de malheur[118] » selon l'expression d'A. Philonenko que nous ne partageons pas. Mais il y a mieux. Comme l'a montré R. Dérathé : « Le système politique de Rousseau tend à réduire les relations d'homme à homme pour leur substituer la relation du citoyen à la loi.[119] » La politique de Rousseau établit l'impersonnalité de la loi du « plus grand bien de tous. Comme le dit Goldschmidt : « « La loi, réunissant l'universalité de la volonté et de l'objet », se substitue aux particularismes des opinions et des intérêts et leur enlève tout prétexte à conflit, réel ou verbal.[120] »

Mais, plus loin, Goldschmidt poursuit en montrant que « si le droit fonde la maxime sur le principe du plus grand bien de tous, la morale, à son tour, en dénonce le caractère simplement dérivé, et lui assigne, comme « vrai fondement », « la conscience et le sentiment ». En effet, chez Rousseau, la raison seule ne peut établir cette maxime puisqu'elle repose sur l'amour de soi élargi :

> *Mais quand la force d'une âme expansive m'identifie avec mon semblable, et que je me sens pour ainsi dire en lui, c'est pour ne pas souffrir que je ne veux pas qu'il souffre ; je m'intéresse à lui pour l'amour de moi, et la raison du précepte est dans la nature elle-même qui m'inspire le désir de mon bien-être en quelque lieu que je me sente exister.*[121]

Même si l'on peut soupçonner une forme d'égoïsme derrière cette citation, pour le cas précis de notre analyse, il s'agit de montrer l'incapacité de la raison à fonder une vertu qui soit universelle et non calculée. La raison est moins apte

[117] Rousseau J. J., Émile, *op., cit.*, Livre IV, p. 262.
[118] Philonenko A., *Jean-Jacques Rousseau et la pensée du malheur*, Paris, Vrin, 3 tomes, 1984.
[119] Dérathé R., *Œuvres complètes*, t. III, p. 1425, n. 6.
[120] Goldschmidt V., *Op., cit.*, p. 349.
[121] Rousseau J. J., *Emile, op., cit.*, p. 278.

que la conscience à fonder une morale qui soit universelle. Mais il faut souligner, ainsi que le fait Dérathé, que la critique de la raison sur le fondement de la morale n'induit pas chez Rousseau un irrationalisme, puisque la vertu ne s'établit pas sans l'éclairage de la raison.[122] Il reconnaît « qu'il puisse appartenir à Socrate et aux esprits de sa trempe d'acquérir de la vertu par raison.[123] » Ce qui conduit à la deuxième maxime.

La deuxième maxime renforce la première en soutenant qu' « on ne plaint jamais dans autrui que les maux dont on ne se croit pas exempt soi-même.[124] » Cette maxime proclame l'identité et le fondement de la condition humaine qui nous rend tous égaux dans la souffrance et la commisération. Cette logique de la commisération est soutenue par le principe de la justice basé sur l'amour : « l'amour des hommes dérivé de l'amour de soi est le principe de la justice humaine. Le sommaire de toute la morale est donné dans l'Évangile par celui de la loi ».

La troisième enfin dit que « la pitié qu'on a du mal d'autrui ne se mesure pas sur la quantité de ce mal, mais sur le sentiment qu'on prête à ceux qui souffrent.[125]

On voit, en somme, que la pitié est un sentiment subjectif et proprement humain puisque c'est l'autre, notre semblable qui évalue ou quantifie la souffrance de l'autre par l'acte du jugement. Cela se comprend par le fait que les hommes ne plaignent jamais un bouc égorgé, un cheval de labour au travail ou un gorille en cage puisque, ces derniers ne jugent pas qu'ils puissent souffrir. Il n'y a que les hommes qui souffrent de la souffrance de leurs semblables ou mieux, les hommes ne souffrent que de la souffrance d'autres hommes. Par

[122] Dérathé R., *Le rationalisme de J.J. Rousseau*, P.U.F 1948.
[123] Rousseau J. J., *Deuxième Discours*, p. 156.
[124] Rousseau J. J., *op. cit.*, p.263.
[125] *Ibid.* p. 264

conséquent, la pitié justifie bien l'humanisme moderne. Au lieu d'un amour de soi instinctif et égoïste, la pitié « produit l'humanité et la vertu[126] » produit la justice.

Dans le pacte social, l'état civil formalise la communauté morale des hommes sur le socle de la pitié primitive en faisant agir la conscience morale qui était en puissance à l'état de nature. Potentiellement sociable, l'homme ne développe sa conscience morale qu'après une durée de vie entourée de ses semblables. C'est dans la société que le principe naturel de la pitié se fera conscience morale, capable de nous faire connaître autrui comme possédant la même humanité, comme un *alter ego*. C'est à ce titre que lors d'une conférence sur Rousseau, Cl. Lévi-Strauss clarifie cette identification à autrui en montrant que le passage de l'état de nature à l'état de société a produit de *facto* un triple passage : de la nature à la culture, du sentiment à la connaissance, de l'animalité à l'humanité. Ces passages, pour le moins progressistes, ont été rendus opératoires par la pitié que Lévi-Strauss qualifie de faculté essentielle :

> *[...] ce ne peut être qu'en attribuant à l'homme, et déjà dans sa condition primitive, une faculté essentielle qui le pousse à franchir ces trois obstacles sinon précisément en elle ; qui soit tout à la fois naturelle et culturelle, affective et rationnelle, animale et humaine ; et qui, à la condition seulement de devenir consciente, puisse se convertir d'un plan sur l'autre plan.*[127]

C'est pourquoi, chez Rousseau, « Les actes de la conscience ne sont pas des jugements, mais des sentiments.[128] » Ainsi, de la simple détermination biologique, la pitié se convertira en devoir éthique. Lévy-Strauss en hommage à Rousseau précise dans le même texte :

---

[126] Rousseau J. J., *Du contrat social*, *op. cit.* I, 8, p.364.
[127] Cf. « J.J. Rousseau, fondateur des sciences de l'homme » [1962] in *Anthropologie structurale deux*, Paris, Plon, 1996, p. 49-50 et 55-56.
[128] Rousseau J. J, *Émile*, *op., cit.*, livre IV, p.353.

Cette faculté, Rousseau n'a cessé de le répéter, c'est la pitié, découlant de l'identification à un autrui qui n'est pas seulement un parent, un proche, un compatriote, mais un homme quelconque, du moment qu'il est homme, bien plus : un être vivant quelconque du moment qu'il est vivant.

En d'autres termes, la pitié devient la condition de possibilité de la sociabilité de l'homme ; puisque c'est elle qui origine la capacité d'éprouver et de partager avec autrui une communauté de condition et baser une communauté morale et une fraternité dans la souffrance. Comme illustration, Rousseau cite, dans *Les rêveries du promeneur solitaire,* deux épisodes de sa jeunesse : l'épisode avec M. Fazy et celui avec son camarade Pleince. Dans le premier, Rousseau se rend dans la fabrique d'indiennes de son oncle, M. Fazy. Dans les machines, il se coince les doigts, perd deux ongles et se met à hurler et pleurer. Se précipitant pour le soigner, affolé, les yeux larmoyants, l'oncle supplie l'enfant de ne pas le dénoncer. Et Rousseau de dire : « au fort de ma douleur, la sienne me toucha, je me tus.[129] »

Dans le deuxième, Rousseau relate un combat avec son camarade de jeu, Pleince, au cours duquel ce dernier lui donna un coup de mail sur la tête, tellement bien sonné qu'il tomba et perdit connaissance :

Il crut m'avoir tué. Il se précipite sur moi, m'embrasse, me serre étroitement en fondant en larmes et poussant des cris perçants. Je l'embrassai aussi de toute ma force en pleurant comme lui dans une émotion confuse qui n'était pas sans quelque douceur.

Les deux épisodes sont révélateurs de l'innéité de la pitié. Mais le second est beaucoup plus profond en cela qu'il présente une réflexivité symétrique dans l'expression de la pitié.

Comment expliquer qu'en pleine agressivité Pleince l'agresseur prenne pitié de sa victime ; et qu'inversement et

---

[129] Rousseau J. J., *Les rêveries du promeneur solitaire,* Paris, Garnier-Flammarion, 1964 [1772-78], 4e Promenade, p.79.

paradoxalement la victime, souffrante dans sa chair, soit touchée par la douleur morale de celui qui vient de l'assommer ?

C'est bien là, la preuve d'une union des âmes fusionnant dans une communauté de sentiments dans la douleur et la pitié. Or, ce qui permet aux hommes de sentir et penser du point de vue d'autrui est à l'origine de la morale. Et, comme la communauté morale est le socle de toute communauté humaine, il y a donc, chez Rousseau, une théorie des droits et devoirs implicite fondant sa morale.

Schopenhauer reconnaîtra Rousseau comme le plus grand moraliste à travers sa conception de la justice et de l'amour :

> *En revanche, mon fondement a pour lui l'autorité du plus grand moraliste de tous les temps modernes, car c'est lui, sans aucun doute, Rousseau, le profond connaisseur du cœur humain, qui puisait sa sagesse, non dans les livres, mais dans la vie, et qui destinait sa doctrine, non à des chaires d'université, mais à l'humanité…*[130]

La grandeur et la noblesse de cette doctrine de la pitié participent davantage de la mission humanitaire en cela qu'elle peut être vue comme gage de la paix individuelle, sociale et politique. Les sujets de la vie de l'humanité évoqués dans le projet de Rousseau pendant le traitement de la problématique de la pitié ont sans nul doute conduit Schopenhauer à élaborer ses analyses sur la souffrance et la pitié.

Mais l'on se demande si une philosophie de la pitié n'implique pas une philosophie pitoyable. Ou, si une morale de la pitié n'implique pas une morale pitoyable. Et au sujet de la politique, Hannah Arendt dans ses réflexions sur la Révolution française tendait déjà vers une politisation inavouée de la revendication socio-identitaire dont les prémices se situeraient dans la révolution émancipatoire.

---

[130] Schopenhauer A., *Le fondement de la morale*, § 19.

L'humanitarisme, dans ce cas, devient donc une éthique politique qui, au-delà de la pitié, resocialise le déclassé dans la dignité humaine. En effet, dans les écrits d'Arendt, la politique de la pitié se définit dans la contemplation du spectacle de la souffrance par ceux qui ne souffrent pas d'une part et par la distinction entre gens heureux et malheureux ; entre souffrants et non –souffrants.[131] L'actualité de cette situation nécessite qu'on s'arrête sur l'analyse de H. Arendt qui paraît, pour cette cause, admirable et plein d'enseignements.

[131] On peut voir à ce sujet *L'Essai sur la révolution*, Paris, Gallimard, 1967.

CHAPITRE IV

SOUFFRANCE, HUMILIATION ET DESOCIALISATION

1. Hannah Arendt et le cas du paria juif comme miroir de la misérabilité

En traitant de la condition juive, H. Arendt fait une liaison entre la sombre vision de la nature qui caractérise le mal radical et sa conception du paria, c'est-à-dire celui pour qui le monde de la vie humaine n'existe plus et à qui seule reste la nature comme facteur de consolation. Le terme « miroir de la misérabilité » ne voudrait pas soutenir que le Juif est le seul peuple à avoir vécu la souffrance ou à souffrir ou à refléter la souffrance. D'autres cas de peuples martyrisés et humiliés peuvent être cités dans le catalogue de la souffrance mondiale ; comme ce fut le cas des peuples noirs dans la traite négrière qui s'est étalée sur plus de quatre siècles de colonisation.

De nos jours, d'autres cas de désocialisation causés par des catastrophes naturelles et les guerres ou les famines sont enregistrés au quotidien ; le choix de la réflexion arendtienne (qui privilégie le cas juif) est une préférence spéculative subjective qui ne devrait souffrir d'aucune interprétation idéologique soupçonneuse ; comme Levinas aurait été une bonne référence pour parler de la misère dans « la figure de l'autre » ou de l'éthique altruiste. Simplement qu'à partir des textes d'Hannah Arendt, nous tentons une objectivation de la subjectivité ou d'élaborer une subjectivité objectivable de la souffrance au sujet du paria et de la misère ; et surtout en prenant le concept de « paria conscient » comme cadre de référence ou hypothèse possible d'une ré-humanisation.

Évidemment, le problème de l'actualité des thèses d'Arendt est en débat. Bien que le drame du totalitarisme ne soit plus une préoccupation de notre quotidien au sens fondamentaliste, on note, tout de même que les pratiques totalitaires sont encore légion. Comme le disait Marcel Gauchet lors d'un entretien consacré au *Magazine littéraire*, si on ne peut pas dire que les analyses de Hannah Arendt sont « dépassées », elles sont tout de même marquées par une époque qui semble révolue. Mais celles-ci nous inspirent encore, au-delà de la distance temporelle. Il distingue deux catégories d'auteurs. D'un côté, ceux « qui nous revoient un miroir de notre situation » et nous servent de matériaux indispensables pour la compréhension et le traitement de nos problèmes, donc des repères ; et de l'autre, « les classiques » qui restent actuels au titre de « sources d'inspiration permanente, quelle que soit la situation. » Mais, selon lui :

> *Avant de devenir classique, tout auteur commence par être actuel, à petite ou à grande échelle. La plupart perdent tout en perdant leur actualité, et disparaissent : ils n'ont plus rien à nous dire. Quelques-uns survivent, et continuent de nous instruire, depuis leur inactualité. C'est le cas d'Arendt, aujourd'hui, à mes yeux.*[132]

[132] *Magazine littéraire*, n°445 septembre 2005, p. 56.

En suivant les définitions du paria de Max Weber (un peuple-paria est « un peuple-hôte vivant dans un environnement étranger dont il s'est séparé rituellement[133] ») et de Bernard Lazard[134] (qui oppose en les rapprochant le paria et le parvenu), H. Arendt pense et pose la situation sociale d'exclusion que vit le peuple juif comme une désocialisation humiliante. Puisque dans la société européenne, selon Arendt, à chaque génération, chaque Juif avait à choisir son rôle à jouer au sens d'un personnage (celui qui joue à être et porte un masque toujours renouvelé) ; ou être le paria totalement exclu de la société ou s'adapter à celle-ci au prix d'une dépersonnalisation dégradante ou une perte de « visibilité. »

Sur la base d'une spécificité du peuple juif, Bernard Lazard va élaborer une nouvelle catégorie politique qu'il qualifie de « paria conscient », qui, on peut le dire, permit à Arendt de mener sa réflexion sur la question de la marginalité du Juif et de son insertion future en tant que peuple émancipé dans l'histoire universelle. Pour elle, le domaine du politique est nettement distinct du domaine social. Et cette distinction, comme le soutient Claude Lefort, est parfois trop tranchée[135] puisqu'à un certain niveau de compréhension du statut de Juif, la frontière entre le social et le politique s'efface. Si on suit

---

[133] Weber M., *Le judaïsme antique*, Paris (Plon), 1971, p. 19.

[134] Écrivain anarchiste/sioniste français qui a été le premier à se battre pour la défense du capitaine Dreyfus. On lit à travers certains fragments de son recueil *Le Fumier de Job* (publié après sa mort, en 1928) que pour Lazare la condition du peuple juif est presque identique à celle d'un peuple paria. C'est pourquoi, il incitait les Juifs à lutter pour leurs droits. Arendt pense que le mérite de Lazare a consisté à « mettre à jour la qualité de paria caractéristique de l'existence juive, et il a cherché à concrétiser le droit de cité dans le monde de la politique européenne » puisqu'il considérait, écrit Arendt, que « tout paria qui refusait d'être un rebelle était responsable de sa propre oppression et, simultanément, de la souillure qui en rejaillissait sur l'humanité en lui ». Cf. *La tradition cachée, le Juif comme paria*, trad S. Courtine-Denamy, Paris, Christian Bourgeois, 1987, p. 180.

[135] Lefort Cl., *Une interprétation politique de l'antisémitisme : Hannah Arendt*, Commentaire, 20 (hiver 1982-1983), p. 654-660.

cette analyse de Claude Lefort, on ne comprendra pas comment les deux domaines en viennent à se croiser dans l'étude de la condition juive. On sait d'ailleurs qu'Hannah Arendt ne traite pas spécialement du judaïsme, elle fait rarement référence à la tradition juive, mais plus à la tradition allemande et à la tradition grecque et romaine qui l'ont fortement inspirée dans son parcours spéculatif.

Seulement, on peut à travers cette réflexion trouver une articulation ou une médiation qui fait passer subrepticement la condition du paria de sa sphère sociale vers sa dimension politique puisqu'à l'instar de Bernard Lazard, Arendt s'est sérieusement employée et déployée à critiquer les impasses politiques dans lesquelles s'est retrouvé le peuple juif à partir de sa situation de peuple-paria. Partant de la lecture arendtienne de Bernard Lazard, on peut voir la coïncidence des deux domaines qui fait chuter la catégorie du paria dans le rôle politique des mouvements ouvriers modernes. Cette jonction dont la charnière est la notion de paria permettra à Arendt d'articuler l'existence juive et l'existence non juive dans une forme d'exclusion mutuelle faite de tolérance.[136]

Revenons sur la situation de paria pour comprendre le glissement du social vers le politique.

Chez Bernard Lazard, le paria est d'abord dans une situation où il souffre d'isolement et d'enfermement : « Quelle douleur quand, au XVIe siècle, il fallut entrer dans le ghetto. Le monde s'éveillait à la liberté, une aurore nouvelle brillait et le Juif devait entrer dans la nuit, plus que jamais, être le paria, l'isolé, l'enfermé.[137] » Et au sujet du nationalisme juif, il dit : « Ma situation est abominable : j'ai des obligations, je n'ai pas de droits[138] » pour montrer la désocialisation du Juif qui conduit presque à une dé-citoyenneté proche de l'esclavage ;

136 Kaltz J., *Exclusion et Tolérance*, Paris (Lieu commun), 1987.
137 Lazard B., *Le fumier de job*, Paris, Riedier, 1928, p. 81.
138 Cf. *Kadimah*, n° 1, 1987, p.8.

nous rendons cette contradiction du citoyen et de l'esclave possible dans le cas juif parce que ce dernier a toujours vécu partout où se trouve une situation de citoyen marginal ou marginalisé. D'où sa hantise d'émancipation.

Chez H. Arendt, quand on lit les analyses de *Sur l'antisémitisme*, on peut voir que l'émancipation politique des Juifs a conduit à une nouvelle forme d'exclusion : les Juifs riches ne peuvent se fréquenter qu'entre eux et sont considérés par les non-Juifs comme sectaires formant ainsi une caste culturellement fermée divisant par la suite la même communauté juive en « parias » et « parvenus » ; et plus tard en « parias conscients » et « parvenus ».

Dans un article, paru dans la revue *Loxias*, Löwy Michael montre comment de cette division est née la conscience paria qui sera le détonateur d'une forme de rébellion de la part des parias. Sa lecture d'Arendt montre que la prise de conscience de leur condition de paria a divisé les Juifs en deux groupes : les parvenus (riches et conformistes en quête de respectabilité) et les parias conscients (exclus et persécutés révoltés contre la société). Le parvenu venait le plus souvent de la notabilité bourgeoise juive ; libéral et bon teint, il est méprisant envers les autres Juifs venus de Pologne ou de Russie. À la différence du parvenu, le paria conscient se détermine comme un marginal assumant fièrement sa marginalité et usant de son non-conformisme comme marteau, au sens nietzschéen, pour briser la table de valeurs établies contre son nouveau statut :

> *Selon Hannah Arendt, la nouvelle couche d'intellectuels juifs, apparue à la fin du XIXe siècle, obligée de trouver son pain quotidien et son auto-respect en dehors de la société juive, est particulièrement exposée (« sans protection ni défense ») à la nouvelle vague de haine anti-juive au tournant du siècle, et c'est*

en son sein que se développe la « conscience paria » rebelle, opposée à la posture conformiste du parvenu.[139]

Cette attitude justifie à plus d'un titre l'option personnelle de lire la condition de l'homme moderne souffrant à partir du prisme arendtien au-delà de tout élan idéologique ou affectif. En effet, pour Arendt, l'assimilation à l'homogénéité ambiante tant recherchée a fini par désocialiser individuellement les Juifs, ôtant tout statut au groupe juif et le réduisant à être une religion. Seulement, en les dissociant du ''tous-Juif'', ces individus sont toujours victimes de discriminations sociales, car dans leur intériorité et face au non-Juif, s'est érigé ce que Bernard Lazard appelle « ghetto moral » infranchissable. Individuellement et collectivement, la condition juive est vécue comme un cauchemar qui hante psychologiquement, moralement, rituellement et politiquement la vie privée des Juifs par une déterritorialisation aussi bien géographique que sociale.

Dans cette logique d'accès individuel à la citoyenneté (qui est une forme d'exclusion), on peut parler d'atomisation politique du "tous-Juif" (groupe identitaire) rendant possible leur intégration dans d'autres communautés politiques par une reconnaissance citoyenne factice.

La leçon que donne Arendt est que l'octroi des droits de citoyen à un individu n'est pas suffisant à garantir sa non marginalité sociale ou sa sortie de la condition de paria : en témoigne le cas Dreyfus : « Le procès du malheureux Dreyfus avait montré au monde que dans tout Juif, même noble et multimillionnaire, subsistait quelque chose encore du paria d'antan, sans patrie, pour qui les Droits de l'homme n'existaient pas et à qui la société refuse volontairement ses

[139] Löwy M. : « Le concept de ''paria conscient'' chez Hannah Arendt, et le cas des intellectuels juifs d'Europe centrale », article paru dans la revue *Loxias* n°24.

bienfaits.[140] » Se mêlent ici donc les domaines du social et du politique. Car si le social est du domaine de l'indifférencié, de l'uniformité et de l'homogène, la politique quant à elle est de celui de l'individualité et de la différenciation ; et c'est à juste titre qu'Arendt oppose radicalement les deux.

Mais aussi, la situation sociale de paria, se généralisant en statut, dessinera de nouvelles conditions d'uniformisation pour ses individus. Et cette situation devient, pour Arendt, une « ascomie[141] ». Elle caractérise l'absence de monde entendu comme ce qui s'étend entre les hommes et les maintient à distance les uns des autres et préservant leurs relations quand s'ajoute la persécution. Dans cet état, les individus, ainsi dépossédés de leur humanité n'ont plus en partage que le manque, la « souffrance » et la misère. Dans ce rapport de commisération et de recherche de territoire, ils sont condamnés à développer la fraternité réciproque, la bonté et la générosité et même la compassion qui sont, selon H. Arendt, des sentiments caractéristiques d'une compassion qui, orientée vers l'individu, devient sélective et vers la masse se dépersonnalise et se transforme en pitié puisque la masse est indifférenciée.

Avant de poursuivre notre analyse sur la désocialisation, il convient de préciser la différence sémantique et axiologique

---

[140] Hannah A., *Sur l'antisémitisme*, trad. M. Ponteau, Paris, Calmann-Lévy, 1973, p. 254.

[141] Arendt H., *De l'humanité dans de sombres temps*, p. 21. Dans cette œuvre, le terme « ascomie » caractérise l'absence de monde comme étendue de terrain, mais pas une absence de territoire, car dans *Eichmann à Jérusalem : rapport sur la banalité du mal*, trad. A. Guérin, Paris, Gallimard, 1966 à la page 289, on peut lire : « Un territoire n'est pas tant une étendue de terrain qu'un espace entre des individus faisant partie d'un groupe dont les membres sont liés entre eux, à la fois séparés et protégés les uns des autres par toutes sortes de rapports fondés sur une langue, une foi, une histoire, des coutumes, des lois… » L'ascomie ici devient un problème de société né d'une volonté de disperser et de faire du mal conduisant à la pitié.

existant entre la pitié et la compassion dans la perspective de la politique de la pitié chez H. Arendt. Pour elle, la compassion relève d'une émotivité privée suscitée chez un individu par la souffrance d'autrui, car la compassion : « ne parle que dans la mesure où il lui faut répondre directement aux sons et gestes expressifs par lesquels la souffrance se fait visible et audible au monde » ; alors que la pitié, dans son expression, sort du cadre privé pour se généraliser, se médiatiser. Et c'est dans cette exposition que la pitié passe de la sensibilité à la sensiblerie fondant les particularités humaines dans l'informe d'une masse indifférenciée d'ayants droit et de mendiants de plein droit sans distinction des carences et des causes de la souffrance ; ce qui conduit à une assistance tous azimuts mêlant soif et appétit, secours et assistanat.

Selon H. Arendt, la politique de la pitié repose sur une catégorisation duelle et inégale de la société humaine. Les deux classes d'individus sont, du point de vue de la vie bonne et du bonheur, et non du point de vue de la justice, inégales. Mais elles doivent vivre ensemble pour que les uns se rendent compte de l'opulence des autres et les autres de la misérabilité des uns directement et au quotidien. Ce nécessaire contact évite de vivre la souffrance des malheureux par procuration ou comme le dit Luc Boltanski[142] de vivre la souffrance à distance devant un écran de télévision. Car pour que la compassion ne chute pas dans la pitié hypocrite, il faut vivre le malheur des souffrants avec eux pour proposer une action proprement humaine et désintéressée.

Pour Arendt, la compassion a un côté pragmatique en ceci qu'elle s'adresse à un individu singulier, à des êtres souffrants particuliers sans vouloir généraliser et assimiler des souffrances originellement différentes. La compassion se vit et

[142] Boltanski L., *op. cit.* Cette pitié éloignée même quand elle suscite une réaction ne peut pas égaler la compassion et se contente le plus souvent de raconter.

ne s'exprime que dans le corps et par le corps, alors que la pitié, par souci de généralisation, est parlante, médiatique et devient par ce fait « bavarde » alors que la compassion se manifeste par une « curieuse mutité » qui s'oppose à « l'éloquence » de la pitié. Mais cette « mutité », si elle est une aphonie, n'est pas une inaction ; elle doit être une éloquence corporelle qui conduit à un agir non émotionnel et non bavard : « Au contraire, la pitié qui pour faire face à la distance, généralise et qui, pour généraliser, se fait « éloquente », se « reconnaît » et se « découvre » en tant qu'émotion, que sentiment.[143] »

Mais H. Arendt pense que le peuple juif a réussi la formidable expérience de raccourcir la distance entre le souffrant et l'homme heureux qui, *de facto*, rapproche la pitié juive et la compassion dans un élan mystique : le baptême et la communion.

En effet, par le baptême, s'est formée une communauté des baptisés et l'Église qui, au-delà du cadre spatiotemporel, restent unis par le corps mystique du Christ et se donnent mutuellement secours parce qu'ils vivent symboliquement la même douleur. Ici, la douleur physique et morale se partage, se fait spirituellement contagieuse au sens d'une responsabilité communautaire et collective à laquelle nul n'échappe. Et l'exemple du peuple juif est la matérialisation de cette conscience de la responsabilité et d'une nécessité de communion même dans la misère née de sa mise à l'écart.

Cette contrepartie de la mise à l'écart du peuple juif qui a développé ces vertus morales n'a pas donné à ce peuple les capacités d'agir politiquement.

Mais comment Arendt entend-elle sortir le Juif et, par extension, tous les parias du monde de leur humiliante misérabilité ?

---

[143] *Idem*, *Essai sur la révolution*, Paris, Gallimard, 1967, p. 126.

Plusieurs analyses ont tenté de montrer qu'elle minorait les persécutions subies par les Juifs. C'est une lecture qui semble orientée même si elle a son poids idéologique. Mais osons penser que son projet vise à rendre à l'histoire juive son objectivité (sans prétention par ailleurs de donneuse de leçons) en la dépouillant des dithyrambes et de la vision qui fait passer les Juifs comme « objets souffrants et passifs des persécutions » éternelles. Elle a réussi à montrer que le monde tout entier (y compris les persécuteurs des Juifs) sera atrophié du fait des persécutions subies par le monde juif. Mais plus, la position d'Arendt propulse un vivre ensemble et un humanisme basés sur le statut même du paria en général ; mieux que la joie et la gloire, la douleur est ce qui rapproche les âmes et les corps :

> *Chaque larme d'Israël, et ses larmes furent nombreuses, a créé des anneaux qui formèrent la forte chaîne dont longtemps les Juifs furent liés les uns aux autres. À la terrible école de la persécution, les Juifs acquirent la plus haute des vertus humaines… (une) intime et profonde fraternité.*[144]

Ce que nous retenons dans cette acquisition de la vertu la plus haute c'est la communauté du statut de souffrant et de désocialisé qui forge une conscience communautaire et crée la magie du vivre ensemble et de l'aide ; mais surtout le sentiment de faire bloc pour combattre l'ennemi commun : « Vivant ensemble séparés par des lois… les coutumes, les haines et les préjugés du monde ambiant, ils ont été forcés de s'appuyer les uns sur les autres et de faire front contre l'ennemi extérieur.[145] » Et c'est seulement à ce prix que le paria pourra participer à sa propre libération et à celle de son peuple.

À partir de là, il construira un monde pour marquer sa liberté en sortant de la nécessité de la vie et bâtira un espace politique dans lequel l'égalité et la liberté de tous rendront

---

[144] *Echo sioniste*, n°11, 20 avril 1901, p. 15.
[145] Lazard B, *op. cit.*, p. 87.

possible l'édification des lois et normes susceptibles d'améliorer leur vie commune, de pacifier leurs rapports et à envisager le salut. Il est plus que réaliste de dire à la suite de cette position que seul celui qui vit dans les mêmes conditions que vous ou celui qui a vécu votre situation actuelle par le passé peut comprendre avec justesse et justice ce que signifie véritablement votre souffrir. Celui qui prétend être compatissant par procuration se loge dans une scène de théâtre où il devient comiquement altruiste, un autre personnage. Faire front contre l'ennemi extérieur commun rapproche déjà le projet social arendtien de la sphère politique et sollicite beaucoup de courage ; qualité qui, selon H. Arendt, est « la vertu politique par excellence ».

On voit bien par-là que la distinction entre le social et le politique se réduit et peut-être même qu'elle disparaît dans la recherche d'une planche de salut pour les individus marginalisés et souffrants. La restauration de leur dignité et de leur statut de citoyen passe nécessairement par la conquête de leurs libertés : « Car c'est seulement le salut et non le déclin qui dépend de la liberté de l'homme et de sa capacité à modifier le monde et son cours normal.[146] »

Le cours normal des choses ou la « nécessité », pour utiliser le terme d'Arendt, broie les individus qui n'ont pas le courage de s'en défaire. La nécessité est indifférente au sort des individus et donc à leurs souffrances comme à leurs espérances. Et le mal causé par cette nécessité correspond, chez Arendt, à l'exclusion du monde ; celui qui subit le poids et les tortures de la nécessité est comme interdit de séjour dans le monde des hommes. Devenu marginal ou paria, il devient tributaire de la grâce toujours aléatoire et parfois intéressée des décideurs et bienveillants qui croient faire le droit et imposer la justice. Mais à quel prix ?

---

[146] Arendt A., *La tradition cachée*, trad. S. Courtine Danamy, Paris, Christian Bourgeois, 1987, p. 8.

Au cynisme de la nécessité répondra la compassion, la générosité et l'entraide que nous englobons dans la notion de pitié et le phénomène humanitaire qui en est l'émanation et l'expression.

À partir de cette analyse sur la compassion et la solidarité entre personnes humiliées, parce que désocialisées et motivées par l'identité de leurs statuts des parias, peut-on dire qu'Arendt est pour le recours à la pitié comme solution à la souffrance d'autrui ? La solidarité arendtienne est-elle une marque de la pitié ?

La différence que nous établissons plus haut permet de répondre péremptoirement par la négative.

2. De la pitié à la compassion pour une humanité d'égalité et de solidarité

Il s'agit de voir le rôle opératoire que le concept de paria peut inspirer pour toute l'humanité. Pour Arendt, le peuple juif subissait un double destin tragique : celui de peuple opprimé et marginalisé. Et :

> *Cette situation sociale de parias en vertu de laquelle, à titre d'individus, ils demeuraient extérieurs à la société, reflétait le statut politique du peuple tout entier. Ainsi les poètes, les écrivains et les artistes juifs ont-ils pu concevoir la figure du paria qui renferme une nouvelle idée de l'homme, extrêmement importante pour l'humanité moderne.*[147]

Cette nouvelle idée est une solution d'émancipation, de liberté et de grandeur et surtout de responsabilité.

Pour revenir à la situation de paria, qui se trouve en marge de l'humanité, il s'agit pour Arendt de rendre le monde à celui qui l'a perdu par le fait de la nature ou par la volonté d'autres hommes. Mais comment ?

---

[147] *Ibid.*, p. 180.

D'abord en se remettant à la nature primitive, seul élément dont nous avons la possession et la jouissance sans qu'il ne coûte aucun effort. C'est pourquoi elle revient avec récurrence en disant que l'une des solutions les plus faciles empruntées par de nombreux parias juifs pour retrouver un monde et se soustraire de cette condition marginale était « la contemplation de la réalité grandiose de la nature où le soleil brille sur tous également[148] » mais ajoutera-t-elle, pour montrer l'incapacité de la nature à consoler pleinement l'homme, que : « ni le Ciel ni la Terre ne constituent plus une protection contre le meurtre et l'on peut être chassé des rues et des places que l'on arpentait autrefois librement.[149] » La nature n'est donc pas l'ami de l'humain au contraire dans sa belle et calme surdité, elle broie davantage au lieu de consoler.

Il faut pour cela créer un autre monde sur la base de la nature. Celui-ci sera un monde construit par les hommes dans lequel ils se reconnaissent comme égaux et comme acteurs d'une existence réelle et non fantomatique. Or, ce monde, si on suit la logique arendtienne, est un monde politique, un espace public où les individus légifèrent ensemble sur leur avenir commun pour sortir les opprimés de leur état. Mais si le souffrant n'a pas les moyens de se donner lui-même ce nouveau monde, les autres plus libres et joyeux le lui offriront par pitié.

À ce sujet, H. Arendt, parlant de la pitié des révolutionnaires français, pense que ceux qui viennent en aide font souvent preuve de « zèle compatissant » envers les malheureux. Et ce type de pitié compassionnelle et zélée érigée en vertu en politique est à l'origine de plus de crimes et de malheurs que la cruauté nietzschéenne par exemple. H. Arendt, comme Nietzsche, condamne la pitié et la compassion comme étant des principes organisationnels d'un fondement politique

---

[148] *Ibid.*, p. 18.
[149] *Ibid.*, p. 220.

solide. Car si la compassion réussit à abolir la distance entre les hommes, la pitié au contraire contribue à l'élargir ; pour H. Arendt, aucune de ces deux vertus n'est recevable pour la construction d'un monde d'« *égalité* » et de « *solidarité* ». Or, chez elle, ces deux qualités sont des principes cardinaux pour le vivre ensemble social et politique. Sans ces derniers, l'humanité court le risque de sombrer dans les méandres du vice et du malheur qu'elle voulait éviter en instaurant sans le vouloir le dédain, l'apprivoisement de l'autre et donc le crime.

En parlant de la révolution, H. Arendt soutient que « c'est le caractère illimité de leurs sentiments qui a rendu les révolutionnaires si curieusement insensibles à la réalité en général et à la réalité des personnes en particulier[150] que finalement tout monde politique à construire devient une vue de l'esprit et même un risque.

La pitié ne peut constituer l'antidote de la souffrance et resocialiser les exclus ou les intégrer en tant que citoyens sans les aliéner ou les déshumaniser. Car, en fait, la pitié pense furtivement à octroyer le bonheur aux malheureux alors qu'ils ont besoin d'abord de liberté pour la restauration de leur dignité en tant qu'humains ; le contraire serait de suivre les traces de Robespierre qui faisait l'éloge du pauvre et pensait que la souffrance pouvait être la source de la vertu. Arendt y voit un prétexte qui cache une soif de pouvoir et surtout de domination.[151] Même en faisant preuve de solidarité sincère, c'est-à-dire se rabaisser dans la fraternité du malheur, les parias mis hors du jeu de la citoyenneté ne réussissent qu'à se partager la chaleur humaine consolatrice sans jamais arriver à s'extirper du piège accablant de la nécessité pour bâtir un espace public ou un monde politique.

---

[150] Arendt H., *Essai sur la révolution*, trad. M. Chrestien, Paris, Gallimard, 1967.

[151] Arendt H.., *On revolution*, Londres (Penguin Books), 1963, p. 89.

Alors, faut-il laisser le paria qui n'a pas personnellement les moyens de sortir du ghetto croupir sous le poids de sa misère ? Quelle solution préconise H. Arendt ? Et le paria lui-même, doit-il se résigner et se soumettre ou se révolter lorsque la souffrance aura atteint son paroxysme ?

Dans le texte *Sur la révolution*, Arendt montre que ni la soumission ni la rage révolutionnaire ne peuvent redonner au paria son monde et sa réalité perdus parce que ces deux méthodes restent tributaires de la nécessité qui torture l'homme. Elle montre que les enragés de la Révolution française ont échoué dans leur projet parce que la rage, comme seule forme d'action permise au malheur à son niveau ultime de désespoir, est toujours impuissante par définition.[152] La solution pour Arendt est la réalisation d'un monde de liberté et de solidarité à l'intérieur duquel les individus vivent dans la pratique de la fraternité et de l'intériorité.

Mais cette pratique n'est rendue possible que par l'Intelligence et la Pensée.

Dans *La vie de l'esprit*, et dans plusieurs de ses écrits, on voit une sorte de rapprochement avec la thèse socratique soutenant que nul n'est méchant volontairement : « La méchanceté peut être causée par l'absence de pensée[153] ». En effet, un homme « dans la mesure où il renonce à la pensée et se fie aux résultats, aux vérités reconnues ou même méconnues, les utilisant comme une monnaie pour s'acquitter de toutes les expériences », tue en lui-même les capacités de s'humaniser (ou se ré-humaniser) et de recréer un monde social et politique quand il vit la situation de malheureux paria. H. Arendt pense que la pensée est une vocation humaine, elle fonde notre intériorité et devrait être la chose du monde la plus

---

152 *Ibid.*, p. 111.
153 Arendt H., *La vie de l'esprit,* Vol. I, p.19.

partagée et non un privilège de quelques élus : « l'habitude de penser, de réfléchir aux conséquences de ses actes ne dépend nullement de la position sociale, de l'éducation ou de la valeur intellectuelle des individus.[154] » C'est pour ce qu'elle permet la construction et la consolidation d'un espace politique commun à tous les hommes ayant pour dénominateur commun la pensée, qu'on doit s'interroger sur la signification pour éviter le calcul. Car on constate bien souvent que les actes monstrueux ne sont pas le fruit des monstres, mais des hommes ordinaires et conscients : « Les actes étaient monstrueux, mais le responsable (...) était tout à fait ordinaire, comme tout le monde, ni démoniaque ni monstrueux (...) La seule caractéristique notable qu'on décelait dans sa conduite (...) ce n'était pas la stupidité, mais un manque de pensée.[155] »

Mais l'on se demande avec H. Arendt si la seule activité cognitive est une condition suffisante pour arrêter le vice du crime et le malheur en général ?

Dans ses réflexions sur « la banalité du mal », H. Arendt est plus préoccupée par la nouvelle forme de criminalité qui est basée sur une méchanceté sans vice qui, de son point de vue, caractérise les « nouveaux criminels » façonnés par le totalitarisme. Or, le totalitarisme, on peut le dire, est un régime intellectuellement et philosophiquement pensé.

Arendt s'est sûrement rendu compte de cet écueil que sa réponse reste vague et peu convaincante. En plus de la pensée, elle aurait pu approfondir l'idée d'une intériorité solide qui permet non seulement de rapprocher les hommes de l'idée socratique du Bien, mais aussi de se forger une sagesse pratique qui permet de résister face à la tentation du mal. L'intériorité situe l'homme au-delà de la sphère politique et

---

[154] Arendt H. *Du mensonge à la violence, Essais de politique contemporaine*, trad. Durand G., Paris, Calmann-Lévy.
[155] Arendt H., *La vie de l'esprit*, *op. cit.*, vol. I, pp. 18-19.

sociale pour écouter son être et la cloche oubliée de notre état de soumission et de notre finitude commune.

Nous voulons penser que l'entrée dans son intériorité est le début d'une prise de conscience profonde permettant de sortir de la position de paria social et politique. Cette immersion dans son intérieur permet au souffrant de prendre sa situation comme un passage, un trait d'union et non une damnation.

Dans *Le fumier de Job*, on peut voir comment cette prise de conscience participe à l'émancipation : « Je suis Juif et j'ignore tout des Juifs. Je suis désormais un paria et je sais de quels éléments me refaire une dignité et une personnalité, il faut que je sache pourquoi je suis haï et ce que je puis être. » Cette prise de conscience de sa marginalité ou de sa marginalisation donne au paria X une ascendance sur les autres parias puisqu'il est désormais conscient de sa situation, et de *facto*, il change et devient « le paria conscient » qui saura les objectifs de son combat : la réinsertion dans la normalité existentielle. Reconnaître judicieusement qu'on est un paria signifie déjà qu'on ne l'est plus à l'état primitif, car un « paria conscient » n'est plus un « paria », il est un paria émancipé qui, de sa souffrance, fera non plus un obstacle à son humanisation, mais un catalyseur. La prise de conscience et l'acceptation sont un pont jeté entre le paria inconscient qu'il est et le paria conscient qu'il est en puissance encore : c'est cela tout le sens du mot émancipation chez Arendt :

> *Elle me placera dans les conditions sociales qui me permettront de m'affirmer ; grâce à elle, j'acquerrai des capacités nouvelles de sentir et par suite une plus grande difficulté à pâtir ; elle développera chez moi une sensibilité plus grande et en même temps, elle ne fera pas disparaître les choses qui blessent cette sensibilité...*[156]

On comprend que, quel que soit le type de misère qui nous accable, un travail personnel d'auto-compréhension est

[156] Arendt H., *Le nationalisme juif*, *op., cit.* p.8.

nécessaire pour éviter les pièges détestables de la mendicité et de l'aide humiliante. Une aide sporadique ponctuelle ne déshumanise pas celui qui reçoit, mais quand celle-ci se traduit sur le long terme en guise d'assistance humanitaire, elle nous transforme en nécessiteux et le statut de paria est l'hôte le plus immédiat. Mais la chute dans la désocialisation, qui parfois devient inévitable du fait des contingences naturelles de tout bord, ne doit pas être conçue comme une fatalité. Car, résigné, le malheureux a souvent tendance à solliciter la protection et l'aide des riches et puissants. Or, cette attitude atrophiante qui conduit à l'ascomie ne permet pas l'émancipation qui n'est pas seulement une simple prise de conscience, mais une transformation de la sensibilité qui conduit à une transvaluation débarrassant l'individu de cette propension à souffrir et fournissant les forces et les armes du combat pour la justice et la liberté. C'est ce qui explique que « le paria devient un rebelle dès lors qu'il entre activement sur la scène politique[157] » et élargit son émancipation au groupe en réclamant des droits et des intérêts sociaux pour former le « cœur juif ».

Maurice Kriegel, dans son article intitulé *Devant l'histoire juive*, présentait la chose de la manière suivante : « Face aux parvenus et à leur politique où l'illusion le dispute à l'égoïsme, les « parias conscients » incarnent un pôle positif, puisqu'ils savent lucidement se reconnaître prisonniers d'un « ghetto invisible », et détiennent « ces qualités juives tant vantées : le "cœur juif", l'humanité, l'humour, l'intelligence désintéressée.[158] »

En effet, lorsque plusieurs parias prennent conscience de l'écart entre les déclarations tapageuses sur l'égalité de tous les hommes et la réalité sociale de déclassement, ils constituent

[157] Arendt H., *La tradition cachée*, *op. cit.* p. 196.

[158] Kriegel M., « Devant l'histoire juive », *in Magazine littéraire*, *op. cit.*, p. 42.

une catégorie politique et créent un monde des parias conscients. Ce nouveau statut revendique une reformulation des exigences qui étaient centrées vers des intérêts plus généraux et sociaux. Et dans cette logique, le dualisme arendtien qui sépare le social du politique est remis en cause sinon aboli.

Et dans sa critique d'Hannah Arendt, Claude Lefort réduit ce dualisme en mettant sur le même palier la distinction et l'articulation du social et du politique pour montrer que le politique, dont le principe est juridique, se détermine comme matrice symbolique du social. Il est tautologique de rappeler que le principe cardinal de la société démocratique est l'égalité des conditions au-delà du statut et du rang des individus. C'est pourquoi la rébellion du paria n'est soutenable que si elle surgit pour la défense des valeurs de l'émancipation.

En prenant comme exemple les mouvements ouvriers (de 1848 jusqu'à la révolution hongroise de 1956), dans *La condition de l'homme moderne*, Arendt soutient que ceux-ci n'ont eu de positivité que parce qu'ils ont proposé une nouvelle forme de « gouvernement démocratique dans les conditions modernes » en instituant le « système des conseils du peuple qui eut discrédité le système continental des partis.[159] » Mais il convient de souligner tout de même que chez Arendt, la révolution des syndicats ouvriers qui mène à l'émancipation du travail ne doit pas être confondue avec l'émancipation politique du travailleur qui s'est réalisée pendant la conquête du suffrage universel de l'après 1848 intervenu bien après l'émancipation du travail.

Pour Arendt, le suffrage fait accéder le travailleur au statut de citoyen de plein droit parce qu'il est d'abord et toujours politique. Cette classe ou catégorie de personnes (auparavant déclassée à l'instar des malheureux du XVIIIe siècle et les

[159] Arendt H., *La condition de l'homme moderne*, p. 244.

misérables du XIXe) une fois intégrée dans la population citoyenne va finalement constituer un pôle d'attraction pour tous les misérables et déclassés ayant l'ambition de lutter pour leurs droits humains, car ils voient « en ceux qui n'étaient pas admis dans la société, certains traits d'humanité qui avaient disparu de la société[160] » notamment la liberté et la justice, car pour une société moderne et démocratique, il faut rechercher « la liberté comme droit inaliénable de tous les hommes.[161] » Dans cette recherche de la liberté, qui est d'abord un acte individuel, le marginalisé ou paria d'Arendt franchit une étape dans la libération de tous les opprimés.

En paraphrasant Bernard Lazard, on dira que l'émancipation individuelle est une étape préliminaire qui s'identifie à de la liberté négative, mais qui doit tendre vers une liberté positive, c'est-à-dire celle de l'émancipation du peuple qui abrogerait la dichotomie paria/parvenu.

On pourra conclure que dans la perspective arendtienne, la pitié n'est pas envisageable, en termes de solution, pour sortir le paria, le déclassé, le souffrant ou le malheureux de sa situation d'inhumanité. Sans présager prétentieusement de mettre un terme à la souffrance de tous les peuples par le cas juif, H. Arendt préconise l'expérience de l'émancipation individuelle et collective et de la solidarité entre les hommes de même condition. Et c'est en voulant établir une connexion positive et productive entre sa vie et celle d'un groupe qu'Hannah Arendt, comme le souligne Ron Feldman dans *The Jew as Paria*, « a choisi le rôle de paria conscient.[162] »

---

[160] Arendt H., *La crise de la culture*, trad. P. Levy, Paris, Gallimard, 1972, p. 256.

[161] Sklaverei Westermann, cité par Arendt *in La condition de l'homme moderne*, *op. cit.*, p.242.

[162] Feldman R., *The Jew as Paria : jewish identity and politics in the modern age.* New York (Grove Press), 1978, voir Introduction.

Cette analyse de la souffrance juive et partant de la désocialisation du souffrant qui devient un paria de par sa situation sociale et individuelle, nous permet d'investiguer les profondeurs de l'actualité de la souffrance en rapport avec le problème de la pitié et l'humanisme moderne et contemporain, délavé et affadi en humanitarisme. Si chez Arendt, on peut soupçonner une sorte de compassion qui s'exprime entre des individus de même condition (partageant la même misère et la même marginalisation), il est difficile d'envisager une quelconque commisération et un sentiment de pitié sincère entre le paria et le parvenu. Si le parvenu vient en aide au paria, ce ne sera pas tant au nom de la compassion et du partage de la souffrance, mais plutôt pour des raisons de hauteur et de volonté de domination au-delà de leur appartenance à la même communauté. Imaginons la situation au niveau d'un étranger qui se soucierait de la misère d'un inconnu souffrant. Le déclassé ou paria doit donc se battre pour son émancipation et sa resocialisation qui permettra son accès à la citoyenneté et aux droits humains.

Il y a dans la pensée d'Hannah Arendt des développements qui sont très proches de la perspective humaniste des rapports interhumains comme, par exemple, dans la conception de la démocratie moderne et des droits de l'Homme. Mais sur la critique de la pitié comme attitude négative pouvant aggraver la détérioration de la situation du nécessiteux, pire que l'égoïsme, Arendt pensait comme Socrate, Hume et Nietzsche, que la solution à la souffrance et à la misère des hommes est à rechercher ailleurs, mais dans un ailleurs en nous, dans l'intériorité de notre humanité. C'est à cette condition qu'on peut échapper à l'esclavagisation du rapport entre démunis et nantis.

En effet, l'analyse des effets pervers, sur le plan moral, du secours de la pitié sur le « souffrant », peut traduire une réitération du rapport de pseudo supériorité à infériorité. Pour ce, il nous faudra interroger la pitié de façon suspicieuse ;

c'est-à-dire mener une analyse généalogique de la souffrance comme thème moral et religieux à la critique de la pitié. Cette analyse nous permettra de cerner les enjeux actuels des échanges entre les souffrants, les pauvres ou nécessiteux et leurs « sauveurs » dans le souci humanitaire de commisération.

Peut-on établir une table des valeurs égalitaires entre celui qui sollicite l'aide et celui qui l'octroie si les conditions d'une fraternité et d'une amitié sincères ou d'un amour divin, au sens augustinien[163] , ne sont pas réunies ?

---

[163] Pour St. Augustin, aimer et être aimé est une faculté humaine et divine qui donne sens à la vie et établit des rapports de solidarité et de citoyenneté avec autrui. Car l'amour de Dieu ordonne notre amour du prochain parce qu'il commence par ordonner notre capacité à aimer même nos ennemis : « Tu aimeras Dieu de tout ton cœur, de toute ton âme, et ton prochain comme toi-même » (Dt. 6,5.) Et l'amour produit la citoyenneté : l'amour de soi et de la chair fonde la citoyenneté terrestre et l'amour de Dieu fonde la citoyenneté céleste (la cité de Dieu). On peut lire à ce propos la Cité de Dieu, XIV, IV et XII, 2 et XXI, 27 ou encore XVI, XXVIII.

CHAPITRE V

DE LA MORALISATION DE LA SOUFFRANCE COMME JUSTIFICATION DE LA PITIE ET DE L'AIDE

1. Nietzsche et la généalogie de la souffrance

Comment justifier l'intégration de la souffrance dans les différents types de morales (ascétique, chrétienne, moderne démocratique) à l'âge du nihilisme ? Pourquoi Nietzsche a-t-il été hostile à l'évaluation morale de la souffrance ? Comment comprendre et apprécier la souffrance d'un point de vue généalogique ?

Chez Nietzsche, c'est dans la problématique de l'attitude à adopter face à la souffrance qu'on peut lire l'expression claire des valeurs morales et même des cultures. Ses analyses positives sur les Anciens Grecs ont pour point nodal la question de la souffrance : « La question fondamentale est la question du rapport qu'entretient le Grec à la douleur, son degré de sensibilité. – Ce rapport est-il resté le même ? Ou bien s’est-il inversé ?[164] » La critique nietzschéenne de la modernité qui est fondée sur fond de nostalgie du monde grec montre clairement que ce rapport à la douleur ou à la souffrance s’est véritablement inversé dans le sens de la dégradation. Chez lui, ce n’est pas en fonction des découpages classiques de l’histoire de la philosophie qu’il faut situer les limites des grandes unités culturelles et axiologiques, mais plutôt en fonction des réactions humaines face à la souffrance et à la douleur. Les réponses de nos valeurs à la question de la souffrance déterminent non seulement l’état de santé d’un peuple, mais aussi la valeur d’une culture. Ainsi donc, nos morales expriment notre rapport à la souffrance.

Avant d’aborder ce rapport des différents peuples à la souffrance, il convient de préciser que sur les textes de Nietzsche les traductions françaises confondent souvent douleur et souffrance. Alors que l’usage courant et les définitions classiques des deux termes distinguent clairement la douleur comme souffrance physique et la souffrance comme une douleur morale ou psychique. Chez Nietzsche, douleur et souffrance semblent renvoyer à la même affection. Car, dans les faits, la douleur se donne à penser comme une souffrance et réciproquement, la souffrance se donne à penser comme une douleur ; puisque chaque terme se voit réfléchi en l’autre : les deux sont des façons d’être affecté et touchent tous deux à la sensibilité physique ou psychique peu importe, puisque Nietzsche ne distingue pas ontologiquement et physiologiquement ces deux ordres de notre existence d’être vivant.

Mais lorsqu’on pousse l’analyse, du point de vue existentiel, avoir mal et souffrir ne renvoient pas tout le temps aux mêmes situations et encore moins aux mêmes significations. Avoir mal à cause d’un coup de marteau sur un doigt n’est pas le même mal causé par l’idée d’être atteint par

---

[164] Nietzsche F., La *Naissance de la tragédie*, « Essai d’autocritique », §4.

une cécité une déception amoureuse ou un handicap inexorable : le premier est une douleur et le second est une souffrance. Cette distinction purement conceptuelle et sémantique se mincit par ailleurs dans leur réalité qui est en même temps leur croisement.

En interprétant, du point de vue de Nietzsche, cette distinction, on peut dire qu'elle est la conséquence d'une conception manichéenne et dualiste du corps humain ; elle fait suite à la séparabilité du corps et de l'âme ou de l'esprit. Or, si on considère l'homme en tant que Vivant, en tant que présence active dans la Vie, on comprend bien qu'il vit toujours de manière sensible, et la sensibilité est toujours celle d'un être qui vit. Et un être qui vit est un être total (c'est-à-dire composé d'une existence spirituelle et d'une vie somatique indivisibles) condamné à souffrir aussi bien dans sa chair que dans sa pensée. En tant que totalité, les douleurs de l'homme affectent son corps, qui est aussi son âme, de façon immédiate au point que c'est en la redoublant par la pensée que la souffrance se distingue de la douleur.

Du point de vue pragmatiste, la distinction entre douleur et souffrance relève d'une interprétation idéaliste de la vie qui place la sensibilité du côté de la négativité et donc du mal et l'intelligibilité du côté de la positivité, donc du bien. Tout être qui sentirait une gêne pour sa propre existence et qui subit sa vie telle une difficulté pour lui-même est forcément dans la tourmente d'une douleur aux origines exogènes inconnues en enfermant, de façon idéaliste, la question de la souffrance dans celle d'une dimension purement subjective et métaphysique de la vie. La vie d'un être humain ne saurait être la vie au sens générique, abstrait et hypostatique du terme, elle est d'abord la vie de cet être particulier ci ; et de ce point de vue, la douleur est toujours en même temps une souffrance. La douleur d'un être humain, contrairement à celle subie par un animal, est toujours doublée d'une souffrance. On peut éprouver de la douleur à la suite d'un traumatisme moral comme la perte d'un être aimé ou à l'occasion d'une humiliation. Comme on peut souffrir de l'estomac ou du dos ou des dents sans pour autant qu'il ne soit nécessaire d'en souffrir présentement. C'est dire que l'affection de la *psychè* n'est pas plus douloureuse que celle du corps puisque, pour parler en langage nietzschéen, « le corps est la grande raison » ; par conséquent, la douleur corporelle atteint forcément notre raison et notre *psychè*. Cette conception a conduit Nietzsche à donner un autre contenu à la psychologie : « Psychologie (théorie des affects), conçue en tant que morphologie de la volonté de puissance.[165] »

Généalogiquement, Nietzsche confère une supériorité et une priorité à la physiologie sur la psychologie en réduisant les phénomènes psychologiques à des manifestations issues des processus physiologiques. C'est ce qui la distingue de son statut traditionnel d'étude des phénomènes relatifs à la pensée consciente et autonome vis-à-vis du corps et fait l'originalité de la conception nietzschéenne de la souffrance et de la psychologie : « La considérer comme je le fais, en tant que morphologie et théorie génétique de la volonté de puissance, c'est là une idée qui n'a encore effleuré personne.[166] » Mais il faut souligner, tout de même que dans certains de ses textes, Nietzsche est un peu nuancé au sujet de cette supériorité de la physiologie. On a l'impression que cette priorité se double d' « une réduction symétrique au terme de laquelle les processus physiologiques sont à leur tour ramenés par Nietzsche à des conséquences de processus psychologiques » comme l'a perçu justement Patrick Wotling.[167]

Ce qu'il faut comprendre c'est que l'interprétation idéaliste de la souffrance, basée sur le *quiproquo* sur la vie des valeurs véhiculées par les métaphysiciens, notamment Platon et les

---

[165] Nietzsche F., *Fragments posthumes* XIV, 13 [2]

[166] Nietzsche F., *Par - delà bien et mal*, § 23.

[167] Wotling P., *Nietzsche et le problème de la civilisation*, Paris, Puf, 1999, p.86.

platoniciens et le christianisme, a fait de celle-ci un mal dont il faut à tout prix se débarrasser et guérir en déployant la pitié comme arme universelle. Au-delà donc de cette conception métaphysique de la douleur et de la souffrance, on peut percevoir une réciprocité et une réflexivité des deux termes. Car la souffrance, comme la douleur, reste une sensation, donc un affect. Cette réflexivité consiste, pour chacune, à être éprouvée comme étant une détermination de l'autre. Car dans les faits, l'homme qui a mal souffre d'avoir mal ; et celui qui souffre supporte la condamnation du souffrir, qui devient de *facto* sa douleur. Même si on peut relever quelques spécificités dans les manifestations de l'un et de l'autre, il est difficile d'en déceler la frontière.

Quelques doctrines philosophiques comme l'épicurisme ont pensé la nécessité de la souffrance (souffrance morale) et les moyens d'y être insensible ; mais il est difficile de ne pas souffrir d'une douleur ou de l'éviter. La douleur a ceci de particulier que sa phénoménologie fait apparaître des paradoxes de l'ordre de la tautologie puisque la douleur est son propre fait. *A contrario*, la souffrance consiste non pas à souffrir comme il serait normal de le faire, mais à éprouver qu'il n'est pas possible de souffrir, car si ce qui est de l'ordre du possible est normal, alors il est normal que nous souffrions de la possibilité idéelle ou réelle de souffrir ; puisqu'on ne souffre pas de ce qui est normal. C'est à ce titre que l'analyse nietzschéenne de la souffrance semble mêler ce concept à la douleur et normaliser le fait même de souffrir.

La conception nietzschéenne montre qu'il est pareil de reconnaître la souffrance comme la réalité du sujet-corps et de reconnaître l'imposture des idéaux liés à des sagesses, comme celles d'Épicure et du bouddhisme prônant l'ataraxie et le nirvana, comme extinction de la douleur. Disons que le mal (vu comme avoir mal) et la douleur sont ontologiquement inhérents à l'existence humaine ; mais on en souffre moins quand ce qu'on a subi a un sens et on souffre plus quand ce qu'on endure est un non-sens. Car c'est toujours du non-sens qu'on souffre : « Ce qui révolte dans la souffrance ce n'est pas la souffrance en soi, mais le non-sens de la souffrance[168] » ; car en définitive ce sont « les raisons qui soulagent.[169] » Or, le sens, humainement parlant, est un sens moral ou humaniste au sens humanitaire ou rationnellement correct. Or, la rationalisation sans limites qui surestime la raison est considérée par Nietzsche comme un fanatisme ayant pour origine l'incapacité de supporter la souffrance, de se justifier et de s'affirmer qui ressemble à un narcotique qui soulage. En fait, pour lui, ce n'est pas tant la souffrance qui est le problème de l'homme, mais l'incapacité de ce dernier à donner un sens rationnel à celle-ci. En plus :

> *Il souffrait aussi d'autres choses, il était pour l'essentiel un animal maladif : mais son problème n'était pas la souffrance en elle – même, c'était l'absence de réponse au cri qu'il interrogeait : ''pourquoi souffrir ?''. [...] Le non-sens de la souffrance, et non la souffrance, est la malédiction qui a pesé jusqu'à présent sur l'humanité.*[170]

En parlant de Socrate, en termes de premier rationaliste et décadent type, Nietzsche pense que « le fanatisme avec lequel toute la pensée spéculative grecque se jette sur la rationalité trahit une vraie détresse. On était en péril, on n'avait pas d'autre choix que de sombrer ou de se faire *raisonnable jusqu'à l'absurde…*[171] » La raison, en parvenant à donner une explication lorsqu'elle ne peut interpréter directement une douleur, éteint momentanément la souffrance comme un narcotique. Dans cette logique, l'humanisme de l'aide humanitaire, à travers le secours aux souffrants (l'aide), agit comme un calmant : « La douleur demande toujours des

---

[168] Nietzsche F., *Généalogie de la morale*, *op. cit.*, II, § 7.
[169] *Ibid.*, III, § 20.
[170] *Ibid.*, III, §28.
[171] Nietzsche F., *Considérations inactuelles*, « Le problème de Socrate », § 10.

raisons, tandis que le plaisir est enclin à ne se considérer que lui-même sans regarder en deçà.[172] » Et comme tout narcotique, la pitié et le secours ne peuvent annihiler la souffrance ; ils permettent d'y échapper temporairement.

Le statut accordé à la souffrance ou aux questions du plaisir et du déplaisir par une culture donnée détermine la valeur de celle-ci. C'est philologiquement le problème de la réaction à la souffrance et celui de l'interprétation qui en découle qui sous-tendent la théorie nietzschéenne de la valeur et de la valeur des valeurs. C'est cela qui le conduira à situer la pitié comme la réponse d'un certain type d'homme et de culture à la souffrance : les faibles ou décadents. Cette réponse sera une force quand la souffrance n'est pas interprétée comme un mal à condamner ou à abolir pour son caractère problématique et irrationnel (chez les forts ou les maîtres) et comme une faiblesse si elle exprime la compassion.

La pitié comme sentiment naturel est désormais au centre des morales modernes « de sorte que plaisir et déplaisir deviennent les problèmes primordiaux[173] » et le déplaisir ou la souffrance devient un mal qu'il faut éviter par tous les moyens. Plusieurs philosophes vont théoriser sur la cessation de la souffrance en proclamant des philosophies du plaisir comme ce fut le cas du stoïcisme et de la théorie d'Épicure spécialement dont l'idéal d'ataraxie recouvre fondamentalement une obsession d'échapper à la souffrance.

En parlant du stoïcisme, Nietzsche pense que son problème central est la place accordée à la question de la souffrance : « Je crois que l'on méconnaît le stoïcisme. L'essentiel de cette sorte d'affectivité – ce que le stoïcisme est avant même que la philosophie l'ait conquis – c'est le comportement à l'égard de

---

[172] Nietzsche F., *Le Gai savoir*, §13.
[173] Nietzsche F., *Fragments posthumes XIV*, 14 [86]

la douleur et des représentations du déplaisir.[174] » Et au sujet d'Épicure, il dit : « Et Épicure : quelle était sa jouissance à lui sinon la cessation de la douleur ? C'est le bonheur d'un souffrant et sans doute malade aussi.[175] » Cette volonté épicurienne d'échapper à la souffrance conduit Nietzsche à voir en lui un décadent type[176] et dans l'épicurisme un symptôme précurseur de la chute de la haute culture grecque dans la décadence : « Épicure : un décadent typique ; c'est moi qui, le premier, l'ai reconnu pour tel.[177] »

La morale de la pitié et l'intégration de la souffrance dans la fondation des morales font partie du mouvement du nihilisme passif ou décadence caractéristique de la modernité et de la fin de la culture aristocratique engloutie dans la morale démocratique du troupeau. Les cultures nihilistes ont favorisé la morale de la pitié qui fait la promotion des valeurs décadentes en promettant, soit la délivrance, soit la cessation de la souffrance ou les deux dans un monde imaginaire dit « monde vrai » dans lequel régnerait la paix, l'absence de contradiction, la quiétude, le plaisir éternel ; donc un monde sans douleur, un « espace utopique ». Cette attitude à vouloir nier la souffrance est symptomatique d'une culture malade, d'un monde sans vie propre aux métaphysiciens, aux chrétiens et à tous les partisans de l'idéal ascétique et de la béatitude transcendantale. C'est pourquoi une telle morale passe pour inhumaine et inadaptée à la dimension tragique de notre

---

[174] Nietzsche F., *Fragments posthumes GS*, 15 [55]

[175] Nietzsche F., *Fragments posthumes X*, 25 [17]

[176] Cette considération de Nietzsche, au sujet de l'épicurisme, remet en question le rapprochement que nous établissions en amont entre Nietzsche et Épicure. Mais cela ne dénote pas une sorte d'antilogie ; simplement que le principe chez Nietzsche a toujours été le désamour dans l'amour qui fit passer toutes ses amitiés au marteau de la haine (au sens de déconstruction), mais une haine philosophique : Platon, Wagner, Schopenhauer… en ont fait les frais.

[177] Nietzsche F., *L'Antéchrist*, §30.

existence : « Quelque chose de las et de malade s'exprime chez les métaphysiciens et les gens religieux dans le fait qu'ils voient au premier plan les problèmes du plaisir et de la souffrance. La *morale* aussi n'a pour eux une telle *importance que* parce qu'elle passe pour une condition essentielle quant à la suppression de la souffrance.[178] » Cette thérapie de la suppression de la douleur appliquée par les moralistes métaphysiciens et sacerdotaux aggrave dangereusement non seulement la souffrance, mais aussi la décadence. C'est pourquoi Nietzsche peut s'interroger : et ne faut-il pas dire que le remède qu'ils [les prêtres] ont inventé contre leurs maladies s'est en définitive révélé, dans ses effets ultérieurs, cent fois plus dangereux encore que la maladie dont il devrait nous délivrer ?

La morale de la pitié, qui veut échapper à la souffrance, est née de la logique dichotomique qui divise le monde en deux ; plaçant la souffrance dans l'apparence et l'erreur et le bonheur dans la certitude et la foi. Cette confusion interprétative d'ordre logique fit dire à Nietzsche que le bonheur n'est ni un état, ni le contraire du malheur, mais son frère jumeau : « Ah, combien peu de choses savez-vous de la *félicité* de l'homme, vous autres âmes confortables et bienveillantes ! – Car bonheur et malheur sont frères jumeaux qui ou bien grandissent ensemble ou bien, comme c'est le cas chez vous, - *demeurent petits ensemble !*[179] » Cette conception, sous-tendue par la logique de la volonté de puissance, se situe aux antipodes de la philologie nihiliste qui oppose automatiquement à la souffrance existentielle l'existence d'un monde supérieur sans douleur ni troubles régi par la béatitude et le plaisir éternel.

L'hypothèse de la volonté de puissance qui motive les grands hommes de l'humanisme de la surhumanité soutient

---

178 Nietzsche F., *Fragments posthumes XII*, 8 [2]
179 Nietzsche F., *Gai savoir*, § 338.

que les hommes courageux et créateurs ne conçoivent jamais plaisir et douleur comme ultimes questions de valeur ; pour eux, ce sont des états corrélatifs, qu'il faut vouloir et accepter tous les deux si l'on veut atteindre quelque chose. Du point de vue nietzschéen, ce quelque chose peut être l'accroissement du sentiment de puissance ou, ce qui revient au même, l'avènement d'une humanité supérieure. C'est pourquoi le statut de la souffrance doit être réexaminé dans l'optique de la volonté de puissance. Puisque toute vie est volonté de puissance, alors « la souffrance est sans doute une part essentielle de toute existence » et par suite de conséquence, vouloir bannir la souffrance c'est tuer la vie : « Dans la douleur, il y a autant de sagesse que dans le plaisir : pareille à celui-ci, elle appartient aux forces primordiales de la conservation de l'espèce. Si elle ne l'était point, cette force aurait péri depuis longtemps : qu'elle fasse mal n'est pas un argument contre elle, c'est sa nature.[180] » Dans ce sens, Nietzsche se rapproche du pessimisme de son maître Schopenhauer[181] tout en conservant la prudence de sa logique du *Versuch* posant l'interprétation comme première modalité faisant de la souffrance ou du plaisir un langage et un symptôme de la volonté de puissance. En cela, il a dû influencer Nietzsche.

Mais quand on examine le fond du statut accordé à la souffrance chez Nietzsche, on note, tout de même, un éloignement considérable d'avec les thèses du maître. Comment Schopenhauer conçoit-il la souffrance humaine ?

Dans son texte, *Le monde comme volonté et comme représentation*, Arthur Schopenhauer en soulignant explicitement « combien la *souffrance* est le fond de *toute*

---

[180] *Ibid.*, § 318.

[181] Dans *Le monde comme volonté et comme représentation*, liv. IV, chap. 56, Paris, Puf, rééd. 1984, p.393 et liv. III, chap. 52, Schopenhauer signe que « la souffrance est le fond de toute vie. »

vie », montre le caractère nécessaire et permanent de la souffrance pour tout vivant. Mais il précisera que la vie des humains est plus vouée à la souffrance et à la douleur que celle des autres êtres vivants, car sa volonté et son intelligence qui permettent la connaissance sont les véritables sources de notre souffrir :

> *Ainsi, selon que la connaissance s'éclaire, que la conscience s'élève, la misère aussi va croissant ; c'est dans l'homme qu'elle atteint son plus haut degré, et là encore elle s'élève d'autant plus que l'individu a la vue plus claire, qu'il est plus intelligent ; c'est celui en qui réside le génie, qui souffre le plus.*[182]

Comme l'homme est la bête la plus intelligente, Schopenhauer pourra conclure que l'évolution de la science est concomitante à celle de la douleur. Il décèle un rapport fort évident entre la conscience et son accroissement et le degré de souffrance. La souffrance est cet obstacle dressé entre la volonté et son but du moment. Nos désirs humains, trop humains sont donc à l'origine de nos souffrances ; il s'agit non pas des désirs naturels et nécessaires, mais de ceux de la volonté. Or, selon Schopenhauer, tout vouloir a pour principe un besoin, une absence ou un manque, donc cette volonté de combler ce vide devient une douleur. C'est donc par nature, nécessairement, qu'ils deviennent les proies de la douleur. Et lorsque cette volonté n'atteint pas son but, la douleur est accentuée et se transforme en ennui : ainsi va toute vie et pour l'éternité : « La vie donc oscille, comme une pendule, de droite à gauche, de la souffrance à l'ennui ; ce sont là les deux éléments dont elle est faite, en somme.[183] » Et, suivant l'analyse de Schopenhauer, la création de l'enfer par l'homme a été un subterfuge pour éloigner de notre existence toutes les douleurs et les souffrances afin de parvenir au bonheur. Mais, malheureusement, de cette tentative n'ont résulté que l'ennui et la monotonie. Car, de façon routinière, la volonté est

[182] *Ibid.*, p.392.
[183] *Ibid.*, p. 394, § 57.

condamnée à la servitude du corps qui est lui-même la volonté incarnée de vivre.

En effet, le corps humain n'est que le siège d'une foultitude de besoins et désirs qui font de la vie humaine un cortège de volontés sans cesse satisfaites et sans cesse renouvelées. Au centre de cette spirale infernale, l'homme semble être toujours dans le manque, mais dans l'abondance de besoins et le plein de misère : « Ainsi fait, il est placé sur la terre, abandonné à lui-même, incertain de tout, excepté de ses besoins et de sa misère ; aussi le soin de la conservation de son existence, au milieu d'exigences si difficiles à satisfaire, et chaque jour renaissantes [...].[184] »

Toute la vie de l'homme est jalonnée de difficultés et de périls qu'il doit impérativement contourner ; et pour ce, il vit dans l'angoisse et l'inquiétude puisqu'il est condamné à l'auto-surveillance et à la prudence. Depuis la période de la sauvagerie jusqu'à la civilisation, les dangers parsèment la vie de l'homme et ses ennemis viennent non seulement de la vie elle-même, mais aussi de ses semblables et même du hasard.

À cette misère provoquée par nos besoins et désirs corporels viennent s'ajouter le souci de la perpétuation de l'espèce et la lutte contre la plus terrifiante des angoisses : l'idée de notre finitude. Selon Schopenhauer, ce n'est pas tant l'amour de la vie qui nous fait souffrir, mais la peur de mourir un jour imprévu et dans des circonstances insondables. Faut-il joyeusement accepter de mourir pour se libérer du souffrir ?

Resté figé dans la perspective idéaliste, Schopenhauer fait de la souffrance un absolu en la considérant comme l'essence ultime de la vie. Cette priorisation absolue de la souffrance comme principe de la réalité vitale ne correspond pas à la tâche du *Versuch* nietzschéen qui soutient que le sentiment de plaisir ou de déplaisir dépend des variations du sentiment de

---

[184] *Ibid.*

puissance. L'acceptation de la souffrance comme phénomène nécessaire de la vie accroît le sentiment de puissance, alors que son rejet est le symptôme de son déclin qui signe la décadence dont fait preuve l'humanisme actuel. C'est sur cette base que Nietzsche condamne le pessimisme au même titre que l'hédonisme, l'utilitarisme au même titre que les "cabaleries" humanitaires :

> *Hédonisme, pessimisme, utilitarisme, eudémonisme, toutes ces philosophies qui mesurent la valeur des choses d'après le plaisir et la douleur, c'est-à-dire d'après des phénomènes accessoires, sont des philosophies superficielles et des naïvetés, que tout homme doué de force créatrice et d'une conscience d'artiste ne peut considérer qu'avec ironie et pitié. Pitié pour vous !*[185]

Cette pitié nietzschéenne aura véritablement un autre sens, plus rieur, plus ironique, plus aristocrate, plus fécond et la souffrance plus sensée. L'ironie nietzschéenne, ici, renvoie au rire cynique, plus fondamentalement à l'attitude du *kynismos*[186] grec qui donne la possibilité de rire de tout sans soutenir que tout est risible. Et l'ambition d'effacer la souffrance de la vie humaine fait partie de ces naïvetés humanitaristes qu'il convient de railler pour redonner à notre existence son sens primitif. Ce sens nouveau (qui en réalité est ancien) s'exprime dans une expérience vitale intégrant la souffrance au-delà des évaluations morales : « Vous voulez *abolir la souffrance* dans la mesure du possible, et il n'y a pas de folle ambition. Et nous ? Il semble que nous la voudrions encore plus profonde et plus grave qu'elle ne le fut jamais.[187] »

---

185 Nietzsche F., *Par-delà bien et mal*, §225.

186 Pour comprendre la différence entre le cynisme traditionnel et le concept de *Kynismos*, l'étude de Sloterdijk dans *La critique de la raison cynique* menée à partir de l'étude de Nieuhes – Probsting peut être d'un apport pertinent pour comprendre que l'esprit cynique suppose une conscience de l'autonomie de l'existence prise dans sa dimension de corporéité et de présence.

187 *Ibid.*

Cette volonté de souffrir ou cette acceptation de la souffrance demande toute une culture de la vie et de la douleur.

Mais cette volonté a sans nul doute un prix ; et ce prix, du point de vue de notre humanité, pose une interrogation majeure : notre humanité est-elle capable de supporter la douleur ? Les mécanismes actuels de la science et de la technologie ne sont-ils pas les armes de lutte contre la souffrance ? L'homme de la modernité n'est-il pas un animal de la douceur ? Mais cette douceur ne doit-elle être exprimée que dans et par la pitié à travers l'assistance humanitaire ? N'y a-t-il pas d'autres prismes pour regarder la souffrance ?

2. La transmutation de la pitié : la tradition critique de Nietzsche

Chassant de sa prison sa famille éplorée Socrate, déjà à son époque, et malgré son hostilité face à l'immoralité de la tragédie, parlait de la pitié en ces termes : « cette passion consistant à « s'émouvoir des souffrances d'autrui », voilà bien initialement une affaire de femmes et d'enfants : le sage est sans pitié et sans demande de pitié. » Pour Aristote, la pitié dévoile un état maladif et dangereux dont il faut se guérir par la tragédie qu'il considérait comme un purgatif. La pitié considérée comme pathologie n'est donc pas une problématique nouvelle propre à Nietzsche. Ce dernier s'inscrit donc dans une tradition qu'il poussera à sa préoccupante actualité dans ce qu'il est convenu d'appeler idéologie humanitaire.

Nous ne ferons pas une étude panoramique des différents philosophes de cette tradition anti-pitié, nous privilégions la position de Spinoza qui, au sujet de la pitié, et de bien d'autres thèses, est plus proche de Nietzsche. Car ce dernier admirait les analyses de Spinoza qui soutenait que la pitié rend faible et triste, faible parce que triste ; c'est donc un sentiment confus et impuissant. Car selon Spinoza, on ne sait jamais si on s'apitoie sur soi-même ou sur autrui. Dans ce cas, au lieu d'être dans l'action, on est dans la passion et cela se traduit par une incongruité vitale qui conduit à « nous réjouir de nos peines et nous chagriner de nos plaisirs » comme c'est le cas aussi chez D. Hume dont nous ne traiterons pas les thèses ici.

Spinoza montre que la pitié est en opposition avec les affections toniques qui élèvent l'énergie du sens vital : elle agit d'une façon dépressive. Conséquence sur le plan psychosomatique, on perd de la force quand on compatit, car selon lui, la pitié conserve ce qui est mûr pour son déclin, elle se défend pour les biens des déshérités et des condamnés de la vie. Puisque c'est par le nombre et la variété des choses manquées qu'elle retient dans la vie et en exprimant la peine, elle donne à la vie elle-même un aspect sombre et douteux. Spinoza établit un ordre des affects selon qu'ils augmentent la puissance d'un agir singulier et collectif alors que certains diminuent cette puissance : il s'agit d'apprécier l'impact des différentes affections sur le *conatus*. Car en fait : « Toute chose qui augmente ou diminue, aide ou contrarie la puissance d'agir de notre Corps, l'idée de cette même chose augmente ou diminue, aide ou contrarie, la puissance de penser de notre Esprit.[188] » Cette proposition est argumentée, dans la Scolie de la même proposition, au sens d'une pathologie de l'esprit et du corps ; puisque : « [...] l'Esprit peut pâtir de bien des changements, et passer à une perfection tantôt plus grande, tantôt moindre, et ce sont ces passions qui nous expliquent les affects de Joie et de Tristesse. Par *Joie* j'entendrai donc, dans la suite, *une passion par laquelle l'Esprit passe à une plus grande perfection*. Et, par *Tristesse, une passion par laquelle il passe à une perfection moindre*. »

---

[188] Spinoza, *Ethique*, Texte original et traduction nouvelle par Bernard Pautrat, Société Nouvelle Firmin Didot, 1997, Proposition XI.

Ainsi donc, il s'agissait, pour Spinoza de proposer une nouvelle grille d'évaluation de l'interaction entre les passions d'une part et les vertus et les vices de l'autre. On peut prendre le risque de penser que l'affect qui augmente la puissance individuelle ou collective d'agir serait une vertu et l'affect qui diminue cette puissance un vice. Et cette conception permettrait de reformater le logiciel de la vie morale. C'est pourquoi, au sujet de la pitié, Spinoza reste prudent ; et ne la considère pas, au sens de Rousseau, comme une vertu au sens moral.

La pitié, est pour lui, le développement d'un affect de l'imagination qui incline le conatus vers le bas et l'affaiblit. Car, de façon pratique, la pitié procède initialement de la tristesse. Si elle a l'avantage ou la positivité de pousser l'homme vers l'homme sur le mode de la compassion et de l'assistance, elle a le démérite de faire éprouver par l'imagination la misère du conatus. La pitié affecte la puissance vitale et réduit l'homme à la misère du souffrant qui l'empêche d'agir et d'augmenter la puissance individuelle et collective : elle est un sentiment contagieux : « *Qui imagine affecté de Joie ou bien de Tristesse ce qu'il aime sera lui aussi affecté de Joie ou bien de Tristesse* [...][189] » Et dans la Scolie de la proposition XXII, Spinoza dit : « La proposition 21 nous explique ce qu'est la pitié, que nous pouvons définir comme *une Tristesse née du malheur d'autrui*. Mais de quel nom nommer la joie qui naît du bonheur d'autrui, je ne sais pas. [...] Il faut enfin noter que nous avons pitié non seulement d'une chose que nous avons aimée (comme nous l'avons montré en citant la Prop. 21), mais aussi d'une chose que nous jugions semblable à nous [...] ». La pitié est donc un partage par imitation des affects se rapportant à la tristesse : « Ce qui affecte de Tristesse une chose qui nous fait pitié, nous affecte

---

[189] *Ibid.*, Proposition XXI.

nous aussi d'une tristesse semblable ; […] ; et par suite, une chose qui nous fait pitié, nous nous efforcerons de la délivrer de son malheur.[190] »

On comprend bien le sens du secourisme mondial de l'aide humanitaire qui tente, peu ou prou, de sortir les hommes et les pays miséreux de leur souffrance : « Cette volonté ou appétit de faire du bien, qui naît de ce que nous fait pitié la chose à laquelle nous voulons faire du bien, s'appelle *Bienveillance*, laquelle, partant, n'est rien d'autre qu'un *Désir né de la pitié*.[191] » Mais au-delà de cette bienveillance qui conduit à l'assistance, qui est un acte salutaire au premier abord, la pitié devient, pour Spinoza, un obstacle à la sagesse.

C'est pourquoi le sage spinoziste doit travailler à l'évitement de la pitié. Précisons que Spinoza ne demande pas que soit effacée toute pratique de la pitié, mais qu'on puisse dissocier ce qui est de l'ordre de l'État et ce qui est du pouvoir des citoyens. Si, comme chez Rousseau, on peut appliquer une politique de la charité et de la solidarité (qui sont les conséquences directes de la pitié), ceci doit être une affaire de l'État et non des individus particuliers qui aspirent à la sagesse et à la force. Car un État qui vient au secours de ses membres en difficulté sera plus fort, alors qu'un individu affecté par la pitié deviendra faible.

Et plus, Spinoza a compris que personne ne peut avoir pitié pendant longtemps, la pitié ne dure que le moment de la découverte de la souffrance d'autrui et rien ne permet à un individu de manifester son assistance de façon permanente : l'aide est toujours ponctuelle et la pitié sporadique. Le sage spinoziste doit plutôt chercher à intensifier sa puissance de vie en exerçant les affects d'ambition et de gloire.

---

[190] *Ibid.*, Démonstration, Corollaire III de la Proposition XXVII.
[191] *Ibid.*, Scolie, Proposition XXVIII.

Pour Spinoza, l'ambition et la gloire sont les affects qui structurent positivement les relations entre les hommes parce qu'ils établissent une relation passionnée de rivalité exprimant l'émulation. Et l'émulation crée un dynamisme passionnel dans la société par le fait qu'elle participe à la fortification du conatus individuel sous l'influence des passions et de l'imagination.

Le pouvoir du conatus vient de l'exercice des passions positives et non de la raison qui, elle, ne fait que délivrer des idées adéquates aptes à fortifier directement le conatus, car la raison est le moyen par lequel le conatus passe de la passion à l'action. Un peu comme chez Hegel, la raison utilise la passion pour se réaliser dans l'histoire ; c'est la « ruse de la raison ». La pitié, au contraire, rabaisse l'homme à la tristesse et inhibe ses capacités d'ambition et de gloire qui sont des vertus socialement admirables.

Traitant de la gloire, Spinoza soutient que contrairement à la pitié qui diminue le conatus et ternit la vie en société, elle motive à poser des actes de valeur, des hauts faits qui méritent un surcroît de reconnaissance de la part des autres membres de la société. La pitié suscite la tristesse alors que la gloire interpelle l'admiration d'autrui ; et par imitation, autrui se motive comme dans un combat ou une rivalité. La gloire chez Spinoza est un affect ou une illusion (au sens du pouvoir de l'imagination) à la fois structurante pour l'individu et positive pour la société : « Plus grande est l'affection que nous imaginons que la chose aimée éprouve à notre égard, plus nous nous glorifierons[192] » et la société est enthousiaste et manifeste ses vertus. La gloire est une passion comme toutes les autres, mais à la différence de la pitié, dans la gloire notre imagination se fait une représentation de la grandeur que nous prêterait autrui et ce sentiment nous fortifie. Même si ce sentiment reste une simple impression, il n'en demeure pas moins que cette

192 *Ibid.*, Proposition 34.

« autoglorification » n'est pas un simple sentiment de délectation intérieure, mais produit un travail de construction de soi vis-à-vis d'autrui et de reconnaissance de soi par soi surtout. Cette attitude peut cacher une forme d'amour de soi au sens de Rousseau ou un égoïsme au sens de Nietzsche.

Mais il convient de lever l'équivoque avec Rousseau, car cette autoglorification qui est perçue par Rousseau comme un dédoublement préjudiciable à la subjectivité est un atout certain à la constitution du « soi » par les passions, mais elle a aussi chez Spinoza des effets à la fois socialement intégrateurs et moralement stimulateurs de la compétition. C'est la rivalité glorieuse qui est une disposition naturelle qui engage les humains dans une compétition qui peut avoir pour résultat la vertu et les honneurs comme le précise le *Traité politique* en se référant à l'*Éthique* : « Rien n'excite plus à la vertu que l'espoir permis à tous d'atteindre aux plus hauts honneurs, car tous nous sommes mus principalement par l'amour de la gloire ainsi que je l'ai montré dans mon *Éthique.* » Dans le projet spinoziste, il s'agit d'établir une logique de la reconnaissance de soi par autrui qui a pour conséquence non pas la négation, mais le dépassement de la logique de la domination qui, selon Hobbes, est aussi un moyen de reconnaissance.

Évidemment, chez Hobbes, la question de la reconnaissance paraît subordonnée à la logique de domination qui établit un rapport structurel entre le souci d'avoir la vie sauve et le devoir d'obéissance à un maître magnanime. Ce sont les deux modes caractéristiques de la « République d'acquisition » que sont les « dominations paternelle et despotique » (*paternall and despoticall dominion*) qu'expose le chapitre XX du *Léviathan* en ces termes : « La domination qu'on acquiert en subjuguant, en remportant la victoire dans la guerre, est celle que plusieurs auteurs appellent DESPOTIQUE, de *despotès*, qui signifie seigneur ou maître : c'est la domination que le maître exerce sur son serviteur [*and is the Dominion of the Master over his Servant*]. Cette domination est acquise par le vainqueur quand le vaincu, pour éviter le coup qui le presse, convient (soit par des paroles expresses, soit par quelque autre signe suffisant de sa volonté [*covenanteth either in expresse words, or by other sufficient signes of the Wills*]) qu'aussi longtemps qu'on lui accordera la vie et la liberté corporelle, le vainqueur en aura l'usage, au gré de son bon plaisir.[193] »

Mais chez Spinoza, il ne s'agit pas de cette reconnaissance par la domination qui n'est, selon lui, qu'une modalité de la reconnaissance et non le principe même de celle-ci. La compétition ou la rivalité vise à acquérir une situation moralement et socialement valorisée et valorisante et la réciproque est vraie. Évidemment au centre et à la fin, il y a la motivation de rechercher la gloire au lieu de la domination qui se manifeste par l'ambition ; puisque « l'ambition est un désir immodéré de gloire », « par lequel toutes les affections sont alimentées et fortifiées. » Loin de l'égoïsme et de l'allégeance, il nous oblige à adapter nos inclinaisons aux désirs de celui que nous voulons plaire ou séduire pour susciter son admiration. En recherchant la gloire personnelle, on met en mouvement son conatus et celui d'autrui par le jeu des passions qui stimule la vertu et socialise la communication.

Aux antipodes de la logique hobbesienne, le philosophe hollandais privilégiait, comme Nietzsche plus tard, l'instinct agonistique de la compétition entre les individus pour le renforcement du *conatus* pour l'un et l'expression de la *volonté de puissance* pour l'autre. Chez les deux philosophes, on note la domination de la passion ou de l'instinct sur la raison et mieux le caractère socialisant et socialisé des passions. Mais il faut dire que Spinoza lui-même avait vite fait de diagnostiquer quelques dangers dans l'applicabilité de sa théorie de la gloire. Car, en effet, la recherche de la gloire si elle catalyse la vertu

---

[193] Hobbes Th., *Léviathan,* chap. XX : « Des dominations paternelle et despotique », trad., p. 2113.

et produit des effets positifs sur la sociabilité et l'art de gouverner, elle pose, tout de même, au plan politique quelques risques quant à la liberté et la gestion des différentes ambitions que cette citation du Livre III de l'*Éthique* montre. C'est notamment dans les États tyranniques où la gestion des hommes se fait par la culture de la terreur et de la crainte en mettant en avant l'illusion de la liberté que cela est visible. Ici, les hommes sont menés ou manipulés tout en leur donnant l'impression d'être eux-mêmes décideurs de leur propre vie respective conformément « à leur complexion propre » par l'espoir de s'élever aux honneurs et le désir d'accroître leur fortune. Mais ils ignorent aussi que par la même occasion il surajoute du poids à leur servitude :

> *C'est aux esclaves, non aux hommes libres qu'on donne des récompenses pour leur bonne conduite. [...]. Enfin, pour me taire du reste, il est évident que l'égalité, dont la perte entraîne nécessairement la ruine de la liberté commune, ne peut être maintenue sitôt que des honneurs extraordinaires sont décernés par une loi de l'État à un homme qui se distingue par son mérite.*

C'est pourquoi Christian Lazzeri dit justement que « L'imitation des affects peut être comprise comme un véritable « opérateur » de constitution des affects capables de définir aussi bien des rapports de coopération entre les hommes que des rapports de conflits.[194] »

D'un autre point de vue, mais dans la même logique, Spinoza tenait à préciser que seule la gloire qui naît de la raison est soutenable alors que celle qui est alimentée par la *doxa* est vaine et nuisible ; parce qu'en réalité, sa satisfaction ne dure que le temps de l'opinion et ne concerne que soi-même : Car, en fait, l'opinion étant toujours vulgaire et inconsistante, la gloire issue d'elle relève d'un conflit d'ego et d'un désir inavoué de s'opprimer mutuellement et s'attirer les

---

[194] Christian Lazzeri, *Droit, pouvoir et liberté*, p. 79.

applaudissements de la foule inconsciente. C'est le propre des politiciens qui

> *[...] désirent tous attirer les applaudissements du vulgaire, chacun rabaisse volontiers la réputation de l'autre, et de là, étant donné que le combat porte sur ce qu'on estime être le souverain bien, naît un énorme appétit de s'opprimer les uns les autres de toutes les façons possibles, et qui en sort finalement vainqueur se fait plus de gloire d'avoir nui à autrui que de s'être rendu à lui-même.*

Cette gloire vaine est en filigrane une 'non-gloire' puisqu'elle ne permet pas une socialisation apaisée et peut instaurer une ouverture au conflit par la possibilité de révolte du dominé.

Pour favoriser la coopération au lieu de la guerre, Spinoza sollicite une amitié basée sur « l'Amour et la Générosité » comme le souligne l'Appendice de la quatrième partie au chapitre XI. Et pour affermir les amitiés, il faut pratiquer l'art de la vigilance. « Car les hommes sont divers (rares, en effet, sont ceux qui vivent selon le précepte de la Raison) et, cependant, pour la plupart, envieux et plus enclins à la vengeance qu'à la pitié. » C'est pourquoi il faut maintenir son conatus en état d'élévation ou l'augmenter si possible en évitant les affects négatifs. Cet exercice permet de supporter les autres avec leur tempérament singulier. La puissance d'âme qui permet de ne pas tomber dans la pitié est rendue possible par l'usage correct de la raison. Cette rationalité n'est pas tant une expression de la mauvaise foi ou de l'indifférence, mais un acte de générosité qui comprend que

> *Les hommes sont vaincus, en outre, également par la largesse, et surtout ceux qui n'ont pas de quoi se procurer le nécessaire pour subsister. Et pourtant, porter secours à chaque indigent dépasse de loin les forces et l'utilité d'un simple particulier ? [...].*[195]

---

[195] Spinoza B., *op., cit.*, Appendice, Chapitre XVII.

Dans cette logique d'une assistance sociétale ou étatique, dans le cas des sociétés modernes, des pauvres, la pitié n'est pas le principe, mais la Piété selon Spinoza. En effet, le pouvoir d'un seul individu ne pouvant satisfaire les besoins de plusieurs et « s'attacher d'amitié tous les hommes » ; la pauvreté devient une préoccupation communautaire et « donc le soin des pauvres incombe à la société tout entière, et concerne seulement l'utilité commune. » C'est un Désir de faire du bien sous la conduite de la raison. Au-delà, il y a le Désir qui tient l'homme de raison à s'attacher tous les autres par l'Amitié (nous y reviendrons) : l'honnêteté. L'application de ces désirs permet d'éviter non seulement de tomber dans le vice, mais aussi d'être impuissamment déterminé :

> *[...] ; et par suite l'impuissance consiste seulement en ceci, que l'homme souffre d'être conduit par les choses qui sont hors de lui, et qu'elles le déterminent à faire ce que réclame l'état commun des corps extérieurs, et non pas sa propre nature, considérée en soi.*[196]

qui suit la nécessité naturelle qui fait de chaque homme une partie de la nature. Dans la logique panthéistique, rien ne peut mieux convenir avec la nature d'une chose que les autres individus de la même espèce. Par conséquent, il n'y a rien de plus utile à l'homme, pour conserver son être, et jouir de la vie rationnelle, que l'homme conduit par la raison. Car, pour Spinoza, il y a un droit de nature qui nous permet d'être libre et jouir de la vie pour affermir ses amitiés par l'usage de la raison. Le chapitre VIII de l'Appendice de la quatrième partie souligne que

> *Tout ce que nous jugeons, dans la nature des choses, être mauvais, autrement dit, pouvoir nous empêcher d'exister et de jouir de la vie rationnelle, il nous est permis de l'éloigner de nous par la voie qui semble la plus sûre, et tout ce que nous jugeons, au contraire, être bon, autrement dit, utile pour conserver notre être, et jouir de la vie rationnelle, il nous est*

---

[196] *Ibid.*, Scolie I, Proposition XXXVII.

permis de le prendre pour notre usage, et d'en user de toutes les manières ; et, absolument parlant, le souverain droit de nature permet à chacun de faire ce qu'il juge lui être utile.

On comprend que la générosité et l'amitié spinozistes ne constituent pas un frein à la liberté individuelle comme c'est le cas dans la pitié et son expression qui est la compassion à travers l'assistance ou l'aide. Tout au contraire, vivre sous la conduite de la raison pour exercer une générosité amicale est une source intarissable de liberté dans la fondation de la cité ; puisque celui qui vit sous la conduite de la raison s'efforce autant qu'il peut à lutter contre la haine, la colère, la mésestime et autres affects parasitant la socialité et « s'efforcera de faire qu'autrui non plus ne pâtisse pas de ces affects.[197] » La générosité évite la haine réciproque qui est le plus sûr moyen de vivre misérablement et en marge de toute sagesse. L'homme que mène la raison se différencie de celui que mènent les affects ou l'opinion. Le dernier par son ignorance deviendra esclave alors que le premier, qui ne fait que les choses qu'il sait être premières dans la vie, sera libre. Et c'est cette liberté qui lui confère la sagesse qui est une méditation sur la vie. C'est pourquoi Spinoza identifie la liberté à la vie conduite par la seule raison. Cette vie consiste à ne rechercher que ce qui est utile à soi, à la conservation de son être et loin de l'angoisse face à la mort, comme chez Épicure.

Sur ce pouvoir de la raison, Spinoza ne sera pas suivi par Nietzsche. Par contre, il se rapproche de lui sur l'hypothèse d'une nécessaire méditation qui transcende la moralisation de l'existence : « Si les hommes naissaient libres, ils ne formeraient aucun concept du bien et du mal, mais aussi longtemps qu'ils seraient libres.[198] »

Mieux, en entrant dans la logique de l'aide et du partage, Spinoza soutient que sans liberté réciproque aucune action de

---

[197] *Ibid.*, Proposition XLVI, Démonstration.
[198] *Ibid.*, Proposition LXVIII.

bienfaisance ne sera considérée à sa juste valeur. Dans un rapport de domination, même un bienfait peut être mal interprété ; puisque chacun juge d'après son tempérament ; et l'esclave, par ignorance, n'est pas capable d'idées adéquates comme l'homme libre. Et « *L'homme libre qui vit parmi les ignorants s'emploie autant qu'il peut à décliner leurs bienfaits.*[199] » Dans la logique spinoziste, la valeur de l'aide ne peut être appréciée que par les hommes libres, seuls capables de s'attacher d'amitié tout le monde et « décliner leurs bienfaits ». Car, dans la pratique, l'ignorant ou l'esclave peut se sentir offensé et mésestimé par un bienfait et s'en offusquer. Dans ce cas, il faut d'abord s'assurer d'avoir en face de soi un égal, c'est-à-dire un homme libre aussi.

La liberté d'abord, l'amitié ensuite et les échanges après ; même en termes d'aide. Car : « Seuls les hommes libres sont très utiles les uns aux autres, et se joignent les uns aux autres par un très grand lien d'amitié, et, d'un égal zèle d'amour, s'efforcent de se faire mutuellement du bien ; et par suite seuls les hommes libres sont très reconnaissants les uns envers les autres.[200] » Cette liberté réciproque évite ce que nous dénoncions plus haut en termes d'assistance déshumanisante et renforce ce que Spinoza nomme la constance d'âme : « Car c'est là, au contraire, montrer de la constance d'âme, que de ne pas souffrir de se laisser corrompre par des cadeaux et mener à sa perte, la sienne et celle de tous.[201] » Même dans la souffrance la plus terrifiante, l'homme doit se garder de perdre sa liberté en faisant preuve de Force d'âme pour ne pas céder à la tentation de la facilité installée par la pratique de l'aide humanitaire généralisée. La force d'âme évoque la « Fermeté » et la « Générosité » et l'homme fort, qui fait preuve de force d'âme et de raison n'a de haine pour personne, il ne manifeste ni colère, ni envie, ni indignation, ni mépris, ni

---

199 *Ibid.*, Proposition LXX.
200 *Ibid.*, Démonstration, Proposition LXXI.
201 *Ibid.*, Scolie.

orgueil à l'endroit de ses voisins. Et dans la vie de tous les jours, « L'homme que mène la raison est plus libre dans la cité, où il vit selon le décret commun, que dans la solitude, où il n'obéit qu'à lui-même.[202] »

En effet, au-delà de ces inquiétudes, somme toute fondées, la remise en cause de la pitié et la théorie de la valorisation de l'affect ou passion de la gloire a le mérite de sortir l'homme de ce rapport morbide à autrui et de permettre, par l'imitation, de cultiver l'esprit de grandeur et soulager ses souffrances par des moyens personnels. L'autoglorification empêche le besoin d'assistance et la lassitude qui se complaisent dans l'exhibition de la pitié. Dans cette logique, on peut comprendre les critiques de Nietzsche contre la pitié rousseauiste.

En qualifiant ce qui était, chez Rousseau le plus doux et le mieux partagé des sentiments d'attitude du ressentiment, Nietzsche prolonge la thèse spinoziste de la pitié qui rend malade en renversant toutes les valeurs "d'affirmation", de "vie débordante" et de "grande santé" en valeurs de culpabilité et d'autocensure ; et donc en soutenant la faiblesse et le renoncement au tragique naturel de la vie. C'est pourquoi nous pensons que l'humanisme est, de nos jours, basé sur un *quiproquo* conceptuel et existentiel. Ce *quiproquo* se traduit dans le renversement des valeurs vitales en négativités initié par le dualisme métaphysique traditionnel (Platon) ayant imaginé un monde du vrai faisant de la seule réalité existante une apparence et de la vie une pâle copie de l'imagerie idéelle et archétypale. Tous les métaphysiciens qui ont développé une tendance hostile à la vie ont transmué la pitié par la faiblesse en vertu : « la tendance *hostile* à la vie. Schopenhauer était hostile à la vie : c'est *pour cela* que la pitié est devenue à ses yeux une vertu.[203] »

---

[202] *Ibid.*, Proposition LXXII.
[203] Nietzsche F., *L'Antéchrist*, aph.7, p.50.

Allant dans le sens de ce *quiproquo*, Pierre Zaoui, dans un article intitulé « Une pitié peu sympathique », publié dans *Vacarme 32 été 2005,* se surprend en disant : « Jusqu'au XVIIIe siècle, aucun philosophe sérieux n'a pu avoir la moindre faiblesse pour la pitié, au moins pour son exhibition publique et sa justification. » Et il se demande : « Quelle mouche a donc pu piquer la sensibilité moderne et originellement française, pour faire de « la pitié naturellement » chez Rousseau l'affect le plus primitif de notre humanité avec l'amour de soi, et de la même pitié chez les Encyclopédistes le « plus doux et le plus utile des sentiments ? »

On peut répondre avec Nietzsche que cette mouche c'est le christianisme et sa morale humaniste, entre autres, qui infestent tout l'édifice de la vie des hommes modernes, de la pensée à la vie de tous les jours. En effet, la perte de l'humanisme anthropologique incarné par la tragédie grecque a été l'œuvre du christianisme et de la métaphysique d'héritage platonicienne, surtout, qui popularisèrent universellement la morale de la pitié à travers « le pardon du *Nouveau Testament* » et la haine de la vie. Sur un plan beaucoup plus philosophique, Nietzsche parle de la propagation de « la mauvaise conscience » et du « ressentiment » ; et donc de la « décadence » ou « nihilisme passif ». Le christianisme initia donc le renversement des forts par les faibles et par conséquent le triomphe de la masse moutonnière sur l'élite créant par là même une « religion de la pitié » et une « politique de la pitié » ayant pour dénominateur commun le masque de l'hypocrisie. Comme l'écrit encore Pierre Zaoui : « Par principe, une politique de la pitié renverse totalement la hiérarchie des maux : "le vice des vices " n'est plus la malignité ou le crime, mais « l'égoïsme et l'hypocrisie qui le dissimulent (l'intégrité peut continuer à exister sous le crime, mais « l'hypocrite seul est pourri jusqu'au cœur. » C'est à ce titre que notre soupçon de l'humanisme de l'humaniste (ou l'humanitarisme) vise à dénoncer ce qui, de nos jours, se présente, non sans indignation, comme confrérie mondiale de la charité ou idéologie humanitaire.

Mais l'on se demande, tout de même, si cette dénonciation, inspirée du soupçon nietzschéen et de ses coups de marteau conduit *in fine* à légitimer une non-assistance aux souffrants et aux victimes du mal. Doit-on soutenir, en utilisant Nietzsche, un anti-secourisme ou une insensibilité vis-à-vis de la souffrance d'autrui ? Que couve le concept de culture de la souffrance ? Qu'est-ce que la cruauté nietzschéenne ? Et l'égoïsme ?

Pour pouvoir répondre à ces interrogations, il faut comprendre d'abord ce qui fait la valeur de la souffrance. Peut-on inscrire la souffrance dans une eschatologie et lui donner un sens ? Le non-sens, rationnellement parlant, de la souffrance légitime-t-il la négativité du fait même de souffrir ?

3. De la douleur à « la grande souffrance » : la culture de la souffrance

Dans l'engagement humanitaire, on peut analyser du point de vue nietzschéen une forme de pitié dés-affective développant une hypocrisie victimaire vicieuse. Car pour Nietzsche, l'égoïsme est la nature humaine elle-même. C'est pourquoi, son humanisme se propose de restituer à l'homme l'originalité et l'intégrité de sa nature qui, sous l'angle de la pseudo-humanité moderne, est une inhumanité, un antihumanisme ; puisqu'il s'agit pour Nietzsche non pas seulement de critiquer l'humanisme, mais de "miser" un humanisme contre un autre. C'est-à-dire l'humanisme de la Renaissance contre l'humanitarisme compassionnel, Raphaël contre Wagner, le classicisme contre le romantisme, le gai savoir de Montaigne contre les idéalités poétiques de la métaphysique. L'humanisme nietzschéen vacille, ainsi donc, entre un antihumanisme et un post-humanisme ou entre un in-humanisme et un sur-humanisme.

Le projet nietzschéen qui se dessine dans *Ainsi parlait Zarathoustra* par la célèbre formule « l'homme est quelque chose qui doit être surmonté » montre le dégoût pour l'humanisme aux « entrailles gonflées de cailloux » et son ambition d'être un « philosophe inactuel » qui se démarque de ses contemporains pour rentrer dans une relation dialogique avec l'Antiquité tragique pour construire une existence future classique. Mais il ne faut pas lire ce retour à l'Antiquité comme une régression, mais comme un surmontement de l'homme par lui-même à partir de la volonté de puissance qui « le hausserait jusqu'au naturel de la Renaissance ».

L'antihumanisme nietzschéen s'appuie sur la figure de Napoléon : « l'idéal antique se dressa en personne et avec une splendeur insolite, devant les yeux et la conscience de l'humanité [...]. Comme une dernière indication de l'autre voie - la prérogative du petit nombre – apparut Napoléon, homme rare et tardif si jamais il en fut, et par lui le problème incarné de l'idéal noble par excellence [...] Napoléon, cette synthèse de l'inhumain et du surhumain ![204] » Cette synthèse fait du nouvel homme nietzschéen un composé multiforme des vertus les plus hautes et des vices les plus décriés de l'humanisme moderne : « L'homme est monstre (*Untier*) et suranimal (*Übertier*) ; l'homme supérieur est homme monstrueux (*Unmensch*) et surhomme (*Übermensch*), l'un dans l'autre, réciproquement. La symbolique de la symbiose métaphorique d'un « Alexandre avec l'âme du Christ[205] » rend compte de la vie dans sa plénitude, de la vie comme volonté de puissance, car comme le dit le Gai savoir, « vivre c'est être cruel » et « assassiner sans relâche. »

[204] Nietzsche F., *Généalogie de la morale*, I, § 16.
[205] Nietzsche F., *Fragments posthumes* X, 27, [60]

À chaque croissance de l'homme en grandeur et en élévation, il ne laisse pas de croître vers le bas et vers l'horrible[206] » ; voilà la base de l'humanisme véritable des Anciens Grecs que Nietzsche souhaite exhumer pour l'avenir de l'homme ou mieux du surhomme. Pour ce nouvel humanisme, la douleur confère à celui qui souffre ou qui a souffert un rang supérieur qui fait de lui à la fois un monstre (*Untier*) et suranimal (*Übertier*) produisant l'homme supérieur qui est un homme monstrueux (*Unmensch*) et surhomme (*Übermensch*), l'un dans l'autre. Cet humanisme surhumain a été et sera aux antipodes de la pitié, de la charité, de la compassion et donc de l'altruisme caractéristique de notre temps. C'est un humanisme de la cruauté, de la dureté et de l'égoïsme, mais pas de la brutalité, de la vile barbarie ou de la criminalité : c'est un humanisme dans lequel « tout ce qui est multiple et variable dans l'homme est mis en valeur[207] » comme le dit Burckhardt. Ce détour par l'Antiquité grecque oblige le philosophe à devenir philologue pour accéder à une interprétation plus claire et objective du *Menschliches.*

En effet, dans la vie des Grecs, c'est leur inhumanité qui fait rayonner l'expression de leur humanité et c'est cela que nos verres grossissants modernes trouvent horrifiant et anormal.[208] Ce jugement purement moderne, et donc nihiliste, illustre ce que le fragment 9[1] de 1875 appelle « l'étroitesse de la tête et du cœur » et justifie ce que nous qualifions d'humanisme du *quiproquo*. Et c'est dans l'aphorisme 32 de *Choses humaines, trop humaines* que Nietzsche présente ce malentendu porté par

---

[206] Nietzsche F., *Généalogie de la morale,* I, §16.

[207] Burckhardt, *Considérations sur l'histoire universelle*, Paris, Ed. Allia, 2001, p.87. Chez lui, le retour à ce que Nietzsche appelle "choses humaines, trop humaines" prend « pour point de départ le seul élément invariable qui pût se prêter à une pareille étude : l'homme avec ses peines, ses ambitions et ses œuvres, tel qu'il a été, est et sera toujours ». *Ibid*, p.9. On peut voir chez Nietzsche : *Fragments posthumes XIII,* 9 [154]

[208] Nietzsche F., Fragments 3[12] et 5[145] de *Nous autres philologues.*

l'homme vulgaire sur la vie : « tous les jugements sur la valeur de la vie sont formés illogiquement et sont par suite injustes. » Et c'est dans ce mensonge millénaire fait de « souillure » de la vie, d' « air empesté menaçant d'étouffer le généalogiste de la morale, de « saleté des choses humaines, trop humaines » qu'a été construite la « ténébreuse officine » humanitaire de notre morale de la pitié. Mais cette littérature troublante de Nietzsche ne va pas de soi, plus la virulence des termes comme la cruauté et l'inhumanité sonnent comme une incitation à la barbarie qui légitime le crime contre l'humanité.

Que comprendre alors ?

La philologie nietzschéenne se donne pour mission de purifier et de libérer l'homme malade de l'humanitarisme de ces choses trop humaines. Mais comment ? En faisant de la philosophic une catharsis ? Et c'est ici que le paganisme grec intervient de façon paradigmatique : Les Grecs « prenaient ces côtés trop humains (*jenes Alluzumenschliches*) comme quelque chose d'inévitable et, au lieu de les avilir, préféraient leur conférer une sorte de droit de second ordre en les insérant à leur place dans les coutumes de la société et du culte ; bien mieux, ils nommaient divin tout ce qui a quelque puissance en l'homme, ils l'inscrivaient sur les murs de leur ciel.[209] » Dans *Le Gai savoir*, Nietzsche montre que le polythéisme grec justifie les droits des individus et leur liberté à assumer les actes jugés odieux par la morale humaniste. Car

[209] Nietzsche F., *Nous autres philologues*, Fragments 17[72] et 17[104] de 1876. Le titre "*Menschliches, Alluzumenschliches*" apparaît dans le fragment 21[82] de 1876-1877. Dans l'histoire de la tragédie grecque, on voit que les Grecs offraient de façon programmatique des festivités de leurs côtés trop humains (fêtes aux passions et mauvais penchants naturels) et leur donnaient un caractère divin pour non seulement s'en libérer, mais en même temps mieux les accepter : c'est ce que Nietzsche appelle le vrai miracle grec exprimé par le polythéisme.

> *l'invention des dieux, des héros, [...], constituait l'inestimable prélude à la justification des aspirations du moi et de la souveraineté de l'individu : la liberté que l'on reconnaissait à tel dieux contre d'autres dieux, on finissait par se l'accorder à soi-même contre les lois, les mœurs et contre ses voisins.*[210]

Jugée sous le prisme de l'humanisme moderne, cette liberté paraît inhumaine puisqu'elle affirme même les aspects les plus cruels et les plus sombres de notre être : « Voir souffrir fait du bien, faire souffrir plus de bien encore – c'est une dure vérité, mais une vieille, puissante, capitale vérité humaine- trop humaine » et, ajoute Nietzsche « sans cruauté, pas de fête – et dans le châtiment aussi il y a tant de choses festives ![211] »

C'est de cette compréhension du châtiment et donc de la douleur que se dégage, contradictoirement, chez Nietzsche, la culture de la souffrance, de la grande souffrance. Cette dernière est l'unique cause du surmontement de l'homme par l'homme ou encore de la décadence :

> *Cette tension de l'âme dans le malheur, qui l'aguerrit, son frisson au moment du grand naufrage, son ingéniosité et sa vaillance à supporter le malheur, à l'endurer, à l'interpréter, à l'exploiter jusqu'au bout, tout ce qui lui a jamais été donné de profondeur, de secret, de dissimulation, d'esprit, de ruse, de grandeur, n'a-t-il pas été acquis par la souffrance, à travers la culture de la grande souffrance ?* [212]

La culture de la souffrance donne à l'humanité la leçon de courage qui permet de réaliser toute culture de l'épanouissement et de la force. Mais qu'est-ce que la force ?

Du point de vue de Nietzsche, la force le dépassement de l'humanitaire passe par la culture de la force. Il y a dans certaines déclarations sur la surhumanité des mots qui choquent et inquiètent comme « le surhomme ne

---

210 Nietzsche F., *Gai savoir*, § 143.

211 Nietzsche F., *Généalogie de la morale, II,* § 6.

212 Nietzsche F., *Par-delà bien et mal*, §225.

s'embarrassera pas de sacrifier autrui à la puissance ». Doit-on déduire par-là que Nietzsche est un penseur de la barbarie ?

Le champ lexical habituel de notre humanisme autorise que soit jeté un regard suspicieux sur les thèses de Nietzsche. Car si on doit sacrifier autrui à sa puissance et prophétiser une humanité surhumaine basée sur la force, la crise de l'humain se profile. Nous savons, de nos jours, que toute culture de la force conduit inéluctablement au fléau actuel de la guerre et de l'aggravation de la misère. Mais, chez Nietzsche, par force, il faut entendre la capacité de croissance de la volonté de puissance. C'est le pouvoir de sortir victorieux de soi-même, de notre ennemi qui est l'humanité en l'homme, c'est-à-dire la faiblesse en l'homme. La volonté du sacrifice signifie l'autoflagellation conduisant à la sortie hors de la misère humanitaire.

Le sacrifice ici est synonyme d'autodestruction – création ; car la destruction est la condition nécessaire à la création d'un type nouveau d'humanité. La possibilité de création d'une humanité à venir passe par la culture de la force qui est une mise à mort de la faiblesse constitutive de l'humanité. Dans cette perspective, puisqu'il s'agit bien de cela, la culture de la force ne doit pas être interprétée comme un exercice de répression, mais plutôt comme un processus de domination, mieux de domination de soi pour libérer son âme et même sa personne physique. C'est pourquoi le concept de création est le plus courant et le mieux adapté au contexte nietzschéen de force et puissance ; puisque sa conception de la vie penche vers une esthétisation globalisante de ses problématiques : l'artiste est son modèle de prédilection.

L'artiste sculpte sans retrancher ; à l'instar de Shakespeare le nouveau type d'homme doit être poète et barbare en même temps. Cette double facette est marquée par le personnage de Macbeth qui réussit à soumettre sa crainte à son ambition, Hamlet qui transfigure le tragique qu'il défie et Brutus qui sacrifia tout sans vergogne pour l'indépendance de son âme. Ces exemples de courage et d'autoflagellation montrent que la cruauté la plus grande et la plus noble est celle qu'on s'inflige à soi-même et non celle qui s'adresse à autrui. Et c'est elle qui libère. Mais si autrui est un obstacle à mon épanouissement et à celui de l'humain en général, la culture de la force peut servir de catalyseur à ce dernier. Celui qui agit comme un législateur devient un exemplaire, un artiste – créateur qui façonne des figures inédites d'une vie autre à imiter dans la vie.

Au lieu de se contenter de l'assistance par l'aide humanitaire qui cultive la faiblesse en soulageant momentanément un homme souffrant et miséreux, l'homme doit, pour accéder à l'humanité véritable, s'exercer à la volonté de puissance qui est une disposition de la force à rechercher sa propre expansion et à surmonter avec succès tous les obstacles que la vie met sans cesse sur son expérience quotidienne. Et cette culture de la force passe nécessairement par l'acceptation de la nécessité de la souffrance et la reconnaissance envers celle-ci, car la souffrance offre à la santé les obstacles catalyseurs nécessaires à son expression et son déploiement.

La nouvelle humanité à venir, rêvée par Nietzsche, devrait faire l'expérience de la positivité du romantisme qu'il a réalisée lui-même : « L'essence du romantisme se révéla à moi : le *manque*, chez un type d'homme fécond, est devenu ici créateur.[213] » La faiblesse n'est pas une fatalité, elle peut et doit être le point de départ du dépassement ou du surmontement de celle-ci. En revenant sur la métaphore polémique, Nietzsche veut traduire le dynamisme de la santé qui a besoin de résistances pour se mesurer et se manifester. Toute nature forte et toute haute culture ont besoin de résistances pour se conforter et produire des valeurs supérieures : « *Savoir* être ennemi, être ennemi, cela suppose

[213] Nietzsche F., *Fragments posthumes XII*, 2[113]

peut-être une forte nature ; en tout cas, c'est une condition inhérente à toute forte nature. Celle-ci a besoin de résistances à vaincre, par conséquent elle recherche la résistance.[214] » Il faut donc changer notre rapport à la souffrance pour trouver d'autres méthodes et voies de sortie. La recherche des voies de sortie ne consiste pas à vouloir négativer la souffrance pour l'enrayer de notre existence, mais à l'intégrer dans notre état pour pouvoir créer des valeurs nobles et esthétiser son existence au sens du *Kalokaghatia* grec ou le bien se retrouve dans le beau et réciproquement.

Cette intégration de la souffrance dans notre existence permet de faire une interprétation nouvelle de la réalité de la souffrance et de la réaction qu'elle suscite (la pitié) pour dépasser ou transmuter l'interprétation humaine, trop humaine de type idéaliste et chrétienne. Pour que l'homme souffrant sorte de son état, il doit se dépasser en faisant une interprétation dionysiaque de la souffrance par une sagesse tragique initiée par les Grecs tragiques. Nietzsche thématise cette attitude par le terme ou le concept de volonté de puissance qui se caractérise par la recherche de l'augmentation du sentiment de puissance, et donc du sentiment de plaisir qui en est le symptôme. Ceci confère la capacité à ressentir le triomphe de sa propre puissance à travers la souffrance d'autrui.

Doit-on voir dans cette attitude une forme d'immoralisme et de cruauté qui jubile face à la souffrance des autres ?

Il s'agit pour Nietzsche non pas d'affirmer un masochisme ou de tirer plaisir de la misère d'autrui (comme certains mots de Nietzsche prêtent à le penser), mais de procurer aux faibles la justification de la souffrance non pas au moyen d'un schéma rationnel, mais en insistant sur l'intensité du sentiment de puissance qui nous pousse à dépasser la morbidité de

[214] Nietzsche F., *Ecce homo*, « Pourquoi je suis si sage », §7.

l'existence. Ce projet de Nietzsche, initié depuis *Aurore,* sera repris dans les textes de *La généalogie de la morale* :

> *Car il y a une consolation exceptionnelle à affirmer par son souffrir un "monde de la vérité plus profond" que tout autre monde, et l'on préfère infiniment souffrir et se sentir par-là supérieur à la réalité (par la conscience de s'approcher ainsi de ce "monde plus profond de la vérité") plutôt que de vivre sans souffrance, mais aussi sans ce sentiment de supériorité..*[215]

Ce monde plus profond de la vérité a été saisi par les Anciens Grecs qui avaient réussi à extirper une pédagogie de la vie à partir du fait même de souffrir. Et pour sortir de l'humanisme décadent de la pitié, l'homme moderne doit se référer à l'Antiquité grecque d'avant Socrate. Car cette période ne surestimait pas la raison qui, alliée au fanatisme exhibitionniste de la recherche de leadership politique mondial, est à l'origine des grandes idéologies des droits de l'Homme et de l'incapacité à supporter la souffrance.

En parlant de Socrate et sa rationalité, Nietzsche pense que « le fanatisme avec lequel toute la pensée spéculative grecque se jette sur la rationalité trahit une vraie détresse. On était en péril, on n'avait pas d'autre choix que de sombrer ou de se faire *raisonnable jusqu'à l'absurde…*[216] » Le souci de rationalité dévoile la faiblesse de supporter la souffrance et le besoin de l'éteindre : c'est donc, comme nous le disions, un narcotique. Cela s'entend par le fait que la surestimation de la raison qui est le propre de l'idéalisme se traduit par la recherche d'un absolu du sens qui permet de dominer la souffrance que nous impose de façon nécessaire toute vie existentielle. Ce comportement typique des faibles et des hommes modernes est symptomatique d'un esclavage voulu et entretenu : « L'esclavage veut de l'absolu, il ne comprend que ce qui est

---

[215] Nietzsche F., *Aurore*, §32.

[216] Nietzsche F., *Considérations inactuelles*, « Le problème de Socrate », §10.

tyrannique, en morale comme ailleurs, il aime comme il hait, profondément, jusqu'à la douleur, jusqu'à la maladie ; ses souffrances nombreuses et *cachées* se révoltent contre le goût aristocratique qui semble *nier* la souffrance.[217] » Le propre de la faiblesse et de la décadence est cette aspiration à l'absolu qui fait du monde des apparences qui est problématique, incertain et douloureux un monde de la fausseté. C'est pourquoi la modernité, synonyme d'appauvrissement de l'humanité, se caractérise par la tendance à créer des représentations narcotiques permettant d'échapper temporairement à la souffrance ; c'est le cas de l'aide humanitaire. Mais plus, cette dernière accentue la souffrance de l'aidé puisqu'elle contribue à son rapetissement, à sa subordination et à l'aggravation de la décadence, car se sentant assisté, il perd tout sentiment de puissance, de la force qui l'aurait motivé à se donner les moyens de sa survie et de son autodépassement afin de se donner un rang privilégié et un statut d'homme. La capacité à supporter une souffrance plus grande est signe de grande santé qui permet de déterminer le rang de chaque homme : esclave ou maître. Même la connaissance s'acquiert par la souffrance :

> *[..] Cette certitude de savoir par sa douleur, plus que ne peuvent savoir les plus intelligents et les plus sages, d'avoir familier et maîtres de mondes éloignés et terribles dont ''vous ne savez rien''..., cet orgueil spirituel et silencieux, cette fierté de l'élu de la connaissance, de celui qui est ''initié'' et presque sacrifié, a besoin [...] surtout de tout ce qui n'est pas son égal par la souffrance..*[218]

Car, dans les faits, la préoccupation humanitaire, tirée par la *Généalogie de la morale*, est l'émanation de la morale des faibles pour renverser l'équation aristocratique des valeurs qui est liée au « pathos de la distance ». La douleur assumée

---

[217] Nietzsche F., *Par – delà bien et mal*, §46.

[218] *Nietzsche contre Wagner*, « Le psychologue prend la parole », §3, in Œuvres Complètes III, p 1223.

grandit l'homme en l'affranchissant de la pitié tout en évitant l'assistance et l'aide publiques : c'est une attitude de courage et de noblesse caractéristiques de la grandeur et du pathos de la distance : « La profonde douleur rend noble ; elle sépare. » Nietzsche a souvent fait référence au célèbre texte du *Coriolan* de Shakespeare pour illustrer le rôle éducateur de la souffrance. À côté, l'interprétation que Nietzsche fait du comportement de Brutus montre qu'il existe un rapport à la souffrance, une manière de souffrir qui rend plus profond, libère l'esprit de ses attaches et transfigure l'individu ayant accepté et assumé sa souffrance : c'est « la grande douleur ». Elle permet de se dépasser en se sacrifiant même au prix de ce qu'on aime. La mort de Brutus montre l'évitement de la honte et le surmontement de la pitié. Pourquoi ?

Rappelons d'abord, le *Coriolan* de Shakespeare présente une pièce dans laquelle il éprouve de la sympathie pour un héros qui manifeste des exigences dépassant ses forces. Coriolan conserve un caractère sauvage et réactionnaire dont Brutus, dans *Jules César*, est épargné. Brutus est présenté comme un homme ayant des qualités de la noblesse. Au-delà de l'admiration que Nietzsche a pour l'attitude d'auto - dépassement de Coriolan qui osa faire ce pas au-delà de lui-même dont Caius Martius s'est montré incapable, il commente *Jules César de* façon parfois contradictoire. Mais cette contradiction apparente n'est pas un illogisme. En effet, un texte du *Gai savoir* semble s'opposer à un autre d'*Ecce Homo*. Celui du Gai savoir laisse à lire que Shakespeare s'est incliné devant la probité de Brutus qui a le courage de sacrifier un être aimé et cher plutôt que d'abandonner l'indépendance de son âme.[219]

Le fragment de ce texte intitulé « A la gloire de Shakespeare », dit que Shakespeare a consacré « sa plus

---

[219] Nietzsche F., *Gai savoir*, in *Œuvres complètes*, II, p. 110, voir « A la gloire de Shakespeare ».

grande tragédie » à Brutus. Et nous savons la valeur que Nietzsche accorde au concept de tragédie. Or, dans le texte d'*Ecce Homo*, c'est plutôt le personnage de César qui est à l'honneur de Nietzsche : « Lorsque je cherche la formule qui, pour moi, rende le plus justice à Shakespeare, je n'en trouve pas d'autre, sinon celle-là, qu'il a conçu le type de César. Voilà des choses que l'on ne devine pas. On est César ou on ne l'est pas.[220] »

L'apparente contradiction qui se dégage à la lecture des deux textes n'est que l'expression d'une méthode proprement nietzschéenne, qui consiste à se dépasser permanemment en sacrifiant une part de ce qu'on aime pour matérialiser sa logique des oxymores : « Aimer en ennemi ». Celle qui célèbre, à la suite de Taine, le frère posthume de Dante et Michel Ange qui dit que « j'aime le pouvoir [...] en artiste, [...] comme un musicien aime son violon, [...] pour en tirer des sons, des accords, des harmonies.[221] » Cette logique de l'harmonie des contraires permet de dire que, comme dans sa critique de Socrate, le parricide contre Schopenhauer et surtout le fratricide de Wagner, dans le *Gai savoir*, il fallait que Nietzsche devînt Brutus pour tuer César qui représente, en réalité ici, Wagner. Cette logique métaphorique symbolise le dépassement des contraires pour le sommet (l'oxymoron). Et Nietzsche, comme Shakespeare, était à la fois César et Brutus au même sens qu'il disait : « Alexandre et César sont deux noms de mes réincarnations.[222] » La même métaphore s'est appliquée sur le plan épistémologique, lorsqu'il s'est agi de dépasser la métaphysique à l'époque d'*Humain, trop humain* en utilisant les arguments de la science positive et qui sera remise en cause plus tard comme avatar de la même métaphysique. Car, en effet, c'est la conception métaphysique

---

[220] Nietzsche F., *Ecce Homo*, « Pourquoi je suis si malin ? », § 4.

[221] On peut lire à ce sujet la comparaison faite avec Napoléon dans les *Fragments Posthumes*, XII, 5 [91]

[222] *Ecce Homo*, *op. cit.*, « Pourquoi je suis sage ? » § 3.

et morale qui a conduit à une interprétation étriquée et non anthropologique de l'essence véritable de l'homme.

C'est pourquoi dans cette référence à Shakespeare c'est la mort de Brutus qui fut moins piteuse que celle de Coriolan. Même si Brutus n'échappe pas à la souffrance et à la mélancolie d'un homme qui s'est amputé d'une partie de lui, il a réussi à ne pas trahir ou travestir son âme et sa raison et éviter la honte en surmontant le sentiment de pitié par un sentiment de puissance traduisant le plus humain et le plus primitif des sentiments : la cruauté. « La cruauté est ici pour la première fois mise en lumière comme l'un des soubassements le plus ancien et le plus essentiel de la culture.[223] »

[223] Nietzsche F., *Ecce homo*, « La généalogie de la morale. »

CHAPITRE VI

RETABLIR L'ESSENCE DE L'HOMME ET DE L'HUMANISME

1. La cruauté égoïste comme nature humaine

La récurrence du concept de cruauté dans les analyses de Nietzsche dévoile sa primauté naturelle et sa fonctionnalité dans l'expression de la volonté de puissance qui est à la fondation de la vie et de toute civilisation. La cruauté, au sens de la *Naissance de la tragédie*, se lit à travers la figure du Dionysos double de la tragédie primitive[224] qui, en même temps qu'il se démembre, symbolise « le pressentiment joyeux de l'unité restaurée.[225] »

---

[224] Par tragédie primitive, nous voulons montrer la différence entre le Dionysos de Nietzsche et celui de la représentation euripidienne qui devient un principe de division, de folie dont la démesure et l'absolue puissance sont insondables parce qu'irrationnelles. La cruauté, ici, renvoie à l'expression de la totalité vivante des forces naturelles symbole d'une sagesse dionysiaque fondée sur la complicité de Dionysos et d'Apollon.

[225] Nietzsche, *Naissance de la tragédie*, Œuvres philosophiques complètes, chap. X, Gallimard, p. 84.

Les analyses nietzschéennes sur la cruauté vont prendre une allure beaucoup plus claire dans *La généalogie de la morale* : « Dans *Par-delà bien et mal* (et auparavant dans *Aurore*), j'ai attiré discrètement l'attention sur la spiritualisation, la « déification » croissante de la cruauté qui ne cesse de marquer toute l'histoire de la civilisation supérieure (et qui même la constitue à proprement parler)[226] ». Cette citation montre que Nietzsche prend radicalement le contre-pied de Rousseau qui dans son *Second Discours* déclarait que « les hommes n'eussent jamais été que des monstres si la nature ne leur eût donné la pitié à l'appui de la raison ». Cette position problématique de Nietzsche mérite qu'on y prête attention. Car dans les faits, la pitié rousseauiste (disposition naturelle) est loin de la pitié chrétienne qui pleurniche sur la corruption des hommes depuis le péché originel ; elle est le sentiment rassurant de notre souffrance à tous, au-delà des situations statutaires particulières. La pitié rousseauiste s'adresse à des êtres faibles dépassés par des événements plus forts qu'eux et non à des vicieux petitement meurtris ; et c'est en cela que Nietzsche insupporte cette conception.

Seulement, aussi, l'éloge de la cruauté nous conduit à nous demander si Nietzsche soutenait la damnation des faibles, la brutalité barbare et la souffrance de certains peuples comme certains commentaires, à l'instar du collectif d'articles ayant constitué la publication du recueil « *Pourquoi nous ne sommes pas nietzschéens* ? » tentent de le montrer. De nos jours, la cruauté est une antivaleur, une valeur inhumaine. Comment soutenir Nietzsche dans l'hypothèse d'une humanité cruelle lorsqu'on vit et subit le drame des guerres de nos sociétés actuelles ?

La problématique de la cruauté chez Nietzsche, qui "semble prolonger le sadisme", dévoile, selon certains commentateurs, que toute attitude humaine naturelle est basée sur la volonté de

---

226 Nietzsche F., *Généalogie de la morale, II*, §6.

dominer autrui en se servant de la cruauté. Ce qui sous-entend, du point de vue de Nietzsche, que même dans la pitié et le secours, il y a une cruauté insidieuse.

En faisant l'éloge de la cruauté, Sade, avant Nietzsche, proposait déjà unc théorie symétriquement antithétique des positions rousseauistes. Dans son ouvrage *La philosophie dans le boudoir,* il se pose la question de savoir s'il est charitable de faire du mal aux autres pour se délecter soi-même. Sa réponse :

> *Que nous font, osent-ils dire, les douleurs occasionnées sur le prochain ? Les ressentons-nous ? Non, au contraire, nous venons de démontrer que de leur production résulte une sensation délicieuse pour nous.*

Cette position, moralement et humanitairement difficile à accepter montre que, de façon naturelle et même évidente, la souffrance d'autrui ne nous concerne pas et plus, elle nous procure un plaisir et une satisfaction. Mais la position de Sade semble ne tenir que dans le cas de quelqu'un qu'on ne connaît pas. Puisqu'il poursuit son interrogation en se demandant pourquoi aider ou ménager un inconnu. Sade ne comprend pas comment on peut être compatissant, sans être hypocrite, quand de la douleur d'autrui nous tirons le plus grand plaisir et la plus haute jouissance :

> *Avons- nous jamais éprouvé une seule impulsion qui nous conseille de préférer les autres à nous et chacun n'est-il pas pour soi dans le monde ? Vous nous parlez d'une voix chimérique de cette nature qui nous dit de ne pas faire aux autres ce que nous ne voudrions pas qu'il nous fût fait ; mais cet absurde conseil ne nous est jamais venu que des hommes et d'hommes faibles.*

Cette thèse, bien que critiquable du point de vue de la morale humaniste moderne, a l'avantage de soulever le problème de la véracité et de l'honnêteté du comportement altruiste. Est-il réel que l'on puisse souffrir effectivement et affectivement cn observant celui qui souffre au point de conclure comme Rousseau que « nous nous attachons à nos semblables moins par le sentiment de leurs plaisirs que par celui de leurs peines : car nous y voyons bien mieux l'identité de notre nature et les garants de leur attachement pour nous » ? Les thèses de Sade comme, dans une moindre mesure, celle de Nietzsche, au-delà des interprétations moralisantes, relancent le débat de la nature humaine : altruiste ou égoïste, morale ou immorale ? Ainsi, ces deux thèses se retrouvent aussi sur le fait que l'altruisme est le lot des faibles. Sade soutient aussi que « L'homme puissant ne s'avisera jamais de parler un tel langage. » Mieux, elles permettent aussi de questionner l'aide humanitaire : sa sincérité et sa neutralité intentionnelle. Car du point de vue éthique et moral, une action bonne se détermine à partir de son intention comme on peut le voir chez Kant et les philosophes moralistes. Avoir pitié c'est bien une affection, mais porter secours nécessite une analyse et des moyens et plus une volonté ; ce qui soulève plusieurs interrogations.

En ayant pitié et en portant secours à autrui qui souffre, n'exerce-t-on pas une volonté de puissance vicieuse qui distingue et situe le secouriste au-dessus du secouru. Et cette volonté est une aspiration à la domination : « L'aspiration à se distinguer est une aspiration à dominer le prochain, ne fût-ce que d'une manière très indirecte et seulement sentimentale ou même imaginaire. » Au-delà de la générosité, de la clémence et de l'humanité au sens moderne de l'humanitarisme, symptomatiques de la pitié appliquée de Rousseau, se cachent plusieurs intentions inavouées du désir de domination :

> *L'aspiration à se distinguer entraîne pour le prochain [...] : les tortures, puis les coups, puis l'épouvante, puis l'étonnement angoissé, puis l'émerveillement, puis l'envie, puis l'admiration, puis l'exaltation, puis la joie, puis la gaieté, puis le rire, puis la dérision, puis la raillerie, puis la huée, puis la distribution de coups, puis la mise à la torture [...]*[227]

---

[227] Nietzsche F., *Aurore*, §113.

Ce texte montre l'ambiguïté de déterminer les intentions qui motivent les actes posés par les hommes et montre une double interprétation du texte de la culture en récusant la perspective morale du jugement sur la valeur de la cruauté. Du point de vue du *Versuch* nietzschéen, il est absurde et insensé de juger de la valeur d'un acte par l'intention qui a motivé son accomplissement ou par l'effet qu'il produit. La leçon de ce texte est que la recherche du sentiment de puissance est la chose la mieux partagée des hommes ; et la valeur n'a de sens que dans une perspective extra - morale et donc esthétique. Si on suit Nietzsche, on peut déduire que les actes altruistes que nous pouvons observer dans l'aide humanitaire cachent bien l'exercice du déploiement de la puissance du donateur :

> *[...] car la douleur est un moyen beaucoup plus sensible à cette fin que le plaisir [...] Nous exerçons notre puissance à faire et à vouloir du bien sur ceux qui dépendent déjà de nous d'une manière quelconque [...] ; nous voulons bien augmenter leur propre puissance, parce que de la sorte nous augmentons la nôtre.*[228]

Mais l'argument nietzschéen ne peut pas être caractérisé par les concepts de sadisme ou de masochisme puisque dans le fond, chez Nietzsche, aussi bien les actes désintéressés, altruistes et donc moralement bons que les actes mauvais ou immoraux reposent tous sur la cruauté ; puisque même la volonté de faire du bien est une volonté de puissance et de domination au même titre que faire du mal. La différence est simplement une différence de degré et de procédé.

L'altruiste fait du bien pour asseoir sa suprématie et l'égoïste exerce la cruauté pour le même but. Chez Nietzsche, la souffrance n'a pas un sens absolu ; elle est liée à la volonté de puissance : c'est son langage. Dans ce sens, la cruauté n'est pas aussi une instance posée et rigide, elle est dynamique et

[228] *Ibid.*, §13.

s'identifie au sentiment de puissance en tant qu'instinct. C'est pourquoi « les animaux connaissent le sentiment de puissance, à savoir la cruauté.[229] » Nietzsche verra dans la cruauté l'essence même de l'homme et de notre humanité puisqu'elle est un instinct et ne caractérise pas une interprétation particulière, mais conditionne toute vie qu'elle soit humaine ou animale.

L'attitude qui consiste à vouloir mettre la cruauté au fondement de l'animalité relève d'un zèle anthropocentriste exagéré par le langage religieux du péché : « Oh, que de cruauté gratuite, que d'inutile méchanceté envers les animaux furent engendrées par ces religions qui inventèrent le péché ! Et par les hommes qui voulurent grâce à elles savourer leur puissance au maximum ![230] » On peut donc, en prolongeant cette analyse nietzschéenne, dire que l'histoire de l'humanité est l'histoire de la cruauté et non celle de la pitié falsifiée par le langage ordinaire moderne trop moralisant et idéaliste. C'est là le fondement du *quiproquo* humaniste qu'il s'agit de rectifier non pas en faisant naïvement l'éloge de la cruauté, mais en détectant le fond vital de ce sentiment.

Être cruel signifie autre chose comme s'occuper de soi-même et non faire gratuitement du mal. En d'autres mots, c'est Vivre. En effet, comme l'a montré Patrick Wotling en parlant de la cruauté comme « soubassement de toute activité humaine[231] », l'hypothèse pertinente de la cruauté comme essence de l'homme a permis à Nietzsche de dépasser les thèses du maître Schopenhauer (« pitié comme fondement moral ») et remettre en cause la théorie rousseauiste de la pitié comme « vertu naturelle ». Mais cette hypothèse ne va pas sans susciter de graves incompréhensions et même des inquiétudes quant à son mode opératoire dans un monde

---

[229] Nietzsche F., *Fragments posthumes, Aurore*, 7[76]

[230] Nietzsche F., *Aurore*, §53. Voir aussi la *Généalogie de la morale*, II, §22.

[231] Wotling P., *op. cit.* p.191.

marqué par des guerres et les marques d'immoralités diverses causant les souffrances.

La leçon que nous donne Nietzsche dans le paganisme sur la cruauté est celle de l'acceptation par les Grecs de leur inhumanité et donc celle de l'affirmation et l'acceptation de soi qui conduit au bonheur. Et cette cruauté s'affirme par le dépassement de la pitié et l'élaboration par Zarathoustra d'une nouvelle table de valeurs proférant les injonctions qui devraient caractériser le nouvel homme, l'homme à venir ou le surhomme et le nouvel humanisme : « Devenez durs ! Devenez créateurs ! Devenez égoïstes ! Devenez virils ! Et Devenez pudiques ».

2. Humaniser autrement qu'humanitairement ou l'humanisme de la surhumanité nietzschéenne

Si la pitié est récusée, y a-t-il place, dans la perspective de Nietzsche pour un rapport à autrui souffrant qui soit autre ? Y a-t-il une autre forme d'humanisme non humanitaire ? Nietzsche tue-t-il l'amour du prochain ?

En parcourant quelques textes de Nietzsche, on apprend qu'il existe une « pitié », si on peut encore utiliser ce mot, qui ennoblit l'autre, qui au lieu de le soumettre à mon instance prétendument morale, me ramène à une simplicité, une innocence qui se moque de justifier ce qu'elle éprouve. Le fait que Nietzsche se soit effondré devant le spectacle à Turin d'un âne qu'on battait et qu'il se soit jeté à son cou mériterait une analyse plus profonde et plus originale. Mais s'il faut répéter la vulgate nietzschéenne sur le surhomme, nous ratons notre projet et notre intention spéculative. De même, à côté des textes où Nietzsche s'en prend au christianisme et à la figure du Christ, il y a des textes passionnants où la figure de Christ le touche profondément.

Le Christ contre Saint Paul, voilà l'essentiel à comprendre et en ce sens, il n'y a pas tant d'opposition que cela entre le Christ et Dionysos… Et puis il y a Ariane qui vient remplacer en quelque sorte le rôle de l'Apollon de *La naissance de la tragédie*. Ici, Ariane vient adoucir Dionysos et donner un sens à la douceur chez Nietzsche. C'est pourquoi la critique de la pitié chez Nietzsche et l'éloge de la cruauté sous le couvert d'une humanité immorale méritent un examen minutieux. L'androgynie du couple Dionysos/ Apollon est une symbolique de cette douce cruauté nietzschéenne qui interpelle une pitié autre ou un autre regard sur la souffrance.

Il s'agit de comprendre la consigne de devenir dur, égoïste, viril et pudique pour être créateur ; en somme, il s'agit de devenir surhumain par inhumanité ou encore maçonner une humanité non humanitariste. Qu'est-ce à dire ?

Ces injonctions, moralement curieuses et inadmissibles, qui déterminent les valeurs de la nouvelle humanité nietzschéenne ont fait de lui un philosophe de l'immoralité. Une analyse non idéologisante peut permettre de saisir la positivité et la profondeur de ces mots, mais aussi leur dangereuse incongruité et ambivalence qui donnent lieu à des interprétations diverses et au ton quelquefois inhumain.

Cette étude, malheureusement insuffisante, n'a pas la prétention de quintessencier les contradictions et les non-dits des intentions de Nietzsche ; il aurait fallu le ressusciter pour en être exhaustif. Nous tenterons de les comprendre au plus près de leur valeur, au sens de Nietzsche, pour en démêler l'incongruité axiologique afin de comprendre l'invitation au « surmontement » ou « surpassement » que Nietzsche adresse aux souffrants et aux faibles.

Pour les but et objectif de cette réflexion, nous accordons du prix au dernier terme qui semble plus fécond et plus adapté à la problématique de la pitié et de l'aide humanitaire dans nos sociétés : la pudeur. Les conclusions montreront pourquoi.

Pour écraser la pitié des « hommelettes », les hommes supérieurs doivent être durs. Cela ne veut pas sous-entendre qu'ils ne sont pas ouverts ou sensibles à la pitié, mais qu'ils doivent s'en départir pour exercer la pitié de l'aristocrate qui « secourt lui aussi le malheureux non pas ou presque, par compassion, mais par l'effet d'un besoin qui naît de la surabondance de sa force.[232] » Devenir dur c'est avoir la capacité d'opérer une transmutation de la « tendresse servile qui se soumet et s'avilit, qui idéalise et qui se trompe » en « tendresse divine qui méprise et qui aime, qui transforme et élève ce qu'elle aime.[233] »

On voit qu'il ne s'agit pas pour Nietzsche de prôner une quelconque « barbarie à visage humain », mais d'élever en l'aimant le souffrant ou nécessiteux. L'humanité nietzschéenne doit allier tendresse et grandeur d'âme, amour et dureté, car de son point de vue, la dureté est synonyme de force et il « n'est pas contradictoire d'être créateur et d'être bon, c'est une seule et même chose, mais avec des perspectives, soit lointaines, soit prochaines.[234] » Et pour le faire, il faut commencer par créer d'autres valeurs et se donner le grand style, car : « la grandeur d'âme n'est nullement compatible avec ces vertus aimables que sont l'affection et la tendresse : elle exclut le pathos de même que « le grand style exclut l'agrément.[235] » Devenir dur permet de sortir de la situation d'assisté - mendiant et donc de consommateur passif (*der Geniessende*) pour devenir créateur (*der Schaffende)* : « Tout consommateur se figure que le souci

---

[232] Nietzsche F., *Par-delà bien et mal*, IX, n°271.
[233] Nietzsche F., *La volonté de puissance*, Tome 2, §221. N.B : Nous prenons la liberté et le risque de citer la traduction de Bianquis tout en sachant que *La volonté de puissance* est un livre sulfureux d'une existence problématique. Mais ces mêmes écrits de Nietzsche se retrouvent dans d'autres textes, notamment les *Fragments posthumes*.
[234] *Ibid.*, §163.
[235] *Ibid.*, § 46.

de l'arbre était le fruit ; mais il ne pensait qu'à la graine. Là réside la différence entre les créateurs et tous les consommateurs.[236] » Et si créer revient à transvaluer, il sera donc question de remplacer la morale humaniste de la pitié par la morale surhumaniste de la cruauté qui met à la place de l'altruisme l'égoïsme.

Du point de vue de la morale aristocratique prônée par Nietzsche, l'égoïsme n'est pas l'avarice de l'homme vulgaire noyauté dans le snobisme de pacotille de l'avoir ; c'est un caractère des « seigneurs » puisant « ses racines dans une acceptation triomphante du moi et qui n'est rien autre chose que l'auto-affirmation, l'autocélébration de la vie.[237] » Mais un aphorisme du *Gai savoir* plante tout de même le trouble dans la conception du vivre chez Nietzsche en soulignant que « vivre c'est être cruel » et qu'il faut « assassiner sans relâche ».

Si on s'arrête sur ces mots, le texte nietzschéen devient confus et soulève une suspicion d'ordre idéologique. Mais en approfondissant la lecture du même *Gai savoir,* on comprend que Nietzsche ne dit pas qu'il faut assassiner autrui, mais plutôt ce qui est faible en les autres comme en soi - même. Il faut comprendre la célébration de la cruauté comme contrepoint au commandement de l'amour, de l'amour désintéressé de l'humanité qui est en fait une négation de vie élevée au rang d'impératif. Cet impératif veut sauvegarder tout ce qui est malade et contagieux en l'homme ; par conséquent sans avenir et s'attaque aux forts au prétexte qu'ils sont d'authentiques vivants et n'ont pas pitié. La cruauté nietzschéenne qui est l'expression d'une vie authentique ne s'adresse pas qu'aux autres, elle est aussi dirigée sur lui-même en tant que « [...] européen d'aujourd'hui », comme il le dit dans *Par-delà bien et mal*. Il ne s'agit pas de tuer l'homme ou

---

236 Nietzsche F., *Humain trop humain, II,* §406, p. 150.
237 Nietzsche F., *Le cas Wagner*, Epilogue, p. 54.

de le détester en misanthrope, mais de l'aimer en sélectionnant ce qu'il y a de négatif en lui. Car la haine suppose toujours l'amour, qui n'est pas le dégoût de l'homme, mais un « mépris ». En effet, « le plus grand danger », selon Nietzsche, est de passer du mépris au « dégoût de l'homme » qui montre qu'on devient soi-même épuisé au spectacle de cette lassitude dont le nom est l'humanitaire qui, en terme nietzschéen, signifie que « nous souffrons de l'homme.[238] » C'est en cela que l'humanitaire devient une maladie de l'humain dont il faut arrêter la propagation. Et l'attitude la plus utile malgré son caractère immoral c'est la cruauté et l'égoïsme qui doivent servir d'aiguillon pour « l'homme gérant de l'avenir ».

L'immoralisme de l'anti-humanitaire nietzschéen est un souci de « l'homme de l'avenir. » et de « l'homme à venir » ; qui n'est pas un autre homme, mais l'homme qui aurait su se sacrifier, se faire violence en acceptant de souffrir pour aller par-delà soi-même.

L'égoïsme rappelle l'homme à un réalisme implacable, car il signifie simplement « amour de soi. » Il n'est pas blâmable de s'aimer avant d'aimer son prochain ; le surhomme fait partie « de ceux qui s'aiment eux-mêmes - qui s'aiment avec le grand amour, qui s'aiment avec le grand mépris ![239] » Mais s'aimer avec le grand mépris signifie avoir le courage de se donner une douleur afin de se surmonter, de s'affranchir de la pensée du souffrir et de la sollicitation (du secourisme).

C'est cet amour de soi que l'humanisme moderne de la règle divine, « Aime ton prochain comme toi-même », a interprété comme vice oubliant que l'essence de l'homme est l'égoïsme. Il s'agit, pour Nietzsche, de s'occuper d'abord de soi et c'est en faisant de sa propre vie une belle existence que l'homme rendra

[238] Nietzsche F., *Généalogie de la morale.*
[239] Nietzsche F., *Humain, trop humain I,* §101.

le plus grand service à l'homme. Mais s'occuper de soi c'est aussi pouvoir se mutiler pour supprimer le négatif en soi.

En effet, « la pitié rend la souffrance contagieuse [...] elle fait aboutir à une perte générale de vie et d'énergie vitale qui est sans commune mesure raisonnable avec sa cause (tel est le cas de la mort du Nazaréen).[240] » Nietzsche assimile la pitié à une vertu dévirilisée et dévirilisante qui fait des compatissants une masse « d'hystériques hommelettes et femmelettes ». Alors, l'autre injonction est de « devenir viril ». Mais qu'est-ce que la virilité chez Nietzsche ?

Si la pitié est une voix féminine, la virilité s'exprime alors dans son contraire, la masculinité, la puissance et surtout le courage, car : « le courage tue même la pitié » et ce courage seuls les Grecs, selon Nietzsche, ont pu l'exercer ; car l'Hellène n'est ni optimiste ni pessimiste. Il est essentiellement viril ; il voit les choses terribles telles qu'elles sont et ne se les dissimule pas. On voit donc que la virilité rejoint la dureté et donne à la nouvelle humanité le sens de la vérité crue, de la vie dans son exubérante sauvagerie pour la dépouiller de l'indécence (*Unverschämheit*) de la mendicité et de la bassesse caractéristiques de l'humanitarisme des dons ; c'est pourquoi la dernière injonction de Nietzsche est : Devenez pudiques !

La pudeur exigée par Nietzsche doit être partagée et s'inscrire dans une relation réflexive : la pudeur dans l'aide et dans le don.

Nous dirons : devenons pudiques ! Et ceci doit sonner comme impératif humaniste décisif.

La problématique du rapport entre la désocialisation humiliante causée par la paupérisation et la honte qui entraîne à la pudeur n'est pas une trouvaille des temps modernes encore

---

[240] Nietzsche F., *L'Antéchrist*, § 7.

moins de Nietzsche. Dans la *Bible*, Dieu dit : « que ta main gauche ignore ce que fait la droite.[241] » Cette parole est une métaphore, car il ne s'agit pas des mains du corps, mais de ton frère ou de ton ami qui est dans la nécessité et le manque et donc de tous ceux qui sont déclassés parce que démunis. En effet, la libéralité n'est parfaite que lorsqu'on couvre son œuvre de silence en donnant son secours secrètement. Dans le silence, c'est le visage du pauvre nécessiteux qui adresse les remerciements et non ses lèvres, encore moins la publicité. Dans cette logique du silence, la discrétion est de rigueur surtout à l'égard des gens qu'on aime (amis, parents et coreligionnaires) démunis et qui cachent leur besoin par honte de leur état.

Dans la religion chrétienne, ne pas aider un fidèle en détresse constitue une faute grave mieux un péché. Mais au regard du verset que nous venons de citer, cette action charitable doit se faire dans le secret de la pudeur. En interprétant le verset « Heureux celui qui pense au pauvre et au misérable[242] », Léon le Grand dit qu'il faudrait faire preuve de « charité sans repos » pour comprendre réellement l'homme qui se cache derrière la modestie ou la honte :

> *Il en est, en effet, qui rougissent [...] de solliciter publiquement ce dont ils ont besoin et qui préfèrent souffrir en silence de leur dénuement plutôt que d'être confondus par une requête ouverte [...]. Ceux-là, il faut donc les deviner, et les soulager dans leurs nécessités secrètes, afin qu'ils aient d'autant plus de joie qu'on aura eu égard à leur pauvreté et à leur pudeur.*[243]

Le *De beneficis* de Sénèque au Livre second, en s'inspirant des modèles grecs notamment de Diogène Laërce parle de la grande générosité d'Arcésilias en ces termes :

> *Le De beneficis de Sénèque au Livre second ... parle de la grande générosité d'Arcésilias qui, pour aider un ami pauvre et*

---

[241] *Bible*, *Evangiles* selon Matthieu VI. 3.

[242] *Ibid.*, Psaumes. XL, 2.

[243] Dolle R., *Sermons*, ed., II, Paris, 1969, (Sermon IX), pp. 44-45.

tombé malade, « estima qu'il devait l'assister en cachette ; et sous son chevet, à son insu, il glissa un petit sac afin que cet homme d'une réserve qui allait contre son intérêt (inutiliter verecundas) pût trouver et non recevoir ce dont il avait besoin.

Ce texte de Sénèque donne à la fois la leçon de discrétion et de pudeur qui permettent d'éviter la honte à l'ami pauvre. La notion d'ami trouve ici la profondeur de tout son sens et de sa dignité même si Sénèque lui-même trouvait la discrétion de l'ami bienfaiteur quelque peu exagérée. Mais il montre bien le rapport entre la désocialisation et la honte ; qui sera aussi remarquée par Grégoire de Nianziance, un docteur de l'Église grecque qui analysait la condition des pauvres : « Ils sont hommes et à cause de leur chute ont honte (*aischunontai*) de la vue des hommes ; ils désirent se cacher dans les lieux inaccessibles, des forêts […] et cependant sont partout.[244] »

Cette situation gênante pour l'individu et qui fait obstacle à son épanouissement prend des proportions inquiétantes de nos jours en touchant un nombre plus grand d'individus allant jusqu'à la perte de leur citoyenneté (comme on l'a vu chez Arendt) et désorganisant de plus en plus des sociétés et des nations entières.

En effet, la situation des pays dits sous-développés, en voie de développement, etc., que nous qualifions de « nouveaux pauvres », des parias et autres victimes de la pauvreté, nécessite, de la part de ces derniers et de leurs pourvoyeurs d'aide, la pudeur.

Renouvelant cette attitude pour tenter de sortir l'humanité de la décadence, la pensée nietzschéenne soutient l'idée d'un amour pudique qui redéfinit les principes de l'amitié et du secours permettant d'éviter les pièges détestables de l'aide humanitaire.

---

[244] « Logoï », dans PG, t. XXXV, coll., 874 (Oraison XIV).

Un article éloquent de Sylvie Courtine – Denamy intitulé « Amour du prochain, Amour du lointain » publié dans *L'Herne* consacré à Nietzsche, donne une définition assez large de la pudeur, des origines à Nietzsche lui-même. Sa thèse consiste à montrer que « dans le mot allemand de *Scham* qui dit tantôt la honte tantôt la pudeur, et que Nietzsche emploie comme un concept repoussoir de celui de pitié (*Mitleid*), il faut entendre un écho de cette *Aidös* grecque. » La pudeur est la marque de tout ce qui est mystérieux et « ce sentiment fut transféré à quantité d'autres situations, aux rapports sexuels qu'il s'agissait, privilège et *adyton* de l'âge mur, de soustraire aux regards de la jeunesse pour son bien ... » Elle caractérise nombre de choses que l'homme dissimule comme étant honteuses à exposer au grand public. C'est pourquoi lorsqu'Ulysse menace de déshabiller[245] Thersite pour le noyer de honte, il mêle la virilité à la pudeur : « [...] je t'enlèverai les *phila heimata*, le manteau et la tunique qui couvrent ta virilité (*aido*) et je te rouerai de coups avant de te chasser honteusement. »

Dans la logique de l'humanisme de l'aide et de l'assistanat, on peut assimiler ce dévoilement de la virilité et de la pudeur à une forme de transgression de la dignité du nécessiteux. Et de même, du point de vue des États, la souveraineté des pays sollicitant l'aide se trouve violée. Car, du point de vue de Nietzsche, le mystère, qui est la marque de tout pouvoir s'accompagne de pudeur : « De même, la royauté, centre d'où rayonnent la puissance et l'éclat, est un mystère tout de secret et de pudeur pour le sujet.[246] » Mais il faut noter que dans ce commerce sur le don, la pudeur (*scham*) qui, selon Nietzsche, est la vertu qui stigmatise le mieux l'impudeur de la pitié doit animer à la fois le donateur (ou secouriste) et le bénéficiaire (ou secouru).

---

[245] *Iliade*, Chant II, v. 262, Tome1, p.349

[246] On peut lire à ce sujet l'*Iliade*, v. 402.

Nietzsche pense que bénéficier d'une grâce quelconque nous confère un privilège qui « nous semble alors nous être introduit dans un domaine où nous ne sommes pas à notre place, dont nous devrions être exclus, un peu comme dans un sanctuaire ou un saint des saints qu'il est interdit à nos pieds de fouler.[247] » Il s'agit là d'une grâce ou d'un fait béni dont on ignore souvent les mobiles ; et par conséquent, cette grâce est entourée de mystère insondable et suscite la pudeur chez l'élu bénéficiaire comme tout mystère ; et du coup, fait du donateur non plus un semblable ou un ami, mais une surnature face à laquelle : « nous voilà saisis partie de peur, partie de respect, partie de surprise, sans savoir s'il nous faut fuir ou jouir de cet instant béni.[248] »

La pudeur nietzschéenne plonge dans une sorte d'hésitation qui impose le recul ou « le savoir se garder » pour qu'elle ne se transforme pas en honte pour le bénéficiaire.

En effet, si l'élu de la grâce ne l'est qu'en vertu de la souffrance qu'il endure et donc de la pitié, cette pudeur désigne la honte ; puisque le misérable devient ici un mendiant et le miséricordieux en démasquant, en mettant à nu sa souffrance, ne fait qu'accentuer cette dernière par l'offense et la mise à mort de sa dignité et de sa fierté : « Vis-je en effet souffrir souffrant, de sa honte j'avais honte ; et quand je lui vins en aide, à sa fierté je fis une dure offense. » Le texte se poursuit en recommandant : « Quant aux mendiants, le mieux serait qu'avec eux on en finît absolument ! En vérité, l'on s'agace de leur donner et l'on s'agace de ne point leur donner.[249] » Nietzsche exhorte le bénéficiaire de quelque grâce de faire preuve de « noblesse » et non de bassesse et de vulgarité en demeurant caché dans sa souffrance et en cherchant les

---

247 Nietzsche F., *Humain, trop humain*, T.2, §69, p.193.

248 *Ibid.*

249 Nietzsche F., *Ainsi parlait Zarathoustra*, II « Des compatissants ».

moyens de transmutation de son état qui ne doit pas devenir pathologique.

L'expérience de l''*aïdos grecque* a inspiré Nietzsche dans son projet d'un post-humanisme qui se décline en surhumanisme réalisant la contradictoire osmose entre la surface et le dedans, la création et la destruction, l'amour et la cruauté puisque dans cette synthèse : « tout ce qui est profond aime le masque », ou encore pour être précis : « un masque se forme sans cesse autour de tout esprit profond.[250] » Pour éviter la honte dans les échanges et les rapports communicationnels, il faut mériter le don pour éviter la culpabilité qui dévalue la pudeur en honte : « En votre acceptation, soyez hautains ! Marquez ainsi que vous acceptez !- ceux qui n'ont rien à prodiguer, voilà ce que je leur conseille.[251] » Et comme le dit Heidegger, suivant ainsi Nietzsche dans la logique du *scham* : « Il faut donc penser la pudeur (*die Scheu*) et toute chose haute qui lui est parente, à la lumière du rester-caché. » Mais ce « rester – caché » (symbolique qu'Ulysse illustre en pleurant la face voilée pour cacher ses larmes à toute l'assistance pour ne pas avoir honte devant les Phéaciens et susciter leur compassion) doit être une vertu à la fois pour le souffrant-nécessiteux que pour le donateur-secouriste. C'est sur cette expérience de la pudeur comme vertu que Nietzsche va reposer et proposer un autre type d'amour et un autre genre de rapport intra-humain basé sur l'amitié véritable.

Le soupçon nietzschéen ne porte pas sur la vérité de l'amour ou son expression, mais sur la valeur même du fait d'aimer C'est pourquoi en faisant une généalogie de l'amour du prochain, il le soumet aux pulsions qui la causent (la pitié, la sympathie et l'humanitarisme) et qui se lisent dans la *Généalogie de la morale* comme produits de la morale des faibles pour préférer l'amour du lointain appliqué par les forts.

---

[250] Nietzsche F., *Par-delà bien et mal*, II, §40

[251] Nietzsche F., *Ainsi parlait Zarathoustra*, II, *op. cit.*, *ibid.*

C'est en renversant l'équation aristocratique des valeurs que les souffrants ont posé l'altruisme et l'amour du prochain comme bonté opposée à la dureté et à l'égoïsme des forts comme méchanceté. C'est une stratégie de vengeance maquillée en bienveillance. Alors que l'amour du lointain qui caractérise le fort est orienté vers l'ennemi qu'on respecte et qui constitue un baromètre pour se mesurer et quantifier ses propres forces afin de bénéficier de quelques mérites.

En effet, dans la perspective de Nietzsche, l'amour du prochain est la déviation d'un amour de soi insuffisant pour s'affirmer par soi, d'une haine de soi qui se réalise par projection dans l'autre. C'est une manœuvre de séduction d'autrui lorsqu'on ne peut s'aimer soi-même : « Votre amour du prochain c'est votre mauvais amour de vous-même.[252] » On comprend bien que l'amour du prochain cache bien un égoïsme et donc l'amour désintéressé est une mystification ; c'est pourquoi, par l'amour du lointain, Nietzsche exhorte la capacité d'aller par-delà soi-même en créant des formes de vie inédites et affirmatives. Cette nouvelle manière d'aimer, qui consiste à « aimer en ennemi », initie un nouveau rapport à l'autre ou encore un altruisme monstrueux, au sens de *Unmensch* et de *Übermensch* puisque l'homme supérieur qui est un homme monstrueux et le surhomme sont l'un dans l'autre et réciproquement. C'est cette puissance d'un oxymore, symbolisée par « César avec l'âme du Christ[253] » qui exprime le nouveau devoir d'amour qui caractérisera la surhumanité ; un amour par-delà le bien et le mal et donc sans pitié.

En identifiant César et Jésus en une seule entité, Nietzsche fait une représentation du surhumain comme symbolisant ce Grand amour conquérant exprimant « Un monstre de force et d'amour. » En effet, César, de par ses propres forces, surmontait toute résistance pour atteindre les buts les plus

---

[252] *Ibid.*
[253] Nietzsche F., *Fragments Posthumes* X, 27 [60]

nobles sans solliciter l'aide extérieure ; et dans sa détermination il était prêt à sacrifier tout homme, lui-même y compris. Bien évidemment, le manque de pitié chez César ne le conduit pas à éliminer ses ennemis. Bien au contraire, ces derniers constituent pour lui l'instrument de mesure de sa vitalité de surmontement et de hauteur qui établit la distance avec la médiocrité humanitariste de l'aide aux souffrants. L'esprit surhumain n'attend pas que l'autre souffre pour lui apporter de l'aide et lui « être une fête », ce n'est pas par compassion ou par pitié qu'il fait des dons, mais par surabondance. C'est pourquoi il n'a pas besoin de se montrer par pudeur. Il évite la pitié et la honte pour ne partager avec autrui que les joies et devenir pour lui la source d'une joie perpétuelle. C'est cela aimer dangereusement, « aimer de toute lutte » ou « aimer en ennemi » comme l'a exprimé Don Jose vis-à-vis de Carmen. Les rapports avec autrui doivent être un commerce de joies et non de misères. Et d'ailleurs, on peut aimer sans être aimé en retour ; le grand amour est celui qui aime sans rien attendre en retour. Car en vérité, pense Nietzsche, « Nous n'aimons pas l'humanité ». Et comme le traduit l'interrogation de Goethe : « Si je t'aime, est – ce que cela te regarde ? »

Car, pour Nietzsche, la pitié comme la honte sont des états pathologiques dévitalisants et contagieux dont le dépassement ou l'élimination par la volonté de puissance du surhomme est nécessaire pour l'avènement d'un nouvel humanisme, un humanisme inhumain, c'est-à-dire surhumain et anti-humanitaire.

Vivre la souffrance de l'autre sans manifester le sentiment de pitié est sans nul doute une attitude antihumaine, voire impossible. Nous l'avons dit, même Nietzsche n'a pas été sans pitié puisqu'il n'a pas contenu son émotion compassionnelle au point qu'il s'effondra devant le spectacle, à Turin, d'un âne qu'on battait et qu'il se jeta à son cou. On ne saurait donc soutenir un quelconque manque de sensibilité ou de douceur chez Nietzsche. Et, comme nous le disions, au-delà des coups de marteau donnés au christianisme, il y a des textes passionnants où la figure de Christ en croix le touche profondément.

Tout ceci nous permet de dire que si Nietzsche n'a pas été insensible à la douleur ou à la souffrance d'un animal, il ne le sera pas moins face à celle d'un homme. La critique de la pitié est une prudence qui impose la distance vis-à-vis du nihilisme qui entoure cette valeur. Vivre au-delà de la pitié c'est faire preuve de volonté de puissance pour permettre à l'homme de se surpasser. Le renversement de la pitié est un dépassement de la culture humanitaire qui devrait conduire à la venue du surhomme capable de vivre par-delà la pitié. Le surhomme n'est pas sans amour, mais son amour ne s'adresse pas au prochain, mais au lointain, au devenir de l'homme ou à l'homme à venir, puisque le « surhomme est le but[254] » qui donne « le sens de la Terre. » Il s'agit de comprendre l'invite de Nietzsche au sens de Cioran ; pour qui : « Nietzsche, cet acrobate se démenant à l'extrême de lui-même, nous invite à ses dangers. Seuls nous séduisent les esprits qui se sont détruits pour avoir voulu donner un sens à leur vie.[255] » Il est peut-être nécessaire d'ajouter que Cioran avait aussi relevé une contradiction chez Nietzsche en montrant la distance qu'il y a entre ce dernier et ses propres idées.

Cioran a bien vu que Nietzsche vécut en marge de sa doctrine. Sa vie n'a jamais été une expérimentation de l'égoïsme ou de la cruauté et, pense Cioran, c'est sûrement ce qui constitue son succès :

---

[254] Voir par exemple : *Fragments Posthumes*, été 1882-printemps 1884, fragment.5 (28) p.234.
[255] Cioran, *La Tentation d'exister*, Gallimard, 1956, réed. 1986, coll. « Tel » n°99, p.24.

Le succès de Nietzsche est dû en grande partie au fait qu'il a défendu des théories auxquelles dans sa vie il ne se conforma jamais. Nous aimons qu'un malade, un faible, un familier des pensions pour vieilles filles ait été l'apologiste de la force, de l'égoïsme, du héros dépourvu de scrupules. Eût-il incarné le type qu'il exalta dans ses écrits, depuis longtemps il eût cessé de nous intriguer.[256]

Mais doit-on conclure à l'inutilité de la pensée nietzschéenne ? Nullement. I0l s'agit plutôt de ne pas rester à la surface des mots pour sonder, afin de la dépasser, la sensation de vertige que causent cette pensée et son expression. Il faut aller au-dedans de l'anecdote pour penser « la biographie » de cette pensée. En effet, la vie d'un philosophe ou simple penseur ne saurait réfuter sa pensée. Nietzsche et sa philosophie sont l'exemple qu'une grande philosophie est d'abord et toujours une conceptualisation de la singularité d'un rapport perspectiviste au monde et à la situation du moment et non l'expression d'une conformité entre la vie et la pensée du philosophe.

Dans le cas de la critique de la pitié, il s'agit pour Nietzsche de nous inviter à retrouver le sens de la terre. Retrouver le sens de la terre c'est rétablir l'essence de l'homme et vivre pleinement. Sans trahir ou travestir l'esprit de la pensée de Nietzsche, nous pensons que vivre pleinement c'est opérer le dépassement de l'humanitarisme par le surhumanisme qui est d'abord une affaire de goût, de bon goût ou de la noblesse du goût.

La surhumanité ou l'antihumanisme est la voie du dépassement de la pseudo humanité de l'idéologie humanitaire qui devrait se lire d'abord dans le sens d'une remise en cause de la détermination kantienne de l'homme. Car l'humanisme rationaliste abstrait, dont le cartésianisme et le kantisme restent les illustrations les plus modernes de l'Idée

---

[256] Cioran, *Cahiers* (1957-1972), Gallimard, 1997, p. 110.

platonicienne de l'Homme, avait ignoré le penchant subjectif et pragmatique de l'existence humaine qui fonde l'humanisme anthropobiologique basé sur le goût.

Le goût est le critère affirmant la position esthétique des valeurs après la mort de l'homme éternel et universel ou "sujet" transcendantal. Le surhumanisme nietzschéen veut donc tuer l'homme au sens où Louis Pinto dira que « la mort de l'homme signifie qu'il n'y a pas d'essence préalable sur laquelle devrait se fonder ou s'appuyer une analyse empirique des faits de culture : le savoir historique, qui est voué aux contingences du positif, doit découvrir dans son cheminement même les formes sans cesse renouvelées de la finitude.[257] » L'essence métaphysique de l'homme est l'hypostase qui a donné forme à la conception humanitaire qui a ouvert la voie à un altruisme conjectural et hypocrite. C'est pourquoi, le surhomme est celui qui manifeste « la plus jeune des vertus[258] », c'est - à- dire la probité, marque de la philologie. La probité philologique nous conduit inéluctablement à vivre par-delà la pitié en acceptant la cruauté de la vie comme une nécessité existentielle inaliénable. Et le surpassement de l'homme qui est une transmutation conduisant au surhomme traduit le souci de probité trahi par l'humanisme de la bonté et de la morale altruiste.

Nietzsche en soutenant que « l'homme est quelque chose qui doit être dépassé » proclamait ainsi, le premier, le mensonge de l'humanité et la vérité la plus vérace oblitérée par peur de la difficulté et la lassitude à supporter la dureté de la vie pour se complaire dans l'assistanat, la déshumanisation et l'absence de pudeur qui en résulte.

---

[257] cf. *Les neveux de Zarathoustra*, La réception de Nietzsche en France, Paris, Seuil, 1995, III, « Comment on devient philosophe », p.146.

[258] Nietzsche F., *Ainsi parlait Zarathoustra*, dernière partie, « Des visionnaires de l'au-delà », p. 43

Avoir bon goût conduit à esthétiser son existence pour en faire une vie non pas bonne, mais belle, professer non plus le mensonge, mais son renversement par la vérité la plus cruelle, mais aussi la plus utile :

> *Inversion de toutes les valeurs : c'est ma formule pour désigner un acte de suprême retour sur soi-même de l'humanité, acte qui en moi s'est fait chair et génie. [...] J'apporte la contradiction comme on ne l'a jamais fait, et je suis malgré tout le contraire d'un esprit négateur.*[259]

Être le contraire d'un esprit négateur, c'est cela assumer les tâches hautes, notamment celle de se dépasser, en commençant par accepter le tragique situationnel pour dépasser le pessimisme du résignationnisme. La négation de la volonté de chacun à se surpasser qui justifie honteusement l'infantilisation par l'aide humanitaire est selon les mots de Nietzsche : « quelque chose de foncièrement hostile aux bonnes manières – manque de mesure, aversion pour la mesure [...][260] »

L'attitude humanitariste, qu'il s'agisse de l'assistant ou de l'assisté, est toujours non convenable ; puisqu'elle manque de noblesse et de grand style que Nietzsche retrouve dans le pathos de la distance et la grandeur d'esprit. Il faut donc se construire, se sculpter soi-même. Or, la sculpture de soi est indissociable de l'égoïsme et de la distance. En termes courants, il s'agit de se faire violence, au sens du démembrement de Dionysos, c'est la condition de la surhumanité.

En effet, le surhomme, en assumant le tragique, fait preuve de bon goût et de grand style ; sa morale est une affaire de goût : une morale esthétique : « Dépendance de l'esthétique et du moral : le grand style veut une seule forte volonté principale

---

259 Nietzsche F., *Ecce Homo*, « Pourquoi je suis un destin », § 1.
260 Nietzsche, *La généalogie de la morale*, op. cit. § 22.

et déteste plus que tout le reste l'incohérence.[261] » Les bonnes manières repoussent l'incohérence de l'humanitarisme et l'homme convenable ou surhumain cherche d'abord par ses propres forces à surmonter ses propres faiblesses. Et c'est tout le sens d'esthétiser son existence en devenant créateur : celui qui construit en détruisant. La critique de la pitié n'est pas un simple renversement du bien par le mal, de la pitié par la méchanceté ou le bon par le mauvais, mais une transmutation de sa faiblesse en force de domination de soi par soi. L'homme à venir devrait, à l'instar de l'artiste, sculpter sa personne de manière à raffiner ses tares, ses grossièretés qui maintiennent l'humaniste actuel.

En suivant les analyses de M. Onfray dans *La sculpture de soi*, on comprendra l'égoïsme nietzschéen non pas comme une invite à l'oppression ou à la banalisation du statut de l'autre, mais comme un moyen de se créer soi-même et de faire de son existence et de sa personne un modèle de belle individualité. Le type humain le plus élevé est guidé non pas par la raison, mais par le bon goût ; telle sera la nouvelle tâche de la surhumanité. Or, cette tâche impose que l'on considère l'homme d'abord et pas ses réalisations intellectuelles. L'égoïsme nietzschéen est l'expression esthétique de son amour pour lui-même ; cet amour est admiration du corps et non contemplation d'un quelconque concept ou idée supposé être un archétype comme dans le platonisme. Donc l'amélioration de nos conditions de vie est d'abord un choix volontaire de vie qui doit se donner ses propres armes pour le combat contre la lassitude. Ce combat est aussi celui de la santé qui postule à plus de santé et de vie : c'est la grande santé de Zarathoustra. Un homme jouissant d'une grande santé n'a

---

[261] *Fragments Posthumes*, printemps-automne 1884 ; frgt.25 (332), p.113, voir aussi *Fragments Posthumes, automne* 1887-mars 1888, frgt.12 (1), § 157, p.377 et *Fragments Posthumes*, printemps-automne 1884, frgt. 25 (320), p.110.

pas besoin d'être assisté, il est lui-même son secouriste et être convenable, donc véridique :

> *Mon sort est de devoir être le premier homme convenable, de me savoir en contradiction avec le mensonge invétéré de plusieurs millénaires. Je suis le premier à avoir découvert la vérité, par le seul fait que je suis le premier à avoir senti – à avoir flairé – le mensonge comme mensonger...tout son génie est dans mes narines.*[262]

L'image de Zarathoustra parmi les hommes en est un symbole plein d'enseignements. Un corps en grande santé est une leçon de vie ascendante et de fierté individuelle qui oppose l'homme supérieur à la *doxa*, au peuple des faibles et aux malades. Nietzsche soutient que : « l'égoïsme (*egoismus*) n'est pas un principe, mais l'unique fait[263] » et c'est ce qui fait la noblesse aristocratique, celle du courage qui prend le risque de se faire du mal en vivant dangereusement sans attendre un quelconque secours :

> *... la sagesse est une espèce de fuite, un moyen et un art de tirer son épingle d'un jeu dangereux, le vrai philosophe mène une vie "non - philosophique" et "non - sage", avant tout une vie imprudente ; il assume le fardeau et le devoir de cent tentatives, des cent tentations de la vie : il se risque continuellement lui-même, il joue le jeu dangereux.*[264].

Le choix de vivre dangereusement traduit le souci de *Par-delà bien et mal*, de « l'avenir de l'homme » et de « l'homme à venir » qui s'éclaircit dans *Ainsi parlait Zarathoustra* la volonté du surmontement de l'homme qui signifie au fond « aller par-delà soi-même » ou encore « transfiguration de son existence ». Cette capacité de l'homme à se débarrasser de ce qu'il y a de dégoût en lui, qui permet d'échapper à l'avilissement par la mendicité et de se donner, par soi-même, un avenir dans la vie s'appelle surhumain. L'*Übermensch*

---

262 Nietzsche F., *Hecce Homo, op. cit.*

263 *Fragments Posthumes*, été 1882-printemps 1884, frgt. 7 (256), p.330.

264 Nietzsche F., *Par- delà bien et mal,* §.205.

qualifie le sens dynamique du surmontement comme surpassement (*Selbstüberwindung*) ; et ce surpassement n'a pas un sens biologique, mais axiologique. Quand Nietzsche énonce à travers Zarathoustra que « le surhumain est à l'homme ce que l'homme est au singe », on ne doit pas le comprendre au sens d'un darwinisme, mais de l'effectivité d'une nouvelle volonté. La surhumanité n'adviendra pas, elle est à vouloir et à sculpter en polissant ce qu'il y a de grossier : la prétendue bonté de l'humanitaire entre autres. Cet autre type d'homme qui, en réalité, est un autre type de volonté, loin d'une espèce autre que l'homme, doit avoir la capacité de sortir, de dépasser son statut de paria souffreteux et médiocre pour accroître sa volonté de puissance par la plénitude du « Gai savoir » comme « humain-surhumain » *versus* « humain, trop humain. »

Il s'agit, pour le nouvel humain - surhumain, de mettre en évidence le lien entre cette force qui ne supporte pas la souffrance et la faiblesse d'autrui et la pitié qui perd ainsi son « sens moral ». Cette nouvelle humanité fait suivre la mise en évidence de la faiblesse de cette force (puisqu'il faut que l'autre souffre pour que je ne supporte pas la mienne) pour analyser les effets pervers, sur le plan socio-éthico-économique, du secours de la pitié sur le « souffrant ». Cette attitude impose qu'on se demande si utiliser la souffrance de l'autre comme occasion de faire preuve de grandeur d'âme, n'engendre pas un autre rapport de créancier à débiteur comme cela se traduit de nos jours dans les rapports entre États et entre les O.N.G., les Églises et les pauvres et souffrants.

CHAPITRE VII

COMMENT REPENSER L'ACTION DES O.N.G, EGLISES ET POLITIQUES AUTOUR DE LA PAUVRETE ET LA SOUFFRANCE AUJOURD'HUI ?

1. La pauvreté et la pitié, l'aide et la dette

Au Moyen Âge, si on s'en tient aux travaux de Michel Tereschenko[265], la pauvreté et la charité avaient une valeur positive dans la société. En effet, la pauvreté et la mendicité étaient sacrées parce que pour le christianisme le renoncement aux Biens de ce monde était une attitude noble et louable, synonyme d'humilité : *pauperitas voluntaris* = *pauperitas humilitas* = grandeur spirituelle. C'est la caractéristique du mendiant volontaire de Nietzsche « qui de sa richesse prit honte, et des riches, et chez les plus pauvres s'enfuit, pour de

[265] Tereschenko M., *Philosophie politique et éthique*, Paris, Hachette, 1994, 2 tomes, p. 155-156.

son opulence et de son cœur leur faire don.[266] » Et même, de nos jours, cette attitude reste vertueuse et louable.

Dès le XVIIe siècle et en raison de l'immense mutation culturelle (notamment la Réforme), qui fait du travail une valeur suprême et cardinale de l'humanité, la pauvreté sera donc condamnée comme attitude déshumanisante. Mais paradoxalement, on assista à l'institutionnalisation des programmes d'assistance collective qui seront développés au XIXe siècle dans le cadre de la doctrine libérale de la bienfaisance. Doit- on voir là, la naturalité ou la nécessité de la pauvreté comme phénomène incontournable de société ?

De nos jours, le pauvre et le mendiant ont perdu leur place privilégiée dans la société. Le pauvre, considéré à l'époque médiévale comme intercesseur auprès de Dieu, est devenu un être asocial. Cette désocialisation des pauvres et mendiants a conduit à l'institutionnalisation, à travers les organismes charitables, des Églises, des municipalités et les États démocratiques modernes, du secours des pauvres qui devient leurs principaux devoirs et un des piliers de l'universel et de la mondialisation. Mais cette attitude louée par les partisans des droits de l'Homme et du citoyen met en veilleuse cette désocialisation – marginalisation qui, comme l'avait bien compris Foucault, classe outre les fous et les mendiants, les vieillards et les handicapés à la même échelle des êtres économiquement faibles ou improductifs.

En effet, le concept bourgeois de normalité, voulant "normaliser l'être social", tend à normaliser l'humanité tout entière en tirant, de gré ou de force, les autres pays à la démocratie et vers un développement économique pour soi-disant élever le niveau de vie de l'humanité à la décence du

---

266 Nietzsche F., *Ainsi parlait Zarathoustra*, Aphorisme : « Le mendiant volontaire ».

confort économique et du "superficialisme existentiel" par le décor des artifices matériels et des ambitions trop humaines.

Sur le plan pratique, on voit naître dans certains pays comme la France, une certaine véhémence linguistique maquillant la misère des citoyens sous des masques de la pitié comme le R.M.I qui croit sortir le pauvre de l'assistance pour l'insérer ou réinsérer dans la société afin d'éviter l'humiliation. Mais les mots ne changent pas l'état de nécessiteux ; par exemple, le sans-abri ou clochard dormira toujours à la belle étoile dans une poche de protection contre le froid et ne cessera pas moins son élan devenu instinctif de ''clochardisation'' malgré ou au-delà de son nouveau qualificatif de S.D.F (sans domicile fixe) qui traduit hypocritement la situation réelle de cette catégorie sociale. En réalité, celui qu'on qualifie de S.D.F est un sans-abri. Qualificatif qui du reste est problématique et hypocritement goguenard, puisqu'être sans domicile fixe sous-entend qu'on en a au moins deux. Or, les personnes désignées sous ce nouveau vocable n'ont aucun domicile du tout ; en avoir signifie avoir au moins une adresse.

À l'échelle mondiale, cette normalisation désocialisante a donné naissance à une nouvelle catégorie de « mendiants » que nous appelons "nouveaux pauvres" participant à une forme de "Démocratie de la Pauvreté" qui consiste non seulement à obliger les pauvres à normaliser leur statut, mais plus, à légitimer démocratiquement la pauvreté pour que cette dernière devienne un statut donnant lieu à un droit. Les nouveaux pauvres sont en majorité constitués par les pays sous développés qui sont devenus, pour cette "démocratie de la pauvreté", des ayants droit ou des "mendiants de plein droit"'. Mais cette logique, loin de tirer ces nouveaux pauvres vers le haut, les condamne à l'exploitation et à la domination en créant une nouvelle catégorie sociale composée d'hommes endettés.

Dans sa parution de février 2012, *Le Monde diplomatique* publiait un article intitulé « La dette ou le vol du temps » qui soutient :

> *La relation créancier-débiteur intensifie de manière transversale les mécanismes d'exploitation et de domination propres au capitalisme. Car la dette ne fait aucune distinction entre travailleurs et chômeurs, consommateurs et producteurs, actifs et inactifs, retraités et allocataires du revenu de solidarité active (RSA).*

Loin de nous l'aventure dans les considérations économiques, trop complexes pour cette modeste spéculation philosophique, il s'agit pour nous de lire les conséquences sociales et morales de cette relation savamment entretenue par les créanciers ; bien évidemment au bon gré ou sur la paresse des débiteurs. Comme le poursuit l'article, « La dette sécrète par ailleurs une morale qui lui est propre, à la fois différente et complémentaire de celle du travail. Le couple effort – récompense de l'idéologie du travail se voit doublé par la morale de la promesse (celle d'honorer sa dette) et de la faute (celle de l'avoir contractée) ». Et dans le remboursement, le créancier impose toujours le même pouvoir aux riches et aux démunis ; puisque les intérêts liés ne varient pas en fonction des moyens du débiteur. On constatera que, de nos jours, tout le monde est endetté à des degrés différents et les inégalités sociales se transforment en différences entre les classes sociales. Mais pour tenir ses promesses, le débiteur doit se donner les moyens personnels de remboursement ; ce qui n'est pas souvent le cas ; puisque la situation d'endetté volontaire ou, de mendiant volontaire, inhibe la force et la volonté de travailler pour se complaire dans l'aide. Tel que pratiqué à l'échelle des pays, le remboursement n'engage pas que le contractant (le décideur politique), mais tous les citoyens du pays débiteur. Ainsi, comme l'a si bien souligné l'auteur de l'article que nous citons, Nietzsche établit un lien, moralement parlant, entre la faute et la dette ; puisque « le concept moral de *Schuld* qui signifie faute, renvoie à celui « très matériel de *Schulden* (dettes)[267] ».

Dans la conception de Nietzsche, être débiteur nous plonge dans la conscience de la faute face au créancier ; et il le traduit dans notre rapport à la divinité où cette dette se paie par le moyen du châtiment. Ramené à l'échelle de l'intersubjectivité humaine, le créancier devient presque un Dieu et se situe à un plan d'autorité verticale qui soumet le débiteur - fautif à la volonté du créancier. La mémoire de la dette, qui est déjà un effort, historique justifie le clivage que Nietzsche établit entre les forts et les faibles. Les forts s'imposent et imposent au faible une mémoire de la dette par une disposition morale imposant le souvenir de la dette. Et ce souvenir affaiblit le débiteur et le rend réactif ; puisque l'homme actif, par habitude utile, s'inscrit toujours au présent et oublie volontairement et nécessairement son passé négatif pour agir utilement et efficacement. C'est pourquoi « aussi a-t-il dû apprendre (*gelernt*) à séparer le nécessaire du contingent.[268] »

La connaissance et la réalisation du nécessaire permettent de devenir responsable de ses actes et maître de sa vie pour éviter l'esclavage par la dette ; surtout lorsque son remboursement n'est pas évident. Celui qui ne parvient pas à rembourser sa dette mérite une punition et donc une souffrance. Comme le dit André Stanguennec : « Les esclaves, plus généralement les individus « faibles », initialement socialement dominés, entrent ainsi eux-mêmes dans le cadre de la relation créancier-débiteur constitutive de la relation faute punition que les maitres mettent d'abord en œuvre pour

[267] Nietzsche F., *La Généalogie de la morale*, § 4, p. 256, in *Œuvres Complètes de Nietzsche et Fragments Posthumes*, Edition G. Deleuze et M. Gandillac, Paris, Gallimard, 1968 - 1997.
[268] *Ibid.*, § 1, p. 252.

eux-mêmes.[269] » Cette proposition fait suite à l'idée de la *Généalogie de la morale* selon laquelle : le « créancier participe au droit des maîtres.[270] » Avant l'ère de la justice punitive du droit moderne, la punition était le châtiment et la torture.

De nos jours, la loi semble protéger le fautif en le reconnaissant comme sujet de droit et en substituant la peine corporelle par des amendes et même par la grâce. On peut parler de justice. Mais dans le paradigme de Nietzsche, il n'y a de justice qu'entre égaux, entre pairs. Son élargissement aux faibles (débiteurs) pose par la même occasion un problème au niveau axiologique. Car en devenant un mode de protection pour les faibles, la justice se moralise et risque de conduire à un encouragement de la paresse qui tue l'éthique forte de la vie.

En effet, pour le faible, la punition en cas de dette non remboursée, est perçue comme une violence et donc une injustice : c'est le principe de la mauvaise conscience qui n'a pour seule punition que le remords et le repentir par elle-même ou par Dieu lorsque « Dieu se sacrifia lui-même pour payer la dette de l'homme. [271] »

Comment Nietzsche arrive-t-il à situer la relation de l'homme à Dieu dans la logique de la dette et de la faute ? Cette analyse nous permettra de comprendre la logique de la dette dans son acception générale et actuelle de l'humanitaire.

D'abord comment Nietzsche établit l'origine de la dette ?

En prolongeant la critique de la transcendance divine et surtout celle du monothéisme de la Bible, Nietzsche montre,

---

[269] Stanguennec A., *Le questionnement moral de Nietzsche*, notamment le Chapitre 2 sur *La faute, le châtiment, la mauvaise conscience*, de 219 à 250.

[270] Nietzsche F., *Généalogie de la morale*, op., cit., II, § 5, p. 258.

[271] *Ibid.*, § 21, p. 283.

généalogiquement, comment ce monothéisme a produit la mauvaise conscience et a établi entre l'Homme et Dieu un rapport de créancier à débiteur.

Au départ, la mauvaise conscience est définie comme conscience réactive des faibles ou esclaves exprimant le ressentiment contre les forts ou les maîtres. Par et à travers la mauvaise conscience, les esclaves extériorisent une forme de violence, née d'un instinct de liberté refoulé ou inhibé par la violence oppressive des maîtres. L'esclave a vis-à-vis du maître une dette à payer, et le prix est un prix psychologique qui se manifeste par la réactivité de la conscience du faible. Ce mouvement est manifeste dans les rapports, aussi bien entre l'État et le peuple, entre deux États différents, mais aussi entre les individus singuliers : « Cet *instinct* de *liberté* rendu latent par la violence- nous l'avons déjà compris -, cet instinct de liberté refoulé, rentré, retenu captif à l'intérieur et ne trouvant plus dès lors à s'épancher et à se déchaîner que sur lui-même : c'est cela, rien que cela, la *mauvaise conscience* à ses débuts.[272] »

Plus tard, cet instinct prendra d'autres formes, parmi les plus dangereuses et les plus répandues, on note celles des États tyranniques et du christianisme : « [...] – et donc que l'« État » le plus ancien a été une tyrannie effroyable et une impitoyable machinerie d'oppression, jusqu'à ce que cette matière première, le peuple, les semi-animaux, ait fini non seulement par devenir malléable et docile, mais aussi par être *formée*.[273] » Le christianisme poursuit cette logique de la violence docilisatrice en rendant plus subtile la souffrance due à l'absence de liberté, par l'instauration de la conscience de la dette vis-à-vis d'une existence imaginaire, une hypostase, dotée d'un pouvoir de « châtiment » et de surveillance infaillible : Dieu. Créateur et Père, omnipotent et omniprésent

272 *Ibid.*, II, § 17.
273 *Ibid.*

exigeant de nous l'obéissance pour marquer notre reconnaissance en tant que créature ; Dieu devient un créancier exigeant de son débiteur l'obéissance et la dévotion comme prix à payer pour le remboursement de la dette. Celui qui refuse de payer sa dette est considéré comme impie, le terme approprié est infidèle. Et, celui qui fait des infidélités aux créanciers mérite nécessairement le châtiment. Le christianisme a donné au châtiment une valeur coercitive ou punitive pour ne pas dire normative. En effet :

> *Le "châtiment" à ce niveau de civilisation est simplement le reflet, la mimique de la conduite normale contre l'ennemi haï, désarmé, vaincu, qui non seulement a perdu tout droit à la protection, mais ne peut même plus demander clémence ; c'est alors le droit de la guerre et le triomphe du vae victis ! dans toute sa dureté et toute son horreur...*[274]

Avec le christianisme, la violence a pris une autre dimension, beaucoup moins visible, mais plus pernicieuse et plus torturante que celle des États politiques, avec en arrière-plan une ambition d'éduquer, par la croyance. On voit ici que l'éducation devient un instrument de torture. L'histoire de la croyance, selon Nietzsche, se caractérise par une interminable torture de la conscience rendant l'homme coupable d'une faute dont il a peu conscience, parce qu'irréelle, trop lointaine et imaginaire. La conscience de la croyance est conscience de la dette, car au fondement du judaïsme, il y a la dette. Comment ?

Dans le judaïsme primitif, Dieu se manifeste comme un créancier qui sollicite impérativement l'obéissance du débiteur, c'est-à-dire le pécheur qui doit sa vie, sa survie et son bonheur ici et ailleurs à sa soumission à la loi divine. Le Dieu des Juifs est un Père exigeant et vengeur toujours prompt à infliger un châtiment aux insoumis refusant de payer leurs dettes. La désobéissance, qui est en fait l'incroyance, implique

---

[274] *Ibid.*, I, § 9.

punition. Dans la logique du monothéisme ancien, la vengeance et la sanction étaient exclusives.

L'avènement du christianisme va changer les rapports des fidèles à Dieu, mais sans supprimer la dette ; elle modifi simplement la nature de celle-ci. En basant la relation sur l'amour, le message du Christ métamorphose la nature de Dieu en le faisant passer d'un Dieu vengeur à un Dieu d'amour ; se donnant même la mort pour payer la dette de toute l'humanité. Mais, même dans ce nouveau rapport, ou nouvelle alliance, le fidèle reste toujours un débiteur ; puisque de la dette par obéissance on passe à la dette par amour. Le christianisme a simplement changé le prix à payer : au lieu de régler sa dette par la soumission on la paie par amour. Mais, fondamentalement, la torture reste présente ; puisqu'un amour exigé ou forcé (qui se traduit comme une injonction) n'est pas affectif ou émotionnel et ne le sera jamais ; il devient une souffrance torturante au niveau de la conscience.

La soumission et l'amour, caractéristiques de la foi dans le monothéisme de la Bible ne peuvent pas fonder un humanisme de la force et de la dignité humaine, mais plutôt un humanisme de la décadence ou d'un *quiproquo* spéculatif sur la véritable humanité. Car, en vérité, le croyant condamné à aimer un néant - d'être, s'inflige de l'intérieur, une désobéissance refoulée et se sanctionnera de n'avoir pas suffisamment aimé. Il est à la fois torturé par l'obligation extérieure de croire et par l'auto-culpabilisation de n'avoir pas payé totalement sa dette. Or, l'incroyant, lui, n'est pas persuadé d'avoir commis une faute (*schuld*) et se demande : « pourquoi obéir ? », « à quoi bon ? »

En se fondant, on le soupçonne, sur l'histoire de Jésus, Nietzsche caricature la logique de la dette et de la foi à travers « la métaphore des prisonniers.[275] » L'anecdote dit qu'un jour,

[275] Nietzsche F., *Le Voyageur et son Ombre*, § 84.

convaincu que leur gardien a disparu, un des prisonniers prend la liberté de parole pour dire aux autres ceci :

> *Je suis le fils du geôlier, et mon crédit est illimité auprès de lui. Je peux vous sauver, je veux vous sauver ; mais notez-le bien, seuls ceux d'entre vous qui croient que je suis le fils du geôlier ; quant aux autres, qu'ils récoltent donc le fruit de leur incroyance... Je délivrerai quiconque croit en moi, aussi vrai que mon père est vivant.*

Mais les prisonniers sont hésitants et sceptiques. Ils demandent : « pourquoi faudrait-il te croire ? » Subitement, le dernier prisonnier descend dans la cour et annonce aux autres que : « Le geôlier vient de mourir subitement. » Mais le fils du geôlier insiste : « Je délivrerai quiconque croit en moi, aussi vrai que mon père est vivant. »

La problématique de Nietzsche est celle de savoir d'où vient le scepticisme des prisonniers ? On peut répondre en disant que ces derniers n'ont pas foi en ce fils de geôlier, parce qu'ils n'ont pas la connaissance certaine de la nature de leur dette.

Nous disions que Nietzsche se fondait sûrement sur le cas de Jésus de Nazareth. En effet, l'idée d'une dette qui se paie par la foi dans l'amour du Christ est une invention millénaire des prêtres née de la *Bible* et prolongée par le *Coran*. La métaphore des prisonniers est l'illustration parfaite de la condition du fidèle dans son rapport au Créateur vindicatif et exigeant. La Nouvelle alliance forge donc une nouvelle soumission et une torture nouvelle en inventant une nouvelle forme de dette qui se rachète par la foi dans l'amour d'un père gourou dont la réciprocité sentimentale ne s'exprime que de façon imagée et ne se prouve qu'en éprouvant ses enfants, ses créatures. La classe sacerdotale, chargée de conscientiser les humains sur la nécessité de payer leur dette, les a convaincus qu'ils sont nés endettés, parce que nés dans et par le péché ; alors, ils ne peuvent s'en libérer qu'en aimant leur créancier pour s'éviter la prison à perpétuité.

L'humanisme de la foi condamne l'homme à aimer celui qui l'a condamné à un amour fantasmagorique. Et plus grave, cet amour le condamne à la haine de soi-même, à la mise à mort de son instinct de vie et donc à une autoflagellation, à un rejet de soi. La dette envers Dieu devient pour le croyant un instrument de torture. L'endetté dans cette relation à Dieu ne doit intégrer que ce « qu'il peut trouver de plus opposé à ses véritables et irrémissibles instincts animaux, il réinterprète ces instincts animaux comme une dette envers Dieu… »

La foi qui humanise signifie dire non à sa propre vie au profit d'une hypostase. Pour Nietzsche, comme le dit Georges Gœdet[276] : « le non que l'homme se dit à lui-même, à la nature, à la spontanéité, à la réalité de son être, devient, lorsqu'il le fait jaillir hors de lui-même, un oui, quelque chose d'existant, de corporel, de réel, Dieu, sainteté de Dieu, judicature de Dieu, exécution des hautes œuvres de Dieu, et au-delà, éternité, martyre sans fin, enfer, châtiment et dette incommensurables », qui cause la souffrance quotidienne et la lassitude.

L'humanisme chrétien se donne à lire comme une soumission et une aliénation volontaires à une imposture d'existence originaire que nous acceptons comme créancier. De là naît toute la misère de l'homme, son abaissement et son indignité. C'est pour Nietzsche une déraison, une forme de délire de la volonté :

> *[…] la volonté de l'homme de se sentir coupable et condamnable au point que toute expiation devienne impossible, sa volonté de se penser comme châtié sans que jamais le châtiment puisse égaler la faute, sa volonté d'infecter, d'empoisonner le dernier fond des choses par le problème du châtiment et de la faute pour se couper définitivement toute sortie de ce labyrinthe d'« idées fixes », […]*[277]

---

[276] Gœdet G., *Nietzsche, critique des valeurs chrétiennes : souffrance et compassion*, Editions Beauchenesne, 1977.
[277] Nietzsche F, *La Généalogie de la morale*. § 22.

L'homme souffre donc de sa propre volonté, raison et déraison. Comment comprendre que l'amour porté sur un être inconnu puisse poser comme condition la haine de soi ? Notre culpabilité de se reconnaître comme coupable *ab origine* doit être payée par le sacrifice de notre joie de vivre ; puisque toute possibilité de satisfaction personnelle est abrogée pour aimer notre créancier : « Bref, après que l'homme a opposé à son instinct un monde du bien, tout imaginaire, il a fini dans le mépris de soi en se jugeant incapable d'actes ''bons''.[278] » Et ce mépris de soi a suscité la mauvaise conscience qui est une souffrance intérieure, puisque sa manifestation est une autoflagellation, autre cruauté envers soi-même ; l'image du chameau traduit parfaitement le poids de cette souffrance : « Tout cela, qui est pesant, l'esprit aux reins solides le prend sur lui ; de même que le chameau, sitôt chargé, se presse vers le désert, ainsi vers son désert se presse l'esprit.[279] » Il faut dire que l'idée même de péché originel rend la dette beaucoup plus lourde et même infernale ; puisque, en vérité, si nous sommes pécheur par nature, la dette devient incommensurable et aucun humain ne pourra s'en départir ou même rembourser.

Pour Nietzsche, Dieu est devenu la mauvaise conscience qui torture :

> *Voilà en gros ce que je tenais à dire pour le moment sur ce qui lie les concepts de « dette » et de « devoir » à des présupposés religieux : j'ai omis à dessein la moralisation qui est le propre de ces concepts (leur refoulement dans la conscience, plus précisément : l'enchevêtrement de la mauvaise conscience et du concept de dieu).*[280]

Et par le péché, Dieu a voulu se démarquer de cette mauvaise conscience tout en y demeurant : « « Le péché » - puisque tel est le nom nouveau dont le prêtre désigne la « mauvaise conscience » animale (la cruauté retournée sur elle

---

[278] Nietzsche F, *Volonté de Puissance*, I, § 318.
[279] Nietzsche F, *Ainsi parlait Zarathoustra*, Des trois métamorphoses.
[280] Nietzsche F, *La Généalogie de la morale*, *op. cit.*, § 21.

– même) – le péché a été jusqu'à présent l'événement majeur de l'histoire de l'âme malade : nous avons en lui le tour de force le plus dangereux, le plus néfaste de l'interprétation religieuse.[281] » En effet, la Bible elle-même nous montre que personne n'a réussi à payer sa dette au point où Dieu, par son fils unique, finit par se suicider par compassion pour tenter de laver cette nature pécheresse que nous portons ontologiquement.

La crucifixion est la matérialisation de notre incapacité à rembourser la dette. Bernard Edelman traduit se suicide comme un paradoxal acte d'amour du créancier pour son débiteur :

> *Dieu se sacrifiant lui-même pour payer la dette de l'homme, Dieu se faisant payer lui-même par lui-même, Dieu comme seul capable de racheter l'homme de ce dont l'homme lui-même est devenu incapable de se racheter – le créancier se sacrifiant pour son débiteur, par amour (est-ce croyable ?), par amour de son débiteur ! (...)*[282]

Mais, malgré tout cela, l'homme continue à vouloir sa souffrance comme si le sacrifice de dieu fait homme par son fils Jésus ne suffisait pas. Nietzsche appelle cela dans *Aurore* au paragraphe 18, « La morale de la souffrance volontaire » qui montre que :

> *[...] la colère, la peur, la volupté, la vengeance, l'espoir, le triomphe, le désespoir, la cruauté ; et en effet le prêtre ascétique a pris sans scrupule à son service toute la meute de chiens sauvages qui hurlent dans l'homme, lâchant tantôt celui-ci, tantôt celui-là, toujours dans le même but de réveiller l'homme de sa longue tristesse, [...]*

Et ce fut le cas du suicide de Jésus. Le sacrifice de sa propre personne était la démonstration d'un sentiment excessif. Et, tout sentiment exprimé excessivement se fait payer durement

---

[281] Nietzsche F, *La Généalogie de la morale*. III, § 20.

[282] Edelman B., *Nietzsche un continent perdu*, Paris, Puf, 1999, p. 173.

par la suite en rendant le malade plus malade. Aux yeux de Nietzsche, cette sorte de remède contre la douleur passe pour être de nature « coupable ».

Comme le montre A. Stanguennec : « La souffrance n'est plus seulement celle du travail et de l'accouchement de l'homme (dans la perspective de l'Ancien Testament), insuffisante pour le salut, mais elle est encore la souffrance qu'on s'inflige dans l'espoir du salut (dans la perspective du Nouveau Testament). » Son interprétation montre que le sens moral de la souffrance n'est plus seulement celui que Dieu donne à cette souffrance et que nous subissons corporellement. En réalité, comme il le dit si bien, « la souffrance qui a vraiment du sens – permettant, selon le Christ judaïsé de Paul, *le salut – est celle que l'on s'inflige à soi-même en imitation du Christ, la « crucifixion » de soi-même.*[283] »

Mais l'on se demande, au regard de la persistance de la souffrance humaine, si le sacrifice de Jésus a suffi pour payer la dette du péché. Et si cette dette a été payée par le suicide de Jésus, parce que l'homme est impuissant et n'a pas assez d'amour pour Dieu, quelle sera sa responsabilité vis-à-vis de lui-même et de ce même Dieu ? Comment peut – il tenir sa promesse pour recouvrer sa dignité d'homme et s'éviter la souffrance après la mort du Christ ?

Nous ne reviendrons pas sur les détails de l'amour. Nous voulons situer le débat sur la conscience de la responsabilité dans le rapport du créancier au débiteur.

Si nous transposons la logique de la dette vis-à-vis de Dieu sur un plan social, économique et politique, on comprend que le créancier exercera toujours un pouvoir sur le débiteur, surtout quand ce dernier est incapable de payer sa dette malgré

[283] Stanguennec A., *op. cit.*, p. 248.

les promesses faites et les conséquences multiformes qui peuvent en découler.

Chez Nietzsche, l'homme est un animal qui peut donner et tenir sa promesse. La véritable noblesse et la responsabilité de l'homme résident dans le fait qu'il peut promettre et répondre de lui-même. Celui qui ne peut payer sa dette aura conscience d'avoir commis une faute et de cette conscience, le débiteur accorde au créancier un sentiment de volupté qui consiste à accepter de subir le pouvoir de celui-ci. De là naît la souffrance morale ; le mal fait à un individu va se traduire par la souffrance du coupable et le créancier a le droit de punir le débiteur dans une ambiance festive. Et par suite de conséquence, le débiteur sera docilisé, pacifié, apprivoisé au point de transformer sa cruauté physique en cruauté mentale ; puisque, dans les faits, affaibli par la conscience de la dette ou de la faute, il ne peut exercer une vengeance physique et il ne peut non plus oublier ; puisque, chez Nietzsche, l'oubli est la preuve de la grande santé et condition du devenir qui est le propre des hommes libres et forts. Pour tenter de supporter cette douleur ou de la camoufler afin de se donner bonne conscience, le débiteur va normaliser sa soumission et son endettement en se cachant derrière le prétexte humanitaire accordant aux nécessiteux le statut d'ayants droit à l'aide et à l'assistance au nom des « droits de l'Homme ».

Mais d'un point de vue éthique, ce statut d'ayant droit ne déshabille-t-il pas les bénéficiaires du manteau de la pudeur et du costume de la dignité humaine ?

La charité, dans sa forme actuelle, n'est-elle pas assimilable à une désocialisation de subalternation qui précipite l'humain dans les limbes du vice et de la bêtise déshumanisante pour finir, enfin, dans le rapetissement dont parle Nietzsche ?

Même si, selon les origines chrétiennes de la charité, on peut distinguer deux sortes de mendiants (les mendiants honnêtes et donc secourables et les mendiants vicieux qui se complaisent dans l'oisiveté, le vol et l'attentisme paresseux), il convient de souligner que la pitié exprimée par la charité dans l'altruisme cache bien, de nos jours surtout, une forme de mépris dissimulé et de condescendance souvent impérialiste. Pour le justifier, il suffit de voir que l'aide humanitaire actuellement est loin d'être l'aumône des chrétiens, puisque cette pratique était traditionnellement une catharsis (purification des inévitables péchés qui entachent l'existence mondaine). Ce témoignage matériel de la miséricorde n'a aucune commune mesure avec la méprisante assistance de l'humanitarisme dédaigneux de notre époque.

Vu sous le prisme de la société contemporaine, l'acte de donation fait courir le risque de la subordination provoquant la perte de l'humain véritable devenant trop humain et donc malade de la douleur des autres pour ce qui est du donateur et malade de sa dépendance pour ce qui est du bénéficiaire victime.

C'est pourquoi, il sied de se demander quelle est la place des hommes et des pays bénéficiaires de l'aide et du secours permanents (les “nouveaux pauvres”) dans cette “humanité normalisée par la pitié et l'aide”.

La taxinomie des pays selon l'indice de production économique capitalise, à n'en point douter, le phénomène de désocialisation des nouveaux pauvres. Car un regard psychanalytique ou simplement critique nous impose quelques questions : l'assistanat peut-il être un catalyseur de la croissance économique ? Un assisté aura-t-il la volonté de s'auto-dépasser et de tendre vers son autonomie qui fait de lui un décideur pouvant créer du sens et orienter sa vie et celle de ses voisins ? Le système d'assistance n'annihile-t-il pas les capacités esthétiques de création des individus ? N'accentue-t-il pas la faiblesse, la lassitude et la volonté de puissance négative ? Et les principaux bailleurs – pourvoyeurs d'aide n'ont-ils pas la vicieuse ambition de maintenir leurs assistés dans cette posture d'éternels mendiants pour mieux affirmer leur ego et imposer leurs intérêts ? En somme, on voudrait savoir quelle est la plénitude du désintéressement dans les actions altruistes. La satisfaction, même morale, de celui qui donne ne cache-t-elle pas un égoïsme ? Et la démocratisation de l'endettement comme phénomène - solution des temps modernes censé régler la pauvreté dans les pays sous-développés, peut-elle constituer une solution fiable et pérenne ?

Un regard sur l'actualité en rapport avec la pauvreté et l'aide nous conduit à prendre comme exemple la situation des pays dits sous-développés ou en voie de développement.

Transposer la logique du péché qui fait de l'homme un débiteur face à Dieu sur le plan socio-économique des pays endettés, on verra que ces derniers ont pris le statut du pécheur et leurs bailleurs (ou la Banque mondiale ou les anciens colonisateurs) prennent la place de Dieu. Vis-à-vis du bailleur, l'endetté nourrit la peur, la crainte, la soumission et la petitesse, l'infantilisme. Regardons l'actualité de cette préoccupante question des pays économiquement pauvres et endettés.

Dans les années 1970 et 1980, en Afrique notamment, la montée du prix des matières premières avait motivé les pays sous-développés, déjà endettés, à solliciter un surendettement pour financer le développement. Mais très vite, la tendance s'est retournée après le choc pétrolier conduisant à une situation de récession générale qui entraîna la crise de la dette qui a continué jusqu'aux années 90 sans aucun espoir de croissance économique. Selon les chiffres publics[284], entre 1982 et 1992 la valeur actuelle nette (VAN) du ratio – dette/exportation a augmenté de 266 à 620% pour l'ensemble

[284] On peut retrouver quelques chiffres et précisions sur le site internet www.gouv.ci

des pays pauvres les plus endettés. Face à cette situation et à l'échec des multiples plans d'ajustement structurel et mesures classiques d'allègement de la dette, les institutions internationales (FMI et Banque mondiale) vont instaurer l'initiative PPTE (Pays pauvres très endettés) comme programme conjoint. Cette initiative vise à soulager le fardeau de la dette des pays pauvres. Mais, comme il est de tradition, cette volonté n'est pas sans poser des conditionnalités d'éligibilité à l'initiative PPTE comme préalables.

Pour bénéficier de ce soutien, il faut répondre à un ensemble de critères qui soumettent les dirigeants et même tous les bénéficiaires à un régime draconien. Par exemple :

- avoir parfaitement mis en œuvre des réformes et les politiques économiques dans le cadre de programmes choisis par le FMI et la BM ;
- n'être éligible qu'à une assistance concessionnelle de la part du FMI et de la BM ;
- toujours faire face à un niveau d'endettement insoutenable.

Mais ces conditions ne sont qu'une première étape. Si la candidature d'un pays est retenue, le pays doit mettre en place une politique d'ajustement structurel pendant trois ans au bout desquels une analyse de viabilité de la dette est entreprise par les experts des deux institutions pour déterminer les besoins d'allègement. C'est le point de décision. Si cette étape juge de l'insoutenabilité de la dette, le pays demandeur peut entamer une seconde phase de réformes qui consiste en un allègement intérimaire. S'il sollicite un allègement total de sa dette, le demandeur doit continuer à prouver qu'il met convenablement à exécution les programmes du FMI et de la BM et observer une période de stabilité macroéconomique. Cette deuxième phase prépare le point d'achèvement qui autorise la réduction du montant de la dette au taux convenu au point de décision pour rendre la dette soutenable.

Ce long et contraignant processus est souvent présenté comme le moyen le plus efficace de solder le service de la dette et permettre aux pays très endettés d'envisager la croissance et la sortie de la pauvreté.

Mais à bien y voir, le seul bénéfice de l'initiative PPTE est seulement la baisse substantielle des ratios d'endettement extérieur et le relèvement de la notation financière de l'État endetté qui, d'ailleurs pour les populations appauvries, demeure une nébuleuse rhétorique sans retombées vitales. Car, dans les faits, cette littérature ne fait qu'accroître la capacité d'un pays à emprunter de nouveau sur les marchés. Conséquence, cette initiative est un encouragement à l'endettement et donc à renforcer la situation de débiteur et la subalternation vis-à-vis des créanciers ; cercle vicieux du sous-développement et du désendettement qui produit un surendettement. On peut citer le cas le plus connu de l'Ouganda. C'est en 1995 et 1997 que l'Ouganda avait proposé et fait adopter par le FMI le « Poverty Eradication Action Plan » après son adoption à travers une consultation populaire. Ce plan servira de modèle pour la stratégie de la réduction de la pauvreté en s'attachant aux domaines clés de la santé, de l'éducation et des infrastructures.

Quelques années après, le bilan macroéconomique est simplement mitigé. Suite à un allègement du service de la dette, le pays avait réussi une stabilisation certaine avec une maîtrise de l'inflation et des dépenses budgétaires ayant permis de diversifier les exportations. Mais la vache grasse ne tardera pas à perdre sa plus-value pondérale. Le succès sera éphémère ; puisque l'endettement va reprendre sa montée et redevenir insoutenable en 2005. Du coup, la pauvreté et la souffrance reviennent au galop avec une taille augmentée de trois fois plus.

On se souviendra aussi du cas de la Côte d'Ivoire. En lisant le programme de campagne du président actuel Alassane Ouattara, on se rend compte qu'il est porté sur l'endettement extérieur comme gage de développement. Son dernier espoir reste le point d'achèvement de l'initiative PPTE. Pour lui : « Nous poursuivons l'assainissement de la gestion de nos finances publiques pour atteindre le point d'achèvement de l'initiative PPTE qui permettra d'alléger le fardeau de la dette extérieure (6300 milliards de FCFA) devenue insupportable avec un service de plus 400 milliards de FCFA/an.[285] »

Ce qui paraît curieux et paradoxal est la volonté de penser développer un pays en comptant sur un surendettement et postuler une autonomisation de ses décisions et une indépendance de son peuple. Allons savoir !

Nous revenons sur le cercle vicieux du binôme aide-crédit concessionnel pour dire qu'aucune aide ou aucun prêt ne peut guérir la souffrance et la pauvreté. Pour le cas de l'Afrique au sud du Sahara, ce contrat est substantiellement un outil subtil de promotion des intérêts des bailleurs de fonds par lequel les pays du G7 ou G8 pérennisent leur domination sur les pays dits en développement ou sous-développés. Le dire est sans nul doute un secret de polichinelle ; puisque tout le monde peut constater qu'aucun pays ayant bénéficié de cette initiative ne s'est développé. Et, de nos jours, les effets de ce binôme financier sont corrosifs et infernaux : surendettement et paupérisation aggravée renforcés par l'instabilité politique et l'irresponsabilité doublée de l'ignorance des peuples et leurs dirigeants.

Pour preuves, on peut donner quelques chiffres : pour l'Ouganda, on a assisté d'abord à une baisse de la dette entre 1997 et 2000 de 1,7 milliard de dollars. Mais en 2003, la dette

---

[285] Voir la page 28 du programme de gouvernement du candidat Alassane Dramane Ouattara.

a repris l'ascenseur jusqu'à atteindre 4,2 milliards de dollars. En Côte d'Ivoire, la dette extérieure est passée de 3232 milliards de FCFA en 1990, soit 110% du PIB à 7789 milliards de FCFA en 1994, soit 183% du PIB ; et en 1997 elle atteint 8986 milliards de FCFA, soit 150% du PIB. Mais comment comprendre cette paradoxale situation ?

Loin de la plus facile et répandue accusation qui jette l'opprobre sur l'Occident impérialiste, il faut cerner la responsabilité des pays endettés acquéreurs que nous qualifions de « mendiants de plein droit ». En effet, on doit condamner la méthode du binôme financier dans son essence et dans sa pratique en montrant le vice des bailleurs de fonds. Mais qui aura la naïveté de croire à un angélisme altruiste d'une politique internationale menée par des hommes hédonistes en mal de gloire et spirituellement capitalisés ?

Il faut dire que les causes de l'endettement qui aggravent la pauvreté dans les pays sous-développés sont multiples. D'abord l'aide échoue à cause de la mauvaise conjoncture internationale ; mais plus par la mauvaise gestion des gouvernants africains eux-mêmes avec la complicité de leurs collaborateurs occidentaux. On se souvient encore de l'affaire des « complexes sucriers » révélée par la presse ivoirienne.

On peut tirer la leçon, déjà connue, que tous les programmes d'ajustement structurel ont été un échec en Afrique. Il faut donc que les pays en développement ou sous-développés pensent les stratégies pour le lancement des économies autocentrées et prennent le courage risqué de rompre avec le cynique binôme aide-crédit concessionnel qui restaure le couple créancier/débiteur et rappelle celui du maître/esclave rabaissant l'humanisme véritable et, bien entendu, la tendance à l'universel à de simples incantations.

L'aide de l'initiative PPTE a été pour toutes les trésoreries des pays bénéficiaires sûrement une bouffée d'oxygène momentanée qui permet à un État de souffler instamment.

Un regard critique permet de déduire que l'aide internationale doit avoir d'autres objectifs que la volonté altruiste de faire du bien et de sortir les populations de la souffrance liée à la pauvreté. Bien plus, les pays demandeurs d'aides doivent sortir du rêve éveillé d'un messianisme occidental de bienfaisance qui s'enlise dans les méandres du néocolonialisme qui a produit la mal-gouvernance, la corruption et la complaisance dans l'attentisme et l'inaction involutive accentuant la misère et la pauvreté.

Loin d'un soupçon accusateur, on constate que l'humanitaire et la vulgate qu'il cultive transforment les individus à aider en bête de troupeau, individuellement et collectivement, non responsable de leurs engagements.. Les victimes faisant bien entendu confiance à la bonne foi de leurs secouristes, dans la détresse, leur seul mot le plus prompt est « aidez- nous ! » Toutefois, la bonne foi ne constitue pas en soi un gage et une preuve suffisants de l'honnêteté d'une démarche et d'une responsabilité individuelles ou collectives. En plus, cette généralisation de l'aide pointe à l'horizon la transformation de la vie humaine en un vaste spectacle de la sinistrose où les acteurs principaux seront, d'un côté, les secouristes ou agents de la sécurité et de la vie, spécialistes du sauvetage, et de l'autre les victimes des catastrophes et les damnés de la terre. Voilà bien une peinture sinistre d'une existence sinistrée. Cette sinistrose, née de la pitié des autres, perd sa positivité et devient un danger, en ceci qu'elle aboutit à une généralisation ou globalisation exclusive de l'altérité qui néantise le sujet conscient et fait de notre humanité un genre d'espèce à protéger comme le sont aujourd'hui les gros singes *bonobos*, les éléphants et bien d'autres espèces animales. Nous sommes là dans le cas du droit à la vie biologique et de la préservation d'une espèce humaine en danger qui, de notre point de vue, constitue une dérive de l'éthique humanitaire véritable vers un humanitaire purement biologique et presque animalisant.

L'idéologie humanitaire, au-delà de la bonne intention morale, se présente souvent comme l'ustensile de réification humanitaire, sociale et politique. Ayant créé un vaste « réseau[286] » mondial où s'échangent des biens et des pseudo-valeurs et droits universels, l'humanité actuelle, grégarisée par les morales de la « correctitude universelle » et de la compromission consensuelle, a fait de l'idéologie humanitaire un espace utopique d'échange où se vit une fiction de pitié permettant virtuellement d'éviter la pitié de soi. Cette ambition transforme, en conséquence, la solidarité et la compassion en sentiments virtuels. Ainsi, pitoyables et apitoyés deviennent tous victimes de l'humanitaire.

Mais pensée dans la logique du réseau, l'idéologie humanitaire cache bien un vice et devient le moyen le plus efficace de renouvellement et de prolongement de l'exploitation mercantiliste de la mondialisation capitaliste qui, par la démocratisation des valeurs pseudo-universelles, accentue l'exploitation de l'homme par l'homme et la fabrication des parias.

Pour le cas précis de l'Afrique, même l'annulation de la dette sans vision (qui nécessite une conscience lucide) et moyens de croissance endogène sera une pilule sans molécules[287]. Pour éviter la perversion de ce qu'il est convenu

---

[286] Le mot réseau est à prendre aussi bien au sens classique de connexion complexe ou interconnexion que « comme organisation clandestine formée par des personnes obéissant aux mêmes directives. » Cf. Le petit Robert 2012.

[287] Nous aboutissons à cette conclusion après plusieurs lectures des publications sur la situation économique de la dette africaine et quelques analyses qu'on peut retrouver sur les sites suivants :

- Afrique Relance, vol.15, (octobre 2001), page 26. Qu'en est-il de la dette ? Malgré l'Initiative PPTE, les pays africains ploient sous le poids de la dette, par Gumisai Mutume.
- http//www.hcci.gouv.fr/lecture/synthèse/sy010.htm/

d'appeler, de nos jours, l'idéologie humanitaire, il faut que les peuples d'Afrique se forgent une conscience lucide et active ; celle-ci sera à la fois le sérum et le vaccin de cette pathologie de la lassitude attentiste. Ressentie, de nos jours et désormais, comme une nécessité par de nombreux acteurs de cette planétaire tragi-comédie humanitaire, la philosophie se doit aussi d'aller à la reconquête du sens et des principes fondamentaux des pratiques humanitaires pour canaliser les intentions impérialistes et maîtriser les dérapages idéologiques. En effet, philosophiquement, c'est en s'adressant à des sujets pensants et dignes et non à une masse de victimes à protéger que l'action humanitaire sera elle-même dans sa dignité idéologique.

Au-delà de cette parenthèse sur le rapport de l'aide et de la dette en Afrique notamment, nous sommes toujours au centre du questionnement sur la souffrance humaine et son traitement par l'humanisme contemporain qui conditionne les relations entre les hommes différents, entre les souffrants, les pauvres d'une part et les riches et bien nés de l'autre. Si la pitié et l'aide ne constituent pas la solution à la misère d'autrui, comment établir un rapport aux souffrants qui soit sain, neutre et humanisant ?

La conception de l'humanité et les buts que se donne chaque société et chaque individu sont au fondement de nos rapports à autrui et orientent nos choix existentiel et existential. C'est pourquoi notre questionnement éthique sur l'humanisme actuel veut saisir les limites d'un amour pour autrui caractéristique d'une attitude philanthropique.

Sinon, comment faire œuvre charitable sans être philanthrope ? Comment être philanthrope et ne pas aimer tous

---

- HCCI, Sandrine Paillet, L'initiative PPTE de réduction de la dette pour les pays pauvres très endettés, septembre 2002.
- http ://www.cadtm.org
- htttp :/www.imf.org/external/np/erx/facts/fre/hipcf.htm

les hommes au-delà des frontières spatiales, culturelles et raciales ?

Si l'homme est partout le même (pour s'interroger dans le sens de l'illuminé Diogène qui cherchait l'Homme au bout de sa lanterne en plein jour), il nous est permis de voir dans la philanthropie une marque de cosmopolitisme ; puisque cette doctrine de vie place au premier rang de ses priorités l'humain. Même si on peut relever que du point de vue stoïcien et dans l'optique kantienne, le cosmopolitisme n'a rien à voir avec la philanthropie, ni avec la charité, ni même avec la pitié. Chez Kant, son statut est juridique et est orienté vers la paix perpétuelle et s'illumine dans les dernières propositions de *Idée d'une histoire universelle* ...

La connivence avec la charité peut être établie au niveau du solidarisme philanthropique établi par l'Église. Les vrais philanthropes ne visent que la notoriété pour marquer leur existence du sceau de l'immortalité. Les exemples aujourd'hui sont marquants ; notamment aux États-Unis où les grandes firmes comme Exxon Mobil, Rockefeller Foundation (qui fait la promotion du progrès scientifique), Bill Gates ont pris le relais des Églises. Positivement développée, la philanthropie peut favoriser le projet de Diogène de fabriquer des citoyens du cosmos – c'est-à-dire d'être né dans un coin de monde et de toucher en même temps à l'universalité sans aliéner sa particularité : c'est le fameux projet cosmopolitique. La conscience de participer à l'universelle humanité conduirait *ipso facto* à aimer et à aider son prochain et son lointain sans calcul égocentrique.

On peut voir, d'un point de vue philosophique, que la conception cosmopolitique de l'homme s'apparente à la notion d'universalité prônée par les « droits de l'Homme » et ne doit pas être confondue avec le multiculturalisme qui vise une juxtaposition des cultures naturellement hétérogènes dans une réalité existentielle simplement projetée ou imaginaire et qui soulève, dans les faits, le danger du communautarisme grandissant et la péjoration des minorités qui s'accentue, de nos jours, par la pratique de la dette voulue ou imposée pour soulager la misère des peuples. Mais, dans les faits, tout cela ressemble à de la métaphysique de la souffrance qui n'a de teneur que dans et par le discours. C'est pourquoi une autre lecture et une autre attitude vis-à-vis de la souffrance doivent être envisagées et appliquées.

Ce nouveau rapport au souffrir se matérialise par un non-besoin de secours exprimant une expérience de la « grande souffrance » nietzschéenne.

2. La grande souffrance se moque de l'aide humanitaire

Entendue comme acceptation joyeuse de la souffrance, la grande souffrance ne saurait se contenter de l'aide humanitaire. Elle doit prendre plaisir à la douleur de l'existence et en faire une source intarissable de la santé. Pour réaliser la santé et mieux, la grande santé, l'homme de l'avenir doit apprendre à rire et à se moquer de la souffrance et non la considérer comme un facteur limitant de sa bonne vie et nécessitant un secours : « Les contradictions, les incartades, la méfiance joyeuse, la moquerie sont toujours de santé : toute espèce d'absolu relève de la pathologie.[288] »

La question de l'aide humanitaire, comme nous l'analysions plus haut, se pose, de nos jours, comme la solution idéale au problème complexe de la misère des populations du monde entier. Elle semble relayer pragmatiquement l'idéologie des droits de l'Homme qui soutient que tout homme a droit à la dignité et par conséquent au secours et à l'assistance lorsque celle-ci est bafouée par la précarité ou la

---

[288] *Ibid.*, §154.

maladie. Mais, on peut se demander si, au nom de la dignité, l'aide humanitaire déployée à coup de trompette ne rabaisse pas celle-ci. Ou encore, si l'aide et l'assistance peuvent délivrer l'humanité de la souffrance sous toutes ses formes.

La première question soulève une problématique philosophique et anthropologique et la deuxième peut trouver une réponse mathématiquement brutale : non.

Avant d'analyser la problématique de la dignité humaine dans l'aide humanitaire, voyons pourquoi l'aide suscitée par la pitié ne peut sortir l'humanité de la souffrance.

La première raison avait déjà été soulignée : la souffrance fait partie de la vie de tout vivant. La deuxième aussi a été furtivement évoquée et mérite un approfondissement avec des arguments du soupçon nietzschéen : le caractère narcotique des remèdes apportés à la souffrance.

L'aide conçue comme remède à la souffrance est une fausse action curative parce qu'elle est une réaction de et à la pitié. Si la souffrance est considérée comme une pathologie (ce qui du point de vue philologique est une interprétation idéaliste), l'aide sera aussi un faux remède ou encore un remède relevant d'un « bas niveau de la médecine.[289] » Et, en tant que faux remède, il provoque une aggravation de la maladie ou cause de nouvelles maladies. C'est le cas de l'aide humanitaire qui non seulement déshumanise, mais aussi esclavagise le nécessiteux dans un rapport d'assistanat sans pudeur. Les analyses de Nietzsche ont montré que la pitié fait partie des traits distinctifs et symptomatiques de la décadence qui se manifeste par un élan quasi instinctif, donc naturel, vers tout ce qui doit provoquer sa propre aggravation : « Ce sont les moyens de consolation qui ont donné à la vie ce caractère fondamentalement douloureux auquel on croit maintenant : la

[289] Nietzsche F., *Fragments posthumes Humains, trop humains I*, 18 [33]

plus grave maladie de l'humanité est née du combat contre ses maladies ; et les prétendus remèdes ont engendré à la longue un mal pire que celui qu'ils étaient censés éliminer.[290] »

Cette réflexion d'*Aurore* est fondamentalement prophétique ; et elle nous permet de prendre le risque de placer la souffrance dans le chapelet de ces maladies de l'humanité que le sentiment de pitié a voulu enrayer par l'antidote de l'aide humanitaire. Mais on peut se permettre à ce jour de diagnostiquer l'échec de ce médicament et les suites désastreuses à venir de cette grande hypocrisie planétaire, devenue une mode, développée malicieusement ou par une ambition inavouée par la béance humanitariste des droits de l'Homme et le démon de la domination pour assujettir les plus miséreux.

Loin de rejeter les bienfaits du secours aux souffrants, nous voudrions, tout de même souligner son caractère éphémère et nihiliste : « Par ignorance, on crut que les moyens abrutissants et enivrants, efficaces sur l'instant, les prétendues consolations avaient une véritable force curative, on ne remarqua même pas que l'on payait souvent ce soulagement immédiat par une aggravation générale et profonde de la souffrance [...][291] » La question de l'aide vue comme réaction de la pitié à la souffrance n'échappe pas à cette lecture nietzschéenne de la consolation qui, selon lui, est la thérapie la plus usitée dans la *praxis* des aristocraties sacerdotales : « Et ne faut-il pas dire que le remède qu'ils [les prêtres] ont inventé contre leurs maladies s'est en définitive révélé, dans ses effets ultérieurs, cent fois plus dangereux encore que la maladie dont il devait les délivrer ? L'humanité entière continue à souffrir des suites des naïvetés thérapeutiques du prêtre ![292] » Cette allusion au prêtre nous permet de méditer le rôle et la place de la religion

[290] Nietzsche F., *Aurore*, §52.
[291] *Ibid.*
[292] Nietzsche F., *Généalogie de la morale*, I, §6.

chrétienne dans la théorie de l'altruisme et le mouvement de la pitié dans le phénomène de la pauvreté et de la commisération qui a conduit à normaliser la pauvreté et la mendicité à travers l'aumône qui se traduit, de façon moderne, dans l'aide et l'assistance humanitaire : c'est à la fois un prolongement et un élargissement de la générosité chrétienne.

Le christianisme est considéré par Nietzsche comme le moyen le plus sûr d'étourdissement des souffrants et des pauvres par une thérapie moralisante qui fait accepter par le résignationisme, la misérabilité de notre existence en projetant une autre vie paradisiaque après cette vie – ci. La religion nourrit sans cesse le besoin croissant de narcotique en sollicitant l'excitation et l'étourdissement. En étant le soubassement de la culture moderne, la religion chrétienne a donc influencé la culture de la pitié qui se traduit par la promotion du pardon et de l'altruisme. Il n'est point besoin de prendre des gants pour soutenir que la chrétienté est le socle de la culture moderne qui fonde l'humanité de tout peuple sur l'altruisme et le secours aux pauvres par tous les moyens. Le Christ en croix symbolisait à la fois la divino-humanité et l'universalité de la souffrance déterminant la condition humaine à changer par la rédemption.

Cette figure de la damnation de l'homme va figurer toute l'histoire et la culture du mal qu'il faut effacer puisqu'elle sollicite aussi la pitié et la compassion universelle. Alors qu'*a contrario*, une culture aristocratique caractérisée par la volonté d'épanouissement se base sur une reconnaissance de la souffrance comme catalyseur de la santé. C'est pourquoi Nietzsche sollicite la souffrance et pense que la volonté humaine de l'abolir est « la plus folle ambition.[293] » Et, c'est pourquoi « il semble que nous la voudrions encore plus profonde et plus grave qu'elle le fut jamais. » Cette volonté de souffrir pour vivre réellement est déterminée par le *Versuch*

---

[293] Nietzsche F., *Par-delà bien et mal*, § 225.

nietzschéen qui ressuscite le tragique grec pour la création ou la récréation d'une culture plus forte et des valeurs nouvelles. Car : « la thérapie de la culture exige que l'on substitue un mode d'interprétation à un autre mode d'interprétation afin de parvenir à une modification de valeur.[294] » C'est aussi par le *Versuch* que Nietzsche parvint à comprendre que la compréhension de la nécessité de la souffrance dans l'existence humaine passe par une généalogie de la culture qui permet de saisir, en lieu et place de la pitié, le rôle prépondérant de la cruauté dans les phénomènes de culture et l'analyse du sentiment de puissance. Il ne s'agit pas de faire l'éloge d'une cruauté criminelle, mais de montrer pourquoi et comment la pitié inhibe les capacités de vivre avec courage toutes les expériences existentielles, même les plus douloureuses.

Si on doit louer cette invitation au courage et à la volonté de se prendre en charge, doit-on comprendre et conclure par-là que Nietzsche prône une indifférence vis-à-vis de la souffrance d'autrui ? Nos analyses ont tenté de montrer que Nietzsche n'est pas Sade et que son souci était loin du mépris de la souffrance de l'autre. Mais il reste tout de même la question de la responsabilité individuelle et collective face à la condition d'homme au monde. Il s'agit de comprendre et d'éviter, au-delà des intentions moralisatrices, que l'humain ne devienne une espèce d'être biologique en danger et à protéger dans un souci écologique et égocentrique de préservation.

La question est donc de savoir quelle est la responsabilité du surhomme (entendu comme homme à venir anti-humanitariste) de Nietzsche face aux nouvelles manifestations de la souffrance actuelle et à ses causes visibles ou sous-jacentes, humaines ou lointaines. La position nietzschéenne de la responsabilité se base sur la considération de l'autre comme un « ami ». Mais si le concept d'amitié peut changer le sens de

---

[294] Wotling P.,, *Nietzsche et le problème de la civilisation*, *op. cit.*, p.186.

« venir au secours », on se demande, par ailleurs, si cette morale de la pudeur et de la distance convient à notre époque de la globalisation du spectacle de la souffrance (réelle ou ailleurs).

En effet, si elle ne convient pas, parce que nous serions les « derniers hommes », allons-nous vers une légalisation de l'humiliation en continuant à aider les populations victimes des tsunamis, des tremblements de terre, des famines de tout genre en Afrique, etc. ? Si l'assistance humanitaire est le remède le plus efficace de la misère actuelle, est-il possible pour le donateur de venir en aide sans se « raconter des histoires » sur son haut degré de « moralité » ? Puisque la pitié est conçue comme forme exemplaire du souci de l'autre qui, dans la pratique, traduit le noyau de l'humanisme : l'homme comme valeur des valeurs.

CONCLUSION

« Tremblements de terre ou de société, toute victime est d'abord perçue comme à "sauver".[295] »

La victime est comme le disait Alain Finkielkraut « un homme détaché de ses entours et de ses racines, hors sol et hors situation, vidé de lui-même et privé de ses possibles au seul bénéfice d'un malheur sans nom » et le sauveur celui qui manifeste sa pitié et son secours pour lui redonner racines et socle. Il ajoute : « Notre siècle est, par excellence, celui de la *souffrance inutile*, et celle-ci réclame non d'être motivée par une dialectique, mais d'être soulagée, quand c'est possible, par une intervention immédiate et libre de tout *a priori*.[296] » C'est cet interventionnisme qui est qualifié d'acte humanitaire politisé et légalisé par son inscription par l'Assemblée générale des Nations unies dans le droit positif international au titre d'assistance humanitaire.

Oui, l'humanitaire est la forme contemporaine la plus « dégradée » de la pitié qui ne supporte pas du tout la

---

[295] Glucksmann A., « La considération de l'inhumain », in *Mario Bettati et Bernard Kouchner, Le devoir d'ingérence*, Denoël, 1987, p.218.
[296] Finkielkraut A., *L'humanité perdue*, Seuil, Paris, 1998, p. 133.

souffrance. Cette intolérance à la souffrance est-elle liée à l'« idéologie » des droits de l'Homme (au sens où on comprend les droits comme des droits de protection contre les accidents, les aléas, les formes d'insécurité et menaces de toute sorte) et à l'affaiblissement de la capacité des individus à supporter le mal, sans chercher à lui trouver un sens ?

Ce dernier point de vue semble capital. Car ce que nous ne tolérons pas, ce n'est pas de souffrir et de voir souffrir, mais que nous ne puissions inscrire la souffrance due aux maux dans une histoire, dans un sens, dans une eschatologie, que nous n'acceptions pas qu'elle soit sans justification. Du coup, porter secours, aider, mettre en œuvre une démarche humanitaire, au-delà des secours ponctuels souvent bien utiles (cf. Haïti exemple), aurait pour signification d'effacer le non-sens de la souffrance.

La pitié, comme moyen de donner un sens positif (la compassion, le souci des autres, voire au prix du sacrifice de sa propre douleur comme le montrent les anecdotes de Rousseau se bagarrant avec son ami Pleince que nous soulignions) à notre panique devant le fait que vivre comporte aussi souffrir. Bien sûr, nous pouvons faire une restriction : lorsque des gens souffrent à cause d'injustices flagrantes (génocides, meurtres, viols, politiques xénophobes et racistes, etc.) Car cette forme de souffrance causée sur des individus par la volonté et la capacité de nuisance d'autres individus ne doit pas être confondue à celle causée par la carence, le manque naturel cause la pauvreté, car il s'agit là d'une injustice humaine qui interpelle une réaction purement humaine. Dans ce cas précis, la réponse à ce type d'injustice n'est pas la pitié, mais la révolte ou la guerre (et sinon la justice, genre TPI). Au lieu d'une réaction affective, il faut opposer et imposer des actions fortes, bouleversant l'ordre barbare par une forme de barbarie positive transitoire de restauration d'ordre et de sécurité en suspendant la souffrance.

Dans l'esprit des textes de Nietzsche, nous avons tenté, tout en évitant d'émettre des opinions, de répondre à deux questions : pourquoi sommes-nous aujourd'hui si « sensibles » à la souffrance ? Que faire face aux injustices qui sont causes de souffrances ?

Dans les deux cas, nous retenons la « leçon » de Nietzsche et des autres philosophes comme Spinoza ou Arendt : non à la pitié.

Même si les prises de position nietzschéennes sont souvent troublantes et vicieuses pour une humanité construite sur les valeurs comme l'altruisme, la responsabilité vis-à-vis du plus faible, la charité, etc., rien ne nous autorise dans les textes de Nietzsche à soutenir une existence où régneraient l'indifférence et la barbarie.

Sans caricaturer à la limite de la trivialité le soupçon nietzschéen en le rendant accusateur, son usage nous autorise à penser que la vulgate entretenue par l'assistance humanitaire traîne quelques semences d'impérialisme dissimulées dans ce qu'on qualifierait de « bonne foi ». Si la souffrance est la chose du monde la mieux partagée et que l'idéologie humanitaire devient la réponse universelle validée, la vie humaine sera un champ à la fois sinistré et sinistre et les hommes des victimes pour certains et des secouristes pour d'autres.

Une telle situation réductionniste causée par le sentiment de pitié, qui n'est pas totalement négatif (soulignons), met en péril le statut de l'homme en tant que sujet pensant et digne en transformant les individus en troupeau de victimes à protéger. C'est peut-être le but inavoué de l'humanitarisme actuel qui est utilisé comme instrument de réification politique prolongeant l'exploitation capitaliste et les exclusions sous le prétexte des valeurs morales universellement admises. Puisque, comme le soutenait le texte de Hélé Béji, « La culture de l'inhumain », « l'humanitaire, qui se veut du côté des faibles, s'accompagne de la surpuissance, une dimension providentielle, au point de devenir une inhumanité providentielle.[297] » C'est ici que réside toute notre inquiétude.

Mais, du point de vue de la nouvelle humanité nietzschéenne proclamée par les leçons de Zarathoustra, les concepts d'aide, d'amour, d'amitié et d'humanisme prennent un autre contenu et renvoient à une autre volonté. L'humanisme, désormais, voudra dire « épargner la honte à quelqu'un[298] » que l'on secourt ; et la responsabilité signifie liberté au sens d'une irresponsabilité comprise comme innocence (*Unschuld*). Il y a des souffrances naturelles ou nées des désirs non nécessaires dont nulle autre personne n'est à l'origine pour s'en rendre responsable. Et si, par prodigalité, l'on doit rendre service, il faut le faire sans susciter la honte chez le bénéficiaire en faisant preuve de noblesse, c'est-à-dire en demeurant caché ou encore de « donner et de combler en dissimulant son nom et sa faveur.[299] » Toute action de bienfaisance popularisée, médiatisée et politisée fait l'écho d'une volonté d'assujettissement et de rapetissement ou de déshumanisation de l'assisté, et produit aussi la honte à celui qui, pompeusement, s'exhibe en sauveur.

La dissimulation caractérise le « demeurer–caché » de Heidegger qui permet aux hommes de s'épargner mutuellement la honte par pudeur. À l'humanisme des "nouveaux Messies" ou « miséricordieux » humanitaristes de notre époque « qui dans leur compassion trouvent leur béatitude[300] », Nietzsche oppose le sur-humanisme de l'homme « noble » qui pour venir en aide doit se « voiler la tête et fuir avant que d'être reconnu[301] » comme bienfaiteur. L'humanisme de la surhumanité ne s'accommode pas des effets de la foule

---

[297] Hélé Béji, texte extrait de *Où vont les valeurs* ?, Editions Unesco, Albin Michel, 2004, p.60.
[298] Nietzsche F., *Gai savoir*, §274.
[299] Nietzsche F., *Aurore*, V, §464.
[300] Nietzsche F., *Ainsi parlait Zarathoustra*, II « Des compatissants ».
[301] *Ibid.*

qui applaudit l'impudeur de ceux qui ne savent pas respecter l'intimité des nécessiteux pour en faire des amis au sens surhumain du terme. L'humanisme nietzschéen est celui de « ces hommes qui retiennent et compriment l'enthousiasme de leur cœur et préfèrent devenir muets plutôt que de perdre la mesure. » Ce type d'homme constituerait la catégorie du surhomme qui soumet l'aide à l'amitié : « l'amitié d'astres » dont parlait le fragment 279 du texte *Gai savoir* et *Ainsi parlait Zarathoustra*[302].

Une vraie amitié recommande la pudeur réciproque et comme le dit Sylvie Courtine–Denamy : « l'homme qui s'avance ainsi paré du masque séducteur et défensif tout à la fois de la pudeur, armé du pathos de la distance, c'est celui-là qui est le véritable ami [...][303] »

Dans cette nouvelle forme d'amitié, fondement de l'humanisme véritable, Nietzsche pense un dépassement de la fameuse injonction sentencieuse de la Bible de « l'amour du prochain » (Aimez-vous les uns les autres comme Dieu vous aime) par l'authentique « amour du lointain[304] » ; celui des astres annonçant le surhomme : « Je ne vous enseigne pas le prochain, mais l'ami. Que l'ami vous soit la fête de la terre et un avant-goût du surhomme ![305] » C'est pourquoi le nouvel humanisme nietzschéen, aux figurines d'une surhumanité, est redevable à la renaissance, elle-même nostalgique de l'Antiquité grecque qui dévoilait dans la tragédie l'expression du « grand amour », « lequel encore aussi surmonte pardon et compassion.[306] »

---

302 *Ibid.*, § « De l'ami ».
303 Voir *L'Herne*, Nietzsche, p. 461.
304 Nietzsche F., *Ainsi parlait Zarathoustra I, « De l'amour du prochain ».*
305 Nietzsche F., *Ibid*.„ *« De l'ami »*
306 *Ibid.*, « Des compatissants ».

Cet humanisme de la sur-humanité nietzschéen est un analogue postmoderne du tragique grec, un humanisme à la grecque, car « les Grecs sont les seuls de tous les peuples à avoir ouvert un débat philosophique, profond et varié, sur l'amitié, de sorte qu'ils sont les premiers, et jusqu'à présent les derniers, à avoir vu dans l'Ami un problème digne d'être résolu.[307] » Le moyen, peut-être pas l'unique, que Nietzsche propose pour combattre le nihilisme de la fourberie de l'altruisme et de la pitié, avec tous les masques qu'ils portent (la charité, la bienfaisance, l'amour du prochain), est la pudeur comme fondement de l'authentique amitié qui est au-dessus de la familiarité ou de la comique camaraderie.[308]

Si l'humanisme de l'aide humanitaire viole l'intimité et le secret[309] de "l'hommité" au nom de l'amour et de la pitié, l'anti-humanisme nietzschéen qui est un sur-humanisme ou un proto-humanisme travaille à faire de l'autre en tant que l'ami « une flèche et une nostalgique aspiration vers le surhomme.[310] » Car le surhomme est celui qui saura être pour l'ami en détresse, fatigué, épuisé ou malvenu « pour sa souffrance un lieu de repos, de quelque manière pourtant une couche dure, un lit de camp » et restituer l'humanisme véritable.

L'impudeur de la pitié dévoile la nudité de l'amitié et néantise l'humanité dans l'humanitarisme de la vulgarité aimante et de la donation "gadgétisée et humiliante". Car, dans la misère, l'amour n'est qu'une conjecture, un sentiment hypocrite et le secours une aliénation de la liberté du souffrant au sens où l'entendait Bernanos qui pensait que dans toute l'histoire du monde les souffrants ne sont jamais aimés pour leur propre être :

---

[307] Nietzsche F., *Humain, trop humain*, § 354.
[308] Nietzsche F., *Zarathoustra, op. cit.* « De l'ami ».
[309] Ces deux concepts sont à cerner au sens du *gai savoir*, I, §16.
[310] Nietzsche F., *Ainsi parlait Zarathoustra*, *op. cit.*

Les meilleurs ne souffrent ou ne les tolèrent que par pitié. Par la pitié, ils les excluent de l'amour, car la réciprocité est la loi de l'amour, il n'est pas de réciprocité possible à la pitié. La pitié est un amour déchu, avili, un mince filet de l'eau divine qui se perd dans les sables.

C'est pourquoi nous devons redevenir humains en devenant surhumains, c'est-à-dire pudiques et Amis des souffrants pour qu'il y ait « plus d'amour » moins « de ferment, relent de haine », mais avec « le désir passionné de distance[311] » puisque « la passion de la distance [est] propre à toute époque forte[312] » pour qu'individuellement chaque homme puisse « sentir de façon cosmique.[313] »

Pour reprendre encore Sénèque : « Je ne dis pas qu'il ne faille, toutes les fois que les circonstances le permettent, penser à la joie que nous donnent les sentiments de l'obligé ; mais si notre assistance est pour lui aussi humiliante que nécessaire si le bien que nous lui faisons le blesse à moins d'être caché, je ne fais pas mettre ma bonne action dans le journal.[314] » Car, de nos jours, le rôle de l'image et des médias au sujet de l'imagerie humanitaire qui diffuse, de façon caricaturale et intentionnelle, la souffrance des peuples suscite un véritable questionnement éthique.

Les images des victimes des crises multiformes projetées sur nos écrans de télévision ou ailleurs sur les réseaux internet montrent une réelle dérive vers l'obscénité. Cette propagande de la souffrance d'autrui, sollicitant providentiellement les partenaires ou partisans de l'humanitaire, oblitère trop souvent que les victimes sont d'abord des hommes qui, au-delà de la détresse qui les condamne à publier leur souffrance, ont aussi

---

[311] Nietzsche F., *Par-delà bien et mal*, IX, §257.

[312] Nietzsche F., *Considérations inactuelles*, « Divagations », §37.

[313] Nietzsche F., *La volonté de puissance*, T.2, §613 ou première partie, §248.

[314] Sénèque, *Des bienfaits*, Prechac, éd. I, Paris, 1926, pp. 32-33.

droit au respect de la personne privée. Être victime d'une crise quelconque ne fait pas d'un homme une « icône de la douleur » pour parler comme Gilbert Holleufer[315] ; ils ont également des désirs, des moments de joie et même des volontés de se soustraire tout seuls de la souffrance. La médiatisation actuelle de la souffrance devrait s'ouvrir au dialogue avec « l'éthique de la dignité humaine » pour reprendre encore les termes du même Gilbert Holleufer. C'est un truisme de rappeler que notre monde est devenu un vaste marché où s'échangent des biens et des valeurs au prix des hommes docilisés et grégarisés par la fiction de l'idéologie humanitaire de la pitié basée sur une solidarité compassionnelle virtuelle.

Dans ce commerce, les pitoyables et apitoyés ont galvaudé le sens même du secours et deviennent tous des victimes du système humanitaire. Si la pitié a suscité l'aide, l'aide a tué la pitié et la pitié a tué l'hommité. Nous sommes acteurs et spectateurs d'une tragicomédie planétaire à forte tonalité impérialiste qui aura pour sérum et vaccin la conscience lucide des sujets pensants et des « ayants droit » consciemment collectivisés et unifiés dans un élan volontariste et déterminé. Ce volontarisme doit faire triompher l'éthique de la dignité humaine par une éthique de la pudeur et de la grandeur qui évite le vice de la lassitude et de l'assistanat. C'est sûrement dans ce sens que dans une lettre adressée à Mme Von Stein en 1887, Goethe mettait déjà l'humanité en garde en ces termes : « Moi aussi, je dois dire, je pense que l'humanité finira par triompher. Seulement, je crains que le monde ne devienne un vaste hôpital, où chacun sera pour autrui un garde-malade compatissant.[316] »

[315] *In Revue Internationale de la Croix – Rouge*, n°822.

[316] Cité par Cliffort Orwin, « Rousseau et la découverte de la compassion politique », *La pensée politique*, 2, Hautes Etudes/ Gallimard/ Le Seuil, 1994, p.114.

Il est incontestable que chacun de nous se pose au sujet de la vie et de la planétarisation de la misère au moins deux questions : *pourquoi sommes-nous aujourd'hui si « sensibles » à la souffrance ? Que faire face aux injustices qui sont causes de souffrances ?*

Modestement, il semble que dans les deux cas, sans être idéologiquement nietzschéenne, la « leçon » de Nietzsche aurait, plus qu'un bénéfice, une floraison de maléfices prometteurs : non à la pitié.

BIBLIOGRAPHIE

Arendt Hannah, *Essai sur la Révolution*, Paris, Gallimard, 1967.

- *La crise de la culture, Huit exercices de pensée politique*, trad. P. Levy, Paris, Gallimard, 1972.
- *La tradition cachée*, trad. S. Courtine-Danamy, Paris, Bourgois, 1993.
- *Considérations morales, 1907-1975,* Essai (poche), 1996.
- *Condition de l'homme moderne*, trad. Georges Fradier, Paul Ricœur, Agora, 2002.
- *Du mensonge à la violence. Essais de politique contemporaine*, trad. G. Durand, Paris, Calmann-Lévy, 1969.

Beck Ulrich, *Qu'est-ce que le cosmopolitisme ?* Aubier, Paris, 2006.

Bentham Jérémy, *Théorie des peines et des récompenses*, volume I, par Etienne Dumont, *Déontologie ou science de la morale,* Paris, Encre Marine, 2006.

Boltanski Luc, *La souffrance à distance. Morale humanitaire, médias et politique*, Métailié, 1993.

Brauman Rony, *Penser dans l'urgence, Parcours critique d'un humanitaire, entretiens avec Catherine Portevin*, Éditions du Seuil, Paris, 2006.

Bugault Guy., *L'Inde pense-t- elle ?*, Paris, PUF, 1994.

Burckhardt Jacob, *Considérations sur l'histoire universelle*, Paris, Allia, 2001.

Chauvier Stéphane, *Du droit d'être étranger, essai sur le concept kantien d'un droit cosmopolitique*, Paris, L'Harmattan, 1996.

Cioran, *La Tentation d'exister*, Gallimard, 1956, rééd. 1986, coll. « Tel » n°99.

- *Cahiers* (1957-1972), Gallimard, 1997.

Diogène Laërce, *Vies et Sentences des philosophes illustres.*

Dumont Jean-Paul, *Les écoles présocratiques*, Paris, folio essais, 1991.

Edelman B., *Nietzsche, un continent perdu*, Paris, Puf, 1999.

Épicure, *Lettre à Ménécée*, Nathan, *Les Intégrales de Philo*., trad., revue et corrigée par Octave Hamelin. Notes et commentaires de Jean Salem.

Faure Bernard, *Bouddhismes, philosophie et religion*, Paris Flammarion, 1998.

Finkielkraut Alain, *L'humanité perdue, essai sur le XXe siècle*, Paris, Seuil, 1998.

Foucault Michel, *Histoire de la folie à l'âge classique*, Editions Gallimard Tel, Paris, 1972.

Gauchet Marcel, *Le désenchantement du monde*, Gallimard, Paris, 1985.

Giovanni Ricci, « Naissance du pauvre honteux : entre l'histoire des idées et l'histoire sociale », in *Annales, Economies et sociétés, civilisations*, 38e année, n°1, 1983.

Glucksmann André, « La considération de l'inhumain », in Mario Bettati et Bernard Kouchner, *Le devoir d'ingérence*, Denoël, 1987.

Gœdet G., *Nietzsche, critique des valeurs chrétiennes : souffrance et compassion*, Éditions Beauchenesne, 1977.

Guyau Jean Marie., *La morale d'Épicure et ses rapports avec les doctrines contemporaines*, 4e édition, revue et augmentée, Paris, 1904.

Habermas Jürgen, *L'éthique de la discussion*, Les Éditions du Cerf, Paris, 1992.

- *Morale et communication*, Paris, Flammarion, 1999.

Hobbes Thomas, *Léviathan*, Paris, Sirey, 1971.

Hume David, *Traité de la nature humaine*, GF Flammarion, Paris, 1991.

Kaltz Jacob, *Exclusion et Tolérance*, Paris (Lieu commun), 1987.

Kant Emmanuel, *Critique de la raison pratique*, PUF, Paris, 1943.

- *Opuscules sur l'histoire, Idée d'une histoire universelle d'un point de vue cosmopolitique*, Paris, Editions Garnier Flammarion, 1990.

- *Fondements de la métaphysique des mœurs*, Paris, Le livre de Poche, 1993.

Lazard Bernard, *Le fumier de job*, Paris, Riedier, 1928.

Lazzeri Christian., *Droit, pouvoir et liberté : Spinoza critique de Hobbes*, Paris, PUF, 1998

Levi-Strauss Cl., cf. « Jean-Jacques Rousseau, fondateur des sciences de l'homme » [1962] in *Anthropologie structurale deux,* Paris, Plon, 1996.

Maillard Denis, *L'humanitaire, Tragédie de la démocratie*, Éditions Michalon, Paris, 2007.

Max Weber, *Le judaïsme antique*, Paris, Plon, 1970.

Mill John Stuart, *L'utilitarisme, essai sur Bentham*, PUF, Paris, 1998.

Montesquieu, *De l'esprit des lois*, Garnier Flammarion, Paris.

Nietzsche Friedrich, *Œuvres Complètes de Nietzsche et Fragments Posthumes*, Ed. G. Deleuze et M. de Gandillac, Paris, Gallimard, 1968-1997, 18 volumes.

- *Œuvres*, 2 volumes, Paris, Robert Laffont, Coll. « Bouquins », 1993.
- *La Naissance de la tragédie*, trad. M. Haar, Philippe Lacoue-Labarthe et J.L Nancy, Paris, Gallimard, « NRF »,1977.
- *Considérations inactuelles I et II,* trad. Pierre Rusch, Paris, Gallimard, « NRF », 1990.
- *Considérations inactuelles III et IV,* trad. Henri- Alexis Baatsch, P. David, C. Heim, P. Lacoue-Labarthe, Paris, Gallimard, « NRF », 1988.
- *Humain, trop humain I et II,* trad. Robert de Rovini revue par Marc. B. de Launay, Paris, Gallimard, « NRF », 1988.
- *Aurore*, trad. Julien Hervier, Paris, Gallimard, "NRF" 1980.
- *Le Gai savoir*, trad. Pierre Klossowski, M. de Launay, Paris, Gallimard, « NRF »,1982.
- *Par-delà bien et mal,* trad. Cornélius Heim, Isabelle Hildenbrand et Jean Gratien, Paris, Gallimard, "NRF" 1971.
- *La volonté de puissance I et II*, trad. G. Bianquis, Paris, Gallimard, 1995.
- *Ecrits posthumes, 1870-1873 et printemps – été 1878, automne 1876-automne 1877*trad. Jean-Louis Bakes, Michel Haar et Marc. B de Launay, Paris, Gallimard, « NRF », 1975.

Onfray Michel, *Les sagesses antiques.*

Orwin Clifford, *Rousseau et la découverte de la compassion politique. La pensée politique*, 2, Hautes Etudes/ Gallimard/ Le Seuil, 1994.

Philonenko Alexis, *Jean – Jacques Rousseau et la pensée du malheur*, Paris, Vrin, 3 tomes, 1984.

- *Nietzsche le rire et le tragique*, Paris, le livre de poche, 1995.

Renaut Alain, Ferry Luc, *La pensée 68*, Ed. Gallimard, Coll. folio/ essais, Paris, 1988.

Rieff David, *L'humanitaire en crise,* Serpent à Plumes, Paris, 2003.

Rousseau Jean-Jacques, - *Du contrat social ou principes du droit politique*, Paris, Gallimard, Pléiade, 1964.

- *Les rêveries du promeneur solitaire*, Paris, Ganier-Flammarion, 1964.
- *Discours sur l'origine et les fondements de l'inégalité parmi les hommes*, Paris, GF Flammarion, 1971.
- *Emile, ou, de l'éducation*, Folio Gallimard, 1995.

Salem Jean, *La mort n'est rien pour nous. Lucrèce et l'éthique*, Paris, 1990.

- *Tel un Dieu parmi les hommes. L'éthique d'Épicure*, Paris, 1990.

Scheler Max, *Nature et formes de la sympathie*, Éditions Payot, Paris, 1923.

Schopenhauer Arthur, *Le fondement de la morale*, Éditions le livre de poche, La Flèche, 1841.

- *Le monde comme volonté et comme représentation*, Paris, puf, rééd., 1984.

Smith Adam, *Théorie des sentiments moraux*, Puf, Paris, 2003.

Spinoza, *Ethique*, Paris, Le grand Livre du Mois, 1997.

Starobinski, *Essai sur l'origine des langues*, Paris, Gallimard, Folio, 1990.

Tereschenko Michel, *Philosophie politique et éthique,* Paris, Hachette, 1994.

Thiaw Po Une Ludivine (sous la direction de), *Questions d'éthique contemporaine*, Éditions Stock, Paris, 2006.

Varikas Eleni, *Les Rebuts du monde, figures du paria*, Paris, Stock, 2007.

Walser Michael, *Morale minimale, morale maximale*, Bayard, Paris, 2004.

Wotling, Patrick, -*Nietzsche et le problème de la civilisation*, Paris, PUF, Questions »,1995.

Revues

Dossier *Sciences Humaines,* novembre 2007, « D'où vient la morale ? »

Sciences humaines, décembre 2006, Paris, Catherine Halpern et Xavier de la Vega, « Le souci des autres », p 33 à 48.

Le cahier de L'Herne, « Nietzsche », numéro 73.

Le cahier de L'Herne, n° 63, 1993, notamment l'article de F. Chenet : « Nirvâna ».

Loxias n° 24, voir Löwy Michael, « Le concept de ''paria conscient'' chez H. Arendt et le cas des intellectuels juifs d'Europe centrale ».

Noésis, n°10 de 2006, Actes du colloque sur « Nietzsche et la question de l'humanisme » organisé à l'Université de Nice

Revue Internationale de la Croix – Rouge, n°822.

Vacarme 32 été 2005.

Où vont les valeurs ?, Éditions Unesco, sous la direction de Jérôme Bindé, éd. Albin Michel, 2004.

Webographie

- Afrique Relance, vol.15, (octobre 2001), page 26. Qu'en est-il de la dette ? http//www.hcci.gouv.fr/lecture/synthèse/sy010.htm/
- HCCI, Sandrine Paillet, L'initiative PPTE de réduction de la dette pour les pays pauvres très endettés, septembre 2002.
- http ://www.cadtm.org
- htttp :/www.imf.org/external/np/erx/facts/fre/hipcf.htm
- www.gouv.ci
- Nguyen Huy Lai Joseph, *La Tradition religieuse spirituelle sociale au Vietnam*, Paris, Beauchesne, Amazone, 1981

TABLE DES MATIERES

Philosophie

aux éditions L'Harmattan

Dernières parutions

LE COMBAT PHILOSOPHIQUE DE MAURICE BLONDEL CONTRE LA DOUBLE IGNORANCE DES MASSES
Diakiodi Adrien
Il existe deux types d'ignorance que Maurice Blondel, philosophe, sociologue et théologien français, invite tout homme à combattre énergiquement pour éviter la disparition prématurée de l'espèce humaine, mais également celle de la planète Terre. Il y a, d'une part, l'ignorance de soi-même, de son être en perpétuel devenir et, d'autre part, celle de ses semblables, de son environnement, du monde physique et de l'Unique nécessaire. Ce livre s'assigne comme objectif de vulgariser les armes pour combattre ces deux fléaux, armes présentées dans sa thèse de doctorat qui l'a rendu célèbre : L'Action (1893).
(Coll. Ouverture Philosophique, 12.50 euros, 100 p.)
ISBN : 978-2-343-07377-4, ISBN EBOOK : 978-2-336-39896-9

CORPS ET POP CULTURE
Bischoff Jean-Louis
Quelles sont les principales représentations pop culturelles du corps ? Pour y répondre, Jean-Louis Bischoff interroge des musiques actuelles, la cyberlittérature, le cinéma et l'industrie de la forme. Faire apparaître et scruter les catégories de « corps réduit », d'« hyper corps », de « corps digitalisé » ou de « corps écrit », de « corps utopique » et de « corps fardeau », puis ausculter la notion de corps réel et pointer les dangers d'un nouveau purisme sont les tâches que se donne l'auteur.
(Coll. Ouverture Philosophique, 19.00 euros, 184 p.)
ISBN : 978-2-343-07378-1, ISBN EBOOK : 978-2-336-39709-2

DE DERRIDA À LÉVINAS, LA DETTE ET L'ENVOI
Le temps de l'autre – La déconstruction et l'invention du futur
Badleh Jalal
La Déconstruction est le nom de la pensée de l'évènement. Mais elle est aussi l'événement, le nom de ce qui arrive, la justice ou l'impossible. Comment s'opère la coordination entre ces deux définitions ? Qu'est-ce qu'un questionnement déconstructif ? Quelle est la place du sujet postdéconstructif dans cette opération ? Cet ouvrage essaie de répondre à ces questions à travers le dialogue qui a eu lieu entre Jacques Derrida et Emmanuel Lévinas.
(Coll. Ouverture Philosophique, 31.00 euros, 290 p.)
ISBN : 978-2-343-07449-8, ISBN EBOOK : 978-2-336-39841-9

FIGURES PHILOSOPHIQUES DU CONFLIT
Sous la direction d'Andreas Wilmes, Joan-Antoine Mallet
L'ambition de cet ouvrage est d'illustrer à la fois comment la philosophie conceptualise le conflit et comment elle s'efforce d'en résoudre les dangers inhérents. Plutôt que de proposer un aperçu purement abstrait de la notion de « conflit », l'ensemble des travaux se focalise sur la confrontation des philosophes à des problèmes historiques tels que la guerre, la dissension sociale, la tyrannie, ou encore le sport.
(Coll. Ouverture Philosophique, 24.50 euros, 238 p.)
ISBN : 978-2-343-07356-9, ISBN EBOOK : 978-2-336-39796-2

FRONTIÈRES DU VISAGE
(Analogique-numérique)
Boisnard Philippe
À travers une histoire de la représentation, cet essai tente d'interroger la question de l'effacement du visage. Si, pendant longtemps, cet effacement était dû à des stratégies de pouvoir, politiques et économiques, il semblerait qu'avec la démocratisation des technologies, peut-être, ceux qui étaient les effacés de l'histoire de la représentation peuvent enfin apparaître. Mais, à l'ère des réseaux, est-ce aussi simple ?
(Coll. Eidos série Retina, 13.00 euros, 110 p.)
ISBN : 978-2-343-07979-0, ISBN EBOOK : 978-2-336-39795-5

HEIDEGGER ET LE PROBLÈME DE LA MÉTAPHYSIQUE
Balazut Joël
Dès 1935 Heidegger retrouve le sens originel de la métaphysique dans la conception présocratique de l'être comme « phusis ». Sur cette base il va interpréter la métaphysique traditionnelle qui apparaît avec Platon pour culminer chez Nietzsche dans une ontologie de la vie et qui prépare le règne moderne de la technique planétaire, comme un «déni» radical de ce sens originel. L'un des intérêts de cette interprétation de la métaphysique, et non des moindres, est ainsi de rendre compte de la signification de la vogue actuelle des philosophies de la vie.
(Coll. Ouverture Philosophique, 14.00 euros, 122 p.)
ISBN : 978-2-343-07296-8, ISBN EBOOK : 978-2-336-39840-2

L'IRONIE DE SOCRATE – Essai sur l'ironie philosophique
Mestiri Samir
Contrairement à l'ironie polémique et insidieuse des sophistes, celle de Socrate est plutôt interrogeante, désirante et ex-centrique, toujours en quête de connaissance vraie. Le fameux « je sais que je ne sais rien » devient chez lui un outil de défigement de la pensée prisonnière des « systèmes compacts », mais, aussi le meilleur remède contre les pseudo-vérités religieuses et idéologiques.
(Coll. Ouverture Philosophique, 12.50 euros, 106 p.)
ISBN : 978-2-343-07035-3, ISBN EBOOK : 978-2-336-39779-5

MATHÉMATIQUES ET FRONTIÈRES
Baudrand Gabriel
Gabriel Baudrand, professeur agrégé de mathématiques, s'intéresse au thème de la frontière. La perception commune du mathématicien est celle d'un technicien

enfermé dans son monde, qui dresse une frontière entre son activité et le reste de la vie. Le formalisme de cette science entretient cette frontière alors que paradoxalement les mathématiques sont partout et que le concept même de frontières est mathématique. Autant de pistes de réflexions que l'auteur nous invite à explorer.
(Coll. Eidos série Retina, 12.50 euros, 104 p.)
ISBN : 978-2-343-07951-6, ISBN EBOOK : 978-2-336-39764-1

MÉLANGES OFFERTS À RENÉ SCHÉRER
Sous la direction de Constantin Irodotou
René Schérer, né en 1992, a été l'un des fondateurs du département de philosophie de l'université de Vincennes. Ami de Foucault, Châtelet, Deleuze, Lyotard, Bensaïd, Badiou, Rancière, Brossat, etc. Il se penche d'abord sur Husserl et Heidegger, puis s'intéresse à Charles Fourier. Militant de mai 68, il entreprend, dans son *Émile perverti*, une critique de la pédagogie. Il réactualise aussi, avec Guy Hocquenghem, le concept philosophique d'âme. «Utopie», «âme» et «hospitalité» sont les trois concepts clefs pour aborder son œuvre.
(Coll. Quelle drôle d'époque !, 38.50 euros, 374 p.)
ISBN : 978-2-343-07527-3, ISBN EBOOK : 978-2-336-39809-9

LA PENSÉE ESTHÉTIQUE DE JOSÉ VASCONCELOS DANS SON SENS ORIGINAIRE
Le contexte historiographique de la philosophie en Amérique hispanique
Luquín Guerra Roberto
La philosophie latino-américaine s'est divisée en deux orientations principales : soit dévalorisée parce que l'on considérait qu'elle ne faisait que reprendre la pensée européenne ; soit on a tenté de la sauver à partir de perspectives étrangères à la philosophie. Roberto Luquin s'interroge sur le sens que peut avoir une recherche sérieuse sur la pensée spéculative d'un philosophe latino-américain. Il soutient que le vasconcelisme est une authentique pensée philosophique, il s'agit d'un geste créateur qui a su faire le lien entre la pensée philosophique et la pratique politique.
(Coll. La philosophie en commun, 29.00 euros, 278 p.)
ISBN : 978-2-343-07624-9, ISBN EBOOK : 978-2-336-39864-8

LES PHILOSOPHIES ENVIRONNEMENTALES EUROPÉENNES
Europeana 6
Collectif
Peut-on parler d'une philosophie environnementale européenne ? Peut-on unifier, sous ce concept, un corpus hétérogène et beaucoup plus diversifié que celui que l'on peut trouver à propos de la philosophie de l'environnement dans la société nord-américaine ? Est-ce qu'une unité géographique, celle de l'Europe, peut suffire pour garantir un dénominateur commun à des conceptions philosophiques aussi diverses, voire divergentes, que celles qui existent sur le «vieux continent» ?
(Coll. Kubaba, 20.00 euros, 184 p.)
ISBN : 978-2-343-07680-5, ISBN EBOOK : 978-2-336-39785-6

LE REGARD EN-PÉCHÉ

Réflexion sur le regard porté sur le corps féminin

Bacha Lilia – Préface de Youssef Seddik – Avant-propos de Michel Sicard

Ferme les yeux et regarde à travers les paupières. Tout au fond de nous, une voix nous suggère cela face au corps de la femme. Sans être dévêtue : la femme est toujours nue, elle est 'awra. Ce terme arabe désigne ce qu'il faut cacher et définit la femme. Quelle est cette créature exhibée par nature, au point de devoir la cacher ? Quels sont les liens entre cette créature et la femme mais aussi l'homme ? Cette réflexion propose de s'y intéresser en naviguant entre orient et occident.

(Coll. Ouverture Philosophique, 25.00 euros, 250 p.)

ISBN : 978-2-343-05808-5, ISBN EBOOK : 978-2-336-39823-5

THOMAS HOBBES ET L'IDÉE DE PUISSANCE

Karray Aouichaoui Mohamed

Ce travail propose l'étude de la théorie de la puissance telle qu'elle s'est développée dans la philosophie de Hobbes. L'idée directrice est que la puissance n'est plus une donnée de la nature mais que c'est à travers l'agir humain qu'elle s'acquiert. Elle est une capacité d'agir sur le monde par le biais de la science. Avec Hobbes, la science devient le moyen le plus spécifique de la puissance, et celle-ci, par le biais de la science, la capacité d'agir sur le monde, tant naturel qu'humain.

(Coll. Ouverture Philosophique, 33.00 euros, 324 p.)

ISBN : 978-2-343-04013-4, ISBN EBOOK : 978-2-336-39810-5

AUX FRONTIÈRES DE L'HUMAIN

Essai sur le transhumanisme

Koest Pierre

Tels des exilés, nous nous trouvons aujourd'hui dans l'entre-deux d'une frontière, qui sépare l'Humain du Trans-humain. Les progrès vertigineux de la convergence des nanotechnologies, biotechnologies, informatique et sciences cognitives font miroiter un futur aux accents utopiques, qui nous promet longévité accrue et augmentation exponentielle de nos capacités biologiques. Mais apparaît conjointement la menace d'un triomphe de l'intelligence artificielle et à terme de l'extinction de ce que l'on nommait humanité.

(Coll. Eidos série Retina, 19.00 euros, 186 p.)

ISBN : 978-2-343-07664-5, ISBN EBOOK : 978-2-336-39557-9

L'HARMATTAN ITALIA
Via Degli Artisti 15; 10124 Torino
harmattan.italia@gmail.com

L'HARMATTAN HONGRIE
Könyvesbolt ; Kossuth L. u. 14-16
1053 Budapest

L'HARMATTAN KINSHASA
185, avenue Nyangwe
Commune de Lingwala
Kinshasa, R.D. Congo
(00243) 998697603 ou (00243) 999229662

L'HARMATTAN CONGO
67, av. E. P. Lumumba
Bât. – Congo Pharmacie (Bib. Nat.)
BP2874 Brazzaville
harmattan.congo@yahoo.fr

L'HARMATTAN GUINÉE
Almamya Rue KA 028, en face
du restaurant Le Cèdre
OKB agency BP 3470 Conakry
(00224) 657 20 85 08 / 664 28 91 96
harmattanguinee@yahoo.fr

L'HARMATTAN MALI
Rue 73, Porte 536, Niamakoro,
Cité Unicef, Bamako
Tél. 00 (223) 20205724 / +(223) 76378082
poudiougopaul@yahoo.fr
pp.harmattan@gmail.com

L'HARMATTAN CAMEROUN
TSINGA/FECAFOOT
BP 11486 Yaoundé
699198028/675441949
harmattancam@yahoo.com

L'HARMATTAN CÔTE D'IVOIRE
Résidence Karl / cité des arts
Abidjan-Cocody 03 BP 1588 Abidjan 03
(00225) 05 77 87 31
etien_nda@yahoo.fr

L'HARMATTAN BURKINA
Penou Achille Some
Ouagadougou
(+226) 70 26 88 27

L'HARMATTAN SÉNÉGAL
10 VDN en face Mermoz, après le pont de Fann
BP 45034 Dakar Fann
33 825 98 58 / 33 860 9858
senharmattan@gmail.com / senlibraire@gmail.com
www.harmattansenegal.com

Achevé d'imprimer par Corlet Numérique - 14110 Condé-sur-Noireau
N° d'Imprimeur : 135434 - Dépôt légal : janvier 2017 - *Imprimé en France*